Research on the Regulation
of Informal Financing

民间融资法律规制问题研究

主　编　甘培忠　吴　韬
撰稿人（以撰写章节先后为序）
　　　　甘培忠　徐　可　刘子平
　　　　周韶龙　吴　韬

图书在版编目(CIP)数据

民间融资法律规制问题研究/甘培忠，吴韬主编. —北京：北京大学出版社，2016.9

ISBN 978-7-301-27501-6

Ⅰ. ①民… Ⅱ. ①甘… ②吴… Ⅲ. ①企业融资—法律—研究—中国 Ⅳ. ①D922.291.914

中国版本图书馆 CIP 数据核字(2016)第 216337 号

书　　　名	民间融资法律规制问题研究 Minjian Rongzi Falü Guizhi Wenti Yanjiu
著作责任者	甘培忠　吴　韬　主编
责 任 编 辑	罗　玲
标 准 书 号	ISBN 978-7-301-27501-6
出 版 发 行	北京大学出版社
地　　　址	北京市海淀区成府路 205 号　100871
网　　　址	http://www.pup.cn
电 子 信 箱	law@pup.pku.edu.cn
新 浪 微 博	@北京大学出版社　@北大出版社法律图书
电　　　话	邮购部 62752015　发行部 62750672　编辑部 62752027
印 刷 者	三河市北燕印装有限公司
经 销 者	新华书店
	965 毫米×1300 毫米　16 开本　18.25 印张　280 千字 2016 年 9 月第 1 版　2016 年 9 月第 1 次印刷
定　　　价	45.00 元

未经许可，不得以任何方式复制或抄袭本书之部分或全部内容。
版权所有，侵权必究
举报电话：010-62752024　电子信箱：fd@pup.pku.edu.cn
图书如有印装质量问题，请与出版部联系，电话：010-62756370

前　言

一、情况概述

本书为 2012 年度司法部法治建设与法学理论研究部级科研项目——"民间融资法律规制问题研究"课题的研究成果。该课题于 2013 年 3 月获得司法部批准,课题编号为 12SFB2047,由北京大学法学院承接,课题负责人为北京大学法学院甘培忠教授。课题组于 2015 年 3 月完成报告的撰写,并形成书稿。

本书自 2013 年 4 月立项以来,严格按照课题申请书与合同书确定的时间规划与研究进度进行安排,以预先设计的研究方案依次推进:

2013 年 5 月至 2013 年年底,课题组基本完成了文献阅读和理论分析,并在分工合作的基础上建立了定期集中讨论与意见交换机制。

2014 年初至项目中期检查,在前期积累的前提下初步形成了关于民间融资问题的成因、分类等研究基础的划分与界定以及利率管制、互助合作信用机制、集资与证券问题等具体领域的研究成果,并发表了部分内容为中期研究成果。

2014 年 6 月至 2014 年年底,课题组展开了实地调研工作,6 月至 9 月间,先后前往江苏、上海、北京等地基层、中级法院,以问卷、座谈等形式深入了解民间融资问题在实践中的具体情况与疑难问题。9 月至 12 月,课题组成员先后以实习、工作等机会到中国银监会等监管部门和中国证券结算有限公司等业务部门进行调研,对既有的研究内容进行了补充和修改,并最终完成了课题的全部写作计划。

2015年1月至3月,课题组成员对已完成的研究内容进行修订和加工,完善研究成果,制作最终课题报告,并以此为基础,完成本书。

二、总体框架及说明

(一) 报告的研究方法与思路

民间融资问题是一个非常宏大的命题,涉及融资主体、融资行为、融资工具等多项问题,需要系统地、整体地去分析与把握。本书将民间融资定义为以货币融通为核心行为并与其相关的整个交易系统和金融体系,因而将视角扩大到整个民间金融制度。本书以金融制度性监管为切入点,从具体的民间融资行为中抽象出"结构性风险"这一概念,追溯了民间融资产生的社会与经济原因,分析了历史上、现实中规制政策与法律管制的经济基础和制度逻辑,将"民间"这一带有所有制色彩和意识形态因素的问题背景重新定位为金融抑制与信贷配给现象,试图为民间融资问题的分析建立起一个理性分析和制度选择的框架。本书在构建了统一对话与分析的平台之上,运用规范性的法律结构和逻辑性的经济分析对影响我国民间融资的制度成因、现实困境以及解决途径进行有效的分析,并以近年来制度与政策的发展方向为依托,提供促进解决中小企业融资难、发展基层金融建设与普惠型金融以及民间融资阳光化路径的可能基础和制度进路,为实际解决此类问题提供了可靠材料支持和充分的制度论证。

(二) 总体框架

本书采取总分总的结构,第一、二章为民间借贷融资问题总论,对民间借贷问题的概念、定义、分类进行了概述,对民间融资借贷问题宏观上的经济、社会原因进行分析,并根据金融监管理论为这一问题的规制提供了思路和方向。第三、四章综述国内、国外的借贷融资问题的发展与现实,总起报告的具体分析部分,为后续的微观分析提供了分析路径与分析背景。第五至十章为具体问题的微观分析,以融资方式和主体的类型为基本分类,对我国现实中的民间融资借贷问题及其规制思路进行了分析。第十一章作为本书的结论,对我国规制民间借贷融资问题提出了若干立法、修法建议。

(三) 研究价值

本书成果重新厘正了民间融资复杂现象背后的真实原因,为法律与经济学科框架内的分析进路提供了可选路径,从而避免了不同理论体系下无法相互对话沟通的弊病和口号式倡导的混乱局面,为今后进一步的理论分析提供了一套统一的体系和分析平台,并在该框架内分析了利率管制、信用支持等制度因素在历史和现实下的宏微观表现。

在具体问题的分析上,本书以结构性风险为视角,以互助性金融组织、小微型金融组织、票据和证券性融资以及互联网金融的发展为分析对象,应用课题建立的分析框架,对民间融资主要形式的法律风险与改进方式进行了系统性的探究,并在制度建议上提出了以去中介化为方向的目标,以及该目标下的可实施路径。

本书撰写分工如下(按撰写内容先后排序):

甘培忠:前言

徐可:第一、二、六、十一章

刘子平:第三、四、七、十、十一章

周韶龙:第五、七、九、十一章

吴韬:第八章

甘培忠

2016年3月20日

目录

第一章 民间融资概论 / 1
第一节 民间融资的定义 / 1
第二节 民间金融的类型 / 10
第三节 民间金融问题的成因 / 17
第四节 民间金融的制度意义与其缺陷 / 22

第二章 金融监管理论 / 24
第一节 民间融资的法律与金融发展理论 / 24
第二节 金融规制的制度设计 / 31

第三章 境外民间融资的制度环境与监管实践 / 41
第一节 发达国家的民间融资和监管制度 / 41
第二节 发展中国家和地区的民间融资和监管制度 / 50
第三节 我国台湾地区的民间融资和监管制度 / 54
第四节 国际组织对非正规金融的研究和支持 / 56

第四章 我国民间金融的发展状况 / 59
第一节 我国民间金融的发展小史 / 59
第二节 我国民间金融的发展现状和特点 / 65
第三节 我国民间金融的主要形式 / 71
第四节 我国民间金融存在的主要问题 / 80

第五章　民间互助性金融组织法律规制　/ 84
　　第一节　民间互助性金融组织的基本概念　/ 86
　　第二节　民间金融实践目前存在的风险和问题　/ 100
　　第三节　民间金融监管改进的可能对策　/ 103

第六章　小微型金融机构创新与制度构建　/ 111
　　第一节　"温州金改"的制度逻辑与实践问题　/ 111
　　第二节　小微型金融机构的制度　/ 123

第七章　民间票据融资与民间证券融资　/ 129
　　第一节　民间票据融资问题研究　/ 129
　　第二节　民间证券化融资问题研究　/ 135
　　第三节　民间证券化融资的正规化路径
　　　　　　——从非法集资向规制到发展多层次
　　　　　　资本市场的转变　/ 141

第八章　互联网金融及其法律问题　/ 166
　　第一节　互联网金融的历史发展　/ 166
　　第二节　互联网金融的界定　/ 170
　　第三节　作为民间融资手段的几种主要互联网
　　　　　　金融产品及其法律分析　/ 176
　　第四节　互联网金融的法律风险与法治建设　/ 185

第九章　民间金融的利率与非法标准问题　/ 191
　　第一节　金融规制的必要性　/ 191
　　第二节　整体主义规则构建　/ 212

第十章　民间金融的信用支持　/ 220
　　第一节　民间金融的信用支持概述　/ 220
　　第二节　正式制度对民间金融的信用支持　/ 230
　　第三节　非正式制度对民间金融的信用支持　/ 243

第十一章　结论：规制路径与立法建议　/ 247
　　第一节　规制路径的转变与选择　/ 247
　　第二节　规制措施与立法建议　/ 255

参考文献　/ 273

第一章 民间融资概论

第一节 民间融资的定义

对"民间融资"这一概念进行准确的定义是探讨民间融资相关问题必须解决的第一步,遵循问题的提出、分析、解决的基本逻辑,对民间融资进行准确而有价值的定义是发现问题与提出问题的先决条件。同时,对民间融资进行定义本身就是较为复杂的难题,民间融资内涵的定义和外延的划分实际上根植于对民间金融的系统性认识之上,也隐含着对民间融资的价值判断和基本态度。因此,从不同角度出发来定义民间融资将会得出近似而又并不相同的结论,而对于民间融资概念上的模糊也是法律拿捏不准、政策矛盾不一的原因之一。我们首先梳理一下现有研究中对于民间融资定义的认识,再对其弊病进行分析,从而形成对民间融资更为准确的认识。

需要注意的是,"民间融资"在字面上是指"融资"这一经济行为,一般认为这一行为指代的对象为资金借贷和融通,但事实上仅以行为界定的角度来看待民间融资问题是片面的,民间融资问题并不仅涉及以货币借贷为核心的某一类行为,更重要的是这一行为背后涉及的整个交易系统和金融体系。因此,对民间融资的法律规制既涉及融资行为,又涉及参与融资行为的行为主体,更重要的是涉及整个金融系统的制度性安排。在作为一个整体的金融系统中,融资与借贷问题既与参与交易的经济主体有关,同时也涉及交易行为、交易运用的金融工具,仅仅将交易行为作为单独的问题予以片面的解释是以偏概全的,不能反映现实背景下民间借贷问题的全貌。因此,我们认为在这个意义上来看"民间融资"问题与"民间金融"问题事实上具有相一致的含义,具有合并讨论的意义及可能性,本书也将把民间融资问题的讨论范围拓展到具有系统整体性的民间金融问题。

一、现有的研究梳理

(1) 从服务对象来区分,民间融资是指为民营经济、非公有制经济提供资金融通服务的行为和相应的金融体系。例如,姜旭朝认为"民间金融,就是为民间融通资金的所有非公有经济成分的资金运动"。① 这种观点源于旧有的市场主体公有制和私有制两分概念,在金融市场广泛发展的今天已经没有了实际意义。事实上多数包含了国有成分的金融机构都在为非公有制市场主体提供金融服务,例如广泛存在的商业贷款等,以服务对象划分民间融资的范围并不能明确规制的范围。

(2) 从所有制结构来区分,民间金融是指民营金融机构或个人提供的各种金融服务和其他相关金融交易关系的总和。② 以所有权形式进行划分,不包含国有成分的或者国家参股却不控股的金融机构被列入了民间金融的范围,例如股份制商业银行(比如华夏银行)、城市合作信用社、农村信用合作社等。③

(3) 以现代性和规范性来区分,民间金融是指现代化、规范化金融系统之外的传统金融市场。麦金农认为,发展中国家的金融市场具有二元性,一部分是以银行信贷市场、证券市场为代表的有组织的现代金融市场;另一部分则是以高利贷、当铺、私人钱庄等为代表的传统金融市场。④ 可以说,这种分类下主要是以主体结构和交易工具的正规化、现代化作为标准,而民间金融则在行为方式和组织结构上较为原始和传统。

---

① 姜旭朝:《中国民间金融研究》,山东人民出版社1996年版,第6页。
② 李丹红:《农村民间金融发展现状与重点改革政策》,载《金融研究》2000年第5期。
③ 陈蓉:《"三农"可持续发展的融资拓展:民间金融的法制化与监督框架的构建》,法律出版社2010年版,第53页。
④ 王国松:《中国的利率管制与利率市场化》,载《经济研究》2001年第6期。

（4）以是否纳入金融特别监管来区分，民间金融是指政府金融监管体系之外的金融体系。世界银行认为，民间金融是指没有被金融监管当局所控制的金融活动。[①] 亚洲发展银行认为民间金融市场是不受政府对资本金、储蓄和流动性、存贷款利率限制、强制性信贷目标以及审计报告等要求约束的金融部门。[②]

（5）以是否经过法律法规设置的特别审批而成立进行区分，没有经过国家工商行政部门注册登记的各种金融组织形式、金融行为、金融市场和金融主体都属于民间金融范畴。[③]

以上这些以不同标准对民间融资、民间金融进行的定义所采取的角度均有所不同，所有制结构、现代性和规范性以及监管与批准等均是民间融资综合问题中不可回避的重要环节，但仅从以上几种标准中选择某个单一的形式标准作为界定民间融资的条件仍然并没有全面地概括民间融资的制度性问题。

二、民间融资的综合性定义

经过研究梳理，我们发现，民间融资有其自身的特殊性，某个单一的标准并不能全面涵盖其实质内涵，因此，对民间融资本身进行综合性定义是有必要的。

民间融资或者民间金融作为一个整体概念，包含有"民间"和"融资（金融）"两个部分。"融资"部分明确了民间融资问题首先包含了融资与金融这一概念作为核心，融资行为与金融制度的共性和内涵必然是民间融资概念所具有的内容。而"民间"这一限定概念则是对于普遍意义上的融资与金融问题的限缩，代表了融资与金融的普遍特点在具体环境条件下所面临的特别问题与核心挑战。因此，对民间融资的定义首先要明确融资制度本身的

[①] Ernest Aryeetey, Hamamala Hettige, Machiko Nissanke & William Steel, "Informal Financial Markets and Financial Intermediation in Four African Countries", Africa Region Findings, No. 79, World Bank, 1997.

[②] Ghate Prabhu, Arindam Das-Gupta & Thirukodikaval Nilakanta Srinivasan, *Informal Finance: Some Findings from Asia*, Asian Development Bank, 1992.

[③] 姜旭朝、丁昌峰：《民间金融理论分析：范畴、比较与制度变迁》，载《金融研究》2004年第8期。

特殊性,进而才能明确其特殊性在不同条件下将会造成的问题,进而探究应该如何采取与问题相对应的法律工具进行规制。因此,遵循从一般到特殊的方式来定义民间融资,首先需要明确的是在市场条件下,融资的主体、行为及其背后的金融系统在监管与规制的视角下存在的特殊性,进而能够在针对个别方面的单一视角之上,归纳出问题视角下民间融资的综合性定义。

(一) 借贷、融资与特别规制

借贷与融资作为一种特殊的经济行为,其有别于一般意思自治的合同关系,因而除了在作为基础的民法上对交易进行保障之外,仍然需要严格的特殊法律规制。

1. 借贷、融资业务的公共性

在市场条件下,融资方式根据是否有金融中介介入的标准,可以分为直接融资与间接融资,前者是指资金需求主体与资金盈余主体直接通过股权融资或者债券融资通过市场直接建立融资关系,此外,个人、企业之间的直接借款关系属于直接融资;而间接融资是指作为金融中介的银行、信托、基金等主体首先向资金盈余部门募集资金,再由金融中介以自身名义与资金需求方建立借贷关系从而提供资金。此外,根据融资关系中供给资金一方数量的多少,经济关系呈现出一对一或者一对多的关系,例如自然人之间、企业与银行之间的一对一融资关系,以及企业与股东、债券持有人之间的一对多融资关系。但是在间接融资中,即使最后资金由银行或信托等中介以一对一的借贷关系提供,仍然不能回避资金最终提供者是金融中介广泛融资的对象,因而在经济实质上仍然存在一对多的资金利益关系。在融资关系中普遍存在的一对多现象使融资与金融活动脱离了简单的一对一私人契约关系,往往体现出多人关系中的公共属性,其中的经济利益联系、交易风险控制以及权利义务分配都具有自身的特殊性,需要在此种条件下以特别规制予以更为严格的保护。

2. 间接借贷融资业务的风险性

在一般条件下个人之间一对一的资金借贷关系与普通的债权债务关系并没有根本性区别,法律制度也并不会对一对一的借贷关系进行特殊规制。但是以资金借贷和融通作为主营业务的经济主体从营业的角度是通过利息获得收益的,其不可能仅从事偶然发生的借贷活动,而是会从利润最大化的角度尽力扩大借贷的范围。在自有资本不足以支持业务进一步扩大的情况下，从事资金借贷的主体必然会采取债务性融资的手段扩大资产范围，并通过吸储放贷赚取存贷款利差，从而实现盈利。经济主体的借入资金和贷出资金到期的时间并不相同，这便存在资产与负债的期限错配（例如银行的短存长贷、以小配大），对不同财产进行期限错配正是金融机构取得利润的固有方式。同时，经济主体贷出的资金无论是否存在足够的担保物，均存在无法完全收回的信用风险，而进行贷款与融资的项目往往具有相对较长的还款期间。相对较长的跨期交易将会扩大市场风险的不确定性，事前对于未来交易信息判断收集的困难以及事后道德风险都危及交易安全。由于存在期限错配和信用风险，在借和贷的中间环节，经济主体本身承担着巨大的结构性风险，其既要保证足额收回贷款又要保证按时偿还债务，在资产错配的情况下，贷款与负债又不存在时间和数额上的对应关系，因此可以说借贷和融通行业中的金融中介在经营行为上存在内在的不稳定性。从纯粹逻辑上计算，经营经济主体从事借贷业务，取得利润的来源是利息，从追求收益最大化的角度，其必然最大程度上将自有资金和债务融资获得的资金投入到放贷中以获得最大的利差利润。但是同时，经济主体面临着贷款信用风险、债务偿还压力以及资产错配管理等经营条件的限制，并不能将全部资金都投入贷款的发放，其追求收益最大化目标的过程只能在风险控制和逐利动机的平衡中动态实现，资金的安全性、流动性和收益性必须进行合理并严格的协调。"钱生钱"的收益现实下经营主体往往具有强烈的逐利动机，其自身的风险意识和管理水平都极大影响着利益相关方经济利益的安全，其经营中采取保守抑或激进的存贷比例、资产结构等经营策略均涉及公共属性的金融稳定。

3. 直接融资的风险性

直接投资的模式包括面向一定范围内的群体或者是面向社会不特定对象公开集资的形式，其面临的结构性风险便是源于集资对象和集资项目以及项目控制人之间的信息不对称。公共集资对象并不直接参与事业具体经营，多数情况下对于事业的经营事项也非专家。同时，数量较多的集资对象缺乏集体行动的能力和意思，很难联合起来私力监督集资主体。因此集资项目的管理人可能利用这种严重的信息不对称任意利用集资所得资金，欺诈、盗取资金供给者的集资利益。信息不对称与集资对象集体行动困难是公共募集条件下事业性集资所必须会面临的结构性风险,并不能通过集资对象与集资主体之间的合同协商来进行完全的规避。而在现实中,这种不受规制的结构性风险往往为集资主体利用,以虚假、欺诈、不实的事业侵占集资资产。

上述事实表明,交易结构和经营方式的特殊性决定了借贷与融通业务内在的巨大风险性,这是一种结构性风险。结构性风险并不是因为交易对象背信违约、借贷参与者贪婪逐利等个别因素而产生的,所以其并不是通过基础民法对于一般交易的执行保护和损失赔偿便可以避免或消除的一般风险,甚至很难通过保障单个交易中的全面履行而保障金融系统的整体安全。因此,借贷与融通业务中存在的结构性、系统性风险是一种市场整体风险。每一笔个别借贷关系都是或大或小的金融系统中的一部分,对于金融系统整体来说,结构性风险是客观存在、不可避免的一种风险,对于保护意思自治的民法体系和交易自由的市场经济来说是一种必然存在的"市场失灵",必须在交易外部施加特别监管与规制。

由于借贷与融资行为具有公共性与风险性,放任融资经营主体以契约自由与意思自治的方式来和资金需求方设立权利义务关系是不合理的。借贷与融资业务面临的是不同于一般交易关系的特殊风险,而其公共性又将风险的危害性进一步加强与扩大,因此,在以合同法、物权法为基础的民法一般规则之上,需要施加特别规制,以行政与司法的调节介入,限制资金供给者过度的投机逐利,控制金融中介的结构性风险,维护社会公共利益的稳定。因此,为了维护借贷与融资系统有序的发展,其业务的展开必须伴随着相应的特别管控与规制制度的建立,可以说,有规制方有融通,任何脱离了规制的借贷与融通系统均面临着极大的社会风险,因此相应规制制度的建立是借贷与融资业务正规化、现代化的基本以及根本标志。

(二)资本引导与宏观调控的需要

借贷与融资作为分配信贷资源的手段,其具有重要的宏观调控意义,经济资源的有效配置与市场稳定的合理监管均有赖于对于借贷融资行为的调控来实现。

1. 作为经济基础的资本

首先,资本是生产的基础,资本的积累过程是经济体系进步与发展的必由之路。土地、设备、厂房等作为社会生产基础的资产均是资本客体化的形式,资本是劳动力作用的对象和社会再生产的根本基础,没有资本就没有生产的可能,任何发展水平较高的产业均需要累积足够的生产资本。市场作为调节资源分配的手段,其"看不见的手"作用于市场的基本前提便是资源的自由流动性,而各种资源在空间与时间上的分配、形式的转变均需要货币作为中介。货币资本作为不同生产要素之间转移与分配的载体,在市场经济中发挥了不可替代的作用,马克思认为在货币与商品的不断转换中,社会再生产才得以实现。① 因此,从总量上来说,货币资本的充足(此处指货币的实质充足,排除了通货膨胀对名义价格的影响)决定了生产资本的积累程度,相当程度上代表了社会生产条件的高与低,决定了经济产出的能力;同时,货币资本的流向也决定了生产资源的导向,只有能够通过有效渠道获得足够货币资本的生产部门才能维持并扩大生产,从而实现经济的增长和社会的发展。

因此,货币与信贷资源是重要的生产要素,对其合理、有效的运用是社会生产结构效率的体现。在信贷资源相对稀缺的情况下,为了实现资源的集中利用和重点部门快速发展的需要,作为宏观调控主体的政府往往会采取各类措施引导资源的流向。从积极的角度来看,对信贷资源的方向性调控是提高经济增长效率的要求。

2. 金融稳定与信贷调控

信贷资源作为一种生产要素,利率可以视为它的使用价格,因此也可以将信贷资源与货币资本视为可以在市场上进行交易的商品。信贷资源充足的情况下,市场利率将会下降,反之,稀缺时价格则会上升。供应与需求的改变、经济预期的变化、外汇市场的波动等因素均会导致作为商品与生产要素的信贷资源价格产生波动。由于货币在经济系统中具有乘数效应,信贷供给的波动将会被充分地放大,流通中的货币量过多或过少均会造成金融系统整体的不稳定,不受控制的通货膨胀或紧缩均不利于经济有效发展。信贷资源与利率水平必须服从于国家整体的发展政策以及市场情况的现实需要,政府通过货币政策与财政政策进行调控时,必须充分掌握信贷与货币

---

① 许崇正、柳荫成:《马克思再生产理论与社会主义市场经济》,载《经济学家》2006年第4期。

的市场信息,同时要有足够有效的政策工具。金融监管与金融调控必须要实现上述行政目标,对借贷与融资的市场信息进行全面的监控与收集,并在此基础上进行控制与引导是宏观调控的重要部分,通过宏观调控将微观层面上对货币需求方个体的信贷支持纳入到金融系统整体运行的框架之中,实现货币市场总供给与总需求的相对均衡,以保持市场价格水平的整体稳定和资源配置的效率。因此,从防范金融风险、维持市场稳定均衡的角度,信贷与融资行为必须纳入金融监管与金融调控的框架内①,金融监管与调控的系统性构建是金融现代化与制度化的标志。

(三) 民间融资与中国规制实践

由上文分析可知,借贷融资与相应的规制制度必须同步发展,存在伴生关系。对于作为金融制度一部分的借贷与融资而言,规制的存在和发展既是正规化的条件,同时也是其现代化的标志。未纳入规制与监管框架内的金融系统便具有"原始性",而这种"原始性"在我国经济发展的实践中被逐步误解为"民间性"。

在我国的经济实践中,将规制作为借贷融资制度的标志与条件,可以清晰地梳理出问题的发展路径。我国经济体制经历了由计划经济向市场经济的重大转变,金融体制也从原来的国家控制逐步向市场开放发展,但"金融抑制"现象仍然是普遍存在的事实,国家对于金融行业的管制性限制依然较为严格。这既是由于经济高速发展前期控制信贷方向、集中资本进行重点建设的需要,同时也是对上文所归纳的借贷活动高风险、非规范化的谨慎和警惕。在这种背景下,可以说以资金借贷与融通为核心的金融服务事实上属于特许和专营,对于借贷融资业务的严格管制与特别规制是借助严格的行业准入实现的。由于历史的原因,在相当一段时间里,公有制主体的经济实力与资本积累相较于民间私人主体具有绝对优势,同时由于金融制度与司法制度的不完善,相较于私人主体,对公有制主体的调控和规制实现起来也更为容易。所以,基于资本实力和规制手段的原因,行业准入条件的设定与所有制结构的选择存在很大程度上的重合性。在所有制结构中属于民营的市场主体和个人,从一开始便不被认为具有从事借贷融资业务的恰当资

---

① 陈蓉:《论我国开放民间金融市场的政府行为选择——基于日本、台湾地区民间金融的演化》,载《理论导刊》2009 年第 7 期。

质。此外,在市场经济起步阶段,私人资本总量被认为较小,并不会对融资与借贷的货币市场造成重要的影响,不属于宏观调控与金融政策的核心问题,因此也不被纳入金融监管的范围之内。

从金融规制与监管制度的实质来看,之所以要制定制度规范来对市场中的融资借贷进行规制,其原因是上文提出的市场风险与经济发展的需要,其首先是为了防范经济运行中必然客观存在的金融风险,同时也是为了实现资本有效利用与经济效益发展。因此,金融规制与监管制度应该是市场经济发展与法制建设中所需要采纳的技术性规范,而并不涉及对于资本来源的价值判断。理论上来说,无论参与借贷与融资的资金供给方、需求方是国有经济主体还是民营经济主体,只要没有纳入金融规制与监管制度,其融资借贷行为均属"原始金融",但这种本应该称作"原始金融借贷"的问题在我国特有的经济发展背景下演变成了具有特殊性的"民间借贷问题"。正是由于原本仅属于技术性规范的金融规制与监管制度在我国经济制度转轨的过程中被异化成了主体选择的标准,从而自然而然地带上了一些超过客观技术标准范围的价值性判断,形成了基于主体与资金来源的判断标准,即以"民间"之名冠之于"融资问题"之上。自此,原本的技术标准演变成了主体标准,仅仅在技术控制上存在"原始性"的融资形式普遍被赋予了模糊不清的所谓"民间金融"这一属性。需要承认的是,在经济制度改革之后的一段时期里,我国公有制经济的地位和资本数量具有绝对优势,这使得市场中的货币盈余供给方在很大程度上仅以公有制资本来源为主,经济力量的客观差距以及监管制度的路径依赖导致技术性标准客观上与主体标准存在相当的重合性。在一定的经济背景下,所有制属性确实是资本积累与经济实力的象征,也是监管制度和正规化的保障;资本盈余条件、主体标准、规制性技术标准具有很大程度的重合性,正是这种重合性误导了对于"民间借贷"的定义标准,使其在所有制主体是公还是私、是否经过审批、是否取得资质等问题上纠缠不清。

对民间金融从多方面呈现出来的缺陷进行追本溯源,我们发现,其根本性的缺失在于并没有纳入上文总结的特别规制与金融监管的框架内,正是由于这一基本条件的缺失才导致了各种类型的借贷与融资在不同方面、因为不同的特征被视为"民间金融"。随着制度与经济的发展,资本盈余条件、主体标准、规制性技术标准三者的重合性逐渐降低,再应用主体标准来对规制性技术标准和资本盈余条件进行识别已经越来越没有现实意义。由于我国经济实践中长期将借贷融资的规制和监管的标准建立在主体资质判断上,忽略了私人资本积累的快速发展和经济实力的与日俱增,从而对金融监管与规制的理解出现了误差,错误地将资金来源于私人的借贷与融通认为是"本身违法"的,并以其实质上不规范、不正式、缺乏现代化管理并且形式上未经国家审批而设立为理由,将其归类为不合法的融资方式。前文总结的现有研究无不通过这种枚举的方式从某一角度对民间融资进行定义,但这是一个逻辑循环的矛盾认识。民间融资体现出的不正规性和未经审批很大程度上源于现有的监管制度并未给予其正规化的途径。缺少管理、未经批准等仅是民间融资的外在表现,其核心仍然是没有纳入正规的风险规制和金融监管制度下。特别规制和金融监管制度的设立既是金融现代化的基础,又是金融制度化的标志,在完善市场经济建设的过程中,规制与监管制度是正规化的保障,代表了金融系统健康化发展的可能性。资金的来源并不先天决定了借贷行为的经济风险,民间金融与借贷问题归根到底,并不是"民间"的问题,而是"借贷与金融"本身的问题。

综上,根据我们对于融资制度与监管规制制度之间关系的核心定义,融资规制制度的设立应该基于结构性风险和公共性利益的考量,同时以金融监管和宏观调控为目的,其属于安全性与技术性的标准,而并非是对资本来源的偏见。民间金融体现出的种种不规范性源于规制制度本身的缺失。因此,我们对于民间融资的综合性定义为:主体、标的或者交易工具未被纳入当局金融规制与监管制度的,以货币资金为标的的价值转移与本息支付。

第二节 民间金融的类型

在对民间金融的核心内涵予以定义之后,我们可以根据内涵的范围确定民间融资外延中存在的具体类型。由于上文我们对民间融资采取了综合性的定义方式,主要从制度构建的角度提出了包含有民间融资制度共性的定义,范围较广,对民间融资的定义也较为抽象。因此在外延类型上需要针对民间融资的不同情况作出细致的分类,并在分类的基础上针对每一类的特点进行具体的监管与规制分析。

最原始、最基本的借贷关系,始于民事主体之间偶然之间发生的一对一借贷关系,无论金额的大小与利息的多寡,这种一对一的借贷关系并没有跳脱出基本的民事法律关系,仍然属于较为简单的债权债务关系。此种基础的资金借贷关系的权利义务关系较为简单,属于一般的借贷合同,并未创设特殊的交易结构,而复杂借贷融资关系与基础借贷关系存在差异的原因便在于交易结构的特殊和资金关系的复杂。不同的民间借贷形式虽然都属于非监管化的原始金融,但其内部依然存在资金规模、参与主体数量、影响范围的差异,进而影响交易结构的选择。如前文对于借贷结构的分析,正是因为交易结构与资金关系的特定形式,才形成了超越基础民法借贷关系的金融系统,而这也正是风险产生的根本原因,是金融监管所需要针对的关键着眼点。因此,交易结构与资金关系的类型决定了不同种类民间借贷的实质特点,对不同的民间借贷进行有针对性的分类最主要的就是要对民间借贷的交易结构和资金关系进行彻底的分类。

对民间金融的具体形式进行分类,首先需要明确分类的标准。我们对可观察到的不同民间金融形式进行提炼,可以分为:

第一,融资关系的双方是自然人还是非自然人组织;

第二,融资关系中资金供给方与资金需求方的数量,双方均可能仅有一个主体或者是存在多个主体;

第三,融资关系中为资金需求方直接提供货币价值的主体是否对外借款(是否存在金融中介);

第四,融资关系在资金供给方与资金需求方之间如果存在中介主体,中介主体的实际作用是仅充当信息中介还是直接介入资金关系;

第五,是否为了融资的需要而设计建立了特别的主体形式,例如合会、信用社等。

以上这几种分类标准针对的是不同交易关系,其中,资金来源的性质将从根本上决定金融活动的风险程度和监管策略,因此,依据融资方式的不同以及上述几种分类标准,可以对现有的民间借贷形式进行如下分类:

(一) 不进行外部融资的民间借贷

1. 非组织化基础借贷关系中的高利贷款

基于民法意思自治而成立的一对一资金借贷关系是经济自由的体现，出于对契约双方自我安排的尊重和保护，原本并不需要对其进行特别的规制和监管，交易的安全与风险均可由双方根据合同自我约束，法律体系仅需保障双方的真实意思与有效执行便可。私人借贷可能是基于亲戚朋友的人身关系而进行的互助式资金融通，也可能是为了赚取一定利息而进行的盈利性借贷。这类借贷关系形式灵活并且适用范围非常广泛，资金的数量、利率的高低、借贷的期限等条件都比较宽泛，是经济生活中最为常见的融通形式，与市场经济下货币流通的基本要求相适应，所以一般不需要对这种交易行为进行特别的监管。但是，合同自由的界限并非完全不存在，法律的框架并不允许借贷关系的合同自由创设经济上绝对不公平的权利义务。高利贷的权利义务关系在经济意义上存在明显的不公平性，对资金借入人存在过度的盘剥因而导致了利润在资本与其他生产要素之间的不当分配，过高的利息压制了生产投入对于资金的需要，同时又极易催生暴力执行等社会问题[①]，所以在基础借贷关系中高利贷问题是主要需要进行规制的问题。

2. 信息中介

信息中介对于作为交易标的的货币资金并未产生权利义务关系，而仅仅在货币需求方与货币供给方之间牵线搭桥，充当信息提供者的角色或者是搭建能够进行交易的平台。信息不对称是信贷市场上的重要问题，资金供求双方各自的交易意愿、市场的利率信息及其变化趋势、货币需求方自身的偿债能力、信用基础等都是具有重要意义的市场信息。首先"物尽其用"作为市场经济的目标，其依赖金融系统提供的流动性和信息来实现货币盈余部门对于生产部门的支持，降低市场中的交易风险有赖于信息的关键作用。征信系统与信用档案的建立本身有利于金融系统的有效运转，在特定范围内，民间关系、社交网络也能提供一定的信息补充。但从金融市场传统的运行方式来看，信息中介的功能一般都内建于金融机构内部，以便为金融机构自身的业务提供信息支持，单纯仅提供借贷需求信息的主体较为少见。

---

① 许德风：《论利息的法律管制——兼议私法中的社会化考量》，载《北大法律评论》第11卷第1辑，北京大学出版社2010年版。

究其原因,在于本身并未直接从事资金借贷业务的主体并不能通过交易网络而有效采集到足够的信息,信息网一定需要交易网作为支撑才有可能建立起来,所以很难存在本身并不参与借贷交易却拥有大量信息来源的市场主体以充当信息中介,信息收集者与交易参与者合二为一是市场发展的必然。金融主体业务的扩大与经济能力的上升本身就代表了信息收集与获取能力的提高,这实际上是货币供应方提高资金回报率、降低资金风险的最重要竞争力。

但是,随着现代信息技术的快速发展,信息中介在实践中出现了新的形式。由于一般主体在业务上需要遵循金融监管的严格限制,因此在间接融资和直接融资领域均存在局限。首先,不能突破间接融资中对于外部融资的严格限制,例如不能像银行那样从事存款业务吸储;其次,不能突破直接融资中对于公开募集的限制,因此也不能涉及对于公共资金的直接招揽,即单独的信用中介主体并没有直接介入货币供给的资金关系。但是,以"人人贷"等形式为代表的网络贷款机构近年来在网络上兴起,其一般要求货币需求方和货币供给方将自身的交易意向录入到网络系统中,因此交易的潜在对象便可以通过金额、利率、期限、项目等关键字信息对已经录入的交易需求进行全面的检索以缩小信息搜索方的选择范围。经过关键交易条件的筛选,交易寻求方便可以在符合自身交易需求的有限对象中进行选择并通过网络技术等进行意思的沟通,并最终直接建立借贷关系。与这种私人主体搭建的网络平台相对应,政府部门对类似的信息中介服务进行了试点,例如在备受瞩目的温州金融改革中,也架设了统一信息平台进行交易需求的汇总,然后由市场主体直接联系并建立借贷关系。这类信息服务利用便捷的网络进行信息登记,并应用快速而又简单的信息搜索技术有效降低了货币供求双方的信息不对称,提高了交易成功的可能。此外,信息平台还能够借助平台上建立的交易进行信用信息收集,为参与平台交易的主体建立信用档案,提高平台本身的信息价值。这种信息平台既没有突破金融监管的形式限制,又能现实地提供建立供求联系的交易机会,是一种新技术条件下对于降低交易成本的有益尝试。

但是,信息中介的合规性存在必要的限制条件,一是信息中介与交易关系本身的隔离,二是建立的信贷关系没有超出基础借贷关系的范围。如果交易中介自身为标的资金的转移提供了清算通道或者提供了一定程度的担保,或者交易中介提供了资金暂存等服务,均属于对资金关系的介入因而涉及了金融机构的业务范围,从而必须要接受金融监管与规制。在现实中,有的网络中介主体自建资金池,以自有资产作为连接货币供给者与货币需求者的中介,阻断了借贷双方的直接联系,这种行为突破了信息中介平台的交易结构限制,急需正规化的监管。[1] 由于信息平台上主体身份认证和交流条件的限制,各类欺诈行为可能会利用信息工具和信息平台风险控制的缺陷,如何对创新渠道建立更完善的管理方式仍然需要探索。更为重要的是,交易主体可能会通过公关平台对基础借贷关系进行扭曲,建立需要特别规制的借贷关系,例如突破一对一的借贷关系创设出实质意义上的公共募集机制,将单一筹资项目划分成众多小额筹资需求对接同一平台上的多数主体。

3. 典当行、小额贷款公司与担保公司等

典当行、小额贷款公司、担保公司等均是能提供资金融通服务的市场主体,虽然这些经济主体提供服务的方式并不相同,但相对于其他金融主体提供资金的方式来说具有一定的同质性。一般情况下,这些种类的资金供给方均是在社会中通过其他方式积累了货币剩余之后才进入借贷业务的,多数放贷业务的启动资本金为自有资金。社会主体进行自我组织之后成立的资金供给方,通过放贷收取利息获得利润,相对于其他金融机构的融通关系来说,权利义务关系较为简单,结构性风险较低,业务范围在空间与数量上常常也存在一定的局限性,可以说是社会中货币剩余部门向货币需求部门进行资金转移的初级组织形式。为了防范此类主体变相吸收存款进而扩大风险,一般对该行业的债务融资数额进行限制。同时考虑此类担保主体进行金融支持的范围定位,从控制信贷风险的角度一般也会对单笔信贷的数额作出行为限制,对总放贷数额占总资产和自有资本的比例也进行限制。[2]因此,出于对其资本来源限制和供给对象范围的考量,针对此类主体的监管

---

[1] 朱琳:《对人人贷公司法律性质的分类研究——以"拍拍贷"和"宜信"为例》,载《金融法苑》2012年第2期。

[2] 例如《浙江省小额贷款公司融资监管暂行办法》(已失效)曾规定,以向银行业金融机构融资、向主要法人股东定向借款、在本市范围内小额贷款公司之间进行的资金调剂拆借三种方式融资的,其融资比例合计不得超过当时公司资本净额的100%,以与银行业金融机构、地方金融资产交易平台等合作,以回购方式开展资产转让业务的,其交易规模不得超过当时公司资本净额的50%。

以严格的行为监管为主,主要是防止以合规的借贷业务为名从事其他结构性风险较高的准入类金融业务。现实中,很多典当行、贷款公司等组织突破了业务限制,进行了吸收公共存款等集资行为,从而造成了极大的资金风险,进而出现地区性的危机。

(二) 进行外部融资的民间借贷

1. 合会、信贷协会等互助组织

互助组织是一种较为传统的民间借贷组织形式,既可以说屡禁不止,又可以说是历久弥新。由于互助组织的资金关系建立在一定的社会基础关系之上,例如乡土与亲属关系等,因此相对于纯粹的商业金融关系,其具有更多的社会因素,这对于互助组织的信息收集、资金流向以及内部执行机制等行为具有深刻的影响。互助组织,顾名思义,其产生的原因是具有一定社会关系的人群在互帮互助的目的下集资以解决社团内部人员的资金需要,可以说是顺应了社会群体关系的天然需求。参与人员的身份性限制了资金来源的范围,互助性资金的目的也更多地限于生活需要或者应急性生产需求,社会关系对于贷款对象的信用情况以及还款的自力执行有帮助,因此互助组织是与社会团体关系相契合的民间融资组织。

但是,由于合会互助组织的筹资形式注定以吸收社团成员的资金为主,制度上又没有基本资本金作为保障,纯负债条件下实施放贷业务在资金结构上存在极大的风险,缺少抵御风险的结构性安排;而农村信用合作社类互助融资形式又缺乏盈利投资项目和获利机会,导致资金经常难以为继。[①] 因而,现实中的互助组织可能突破互助组织的有限范围而具有了投机性与盈利性,在对外融资的资金来源上超过基础社团关系的范围,以至于资金投入方以获利而不是互助为目的,而在贷款方向上又不再具有互助性质,甚至变为投机性质,互助组织最终演变为吸收公众资金的集资形式。由于互助组织超范围融资进而变异引发的民间融资问题在实践中也屡见不鲜。

2. 私人钱庄(财务性集资)

私人钱庄从形式上来看是银行系统的雏形,其一般进行具有揽储性质的吸收盈余货币的筹资行为,并利用对外借款融资取得的资金进行贷款从

---

① 李文学:《扶持发展资金互助组织》,载《农村经营管理》2011年第12期。

而赚取利差盈利。私人钱庄的经营结构具有结构性风险,其融资对象一般又具有公共性,由于缺乏金融监管与规制对结构性与公共性风险的严格管控,私人钱庄必须予以严格的禁制。

私人钱庄模拟的是不成熟的银行系统,其在资金借贷的经济关系中充当的是吸储放贷的金融中介作用,本身并不对放贷对象进行直接的股权性事业投资。同时,提供资金的主体和钱庄的关系一般属于借贷的债权形式,双方一般均认为这种经济关系也并非事业性的直接投资,即资金提供方虽然向钱庄提供了资金但并不拥有钱庄本身的份额。因此,在私人钱庄模式下,资金盈余方进行的是以钱庄为中介的间接投资,这种非直接投资类型的集资形式我们可以定义为财务性非法集资,筹集的货币资金在被钱庄占有的情况下并不会转换为其他资产形式,仅在钱庄将资金贷出之后才会发生资产形式的变化,因此私人钱庄的获利途径是利差而不是吸收资金之后的生产性增值或投资收益,这与事业性集资行为相区别。

3. 事业性集资

事业性集资是指形式类似直接投资雏形的集资形式,一般是由集资主体将需要集资资金进行支持的事业分成若干权益性份额,再将权益性份额向社会群体兜售以套取资金的行为。实践中,事业性集资涉及的项目五花八门,而权益性份额的名称、形式也是千奇百怪,但是其经济形式可以用美国法上对于"证券"进行定义常用的"Howey 标准"[1]进行判断。在"Howey 标准"下只要:(1) 集合的资金用于共同的事业;(2) 该项事业的经营完全依赖于出资人以外的他人的努力;(3) 出资人以获取利益回报为目的,那么这项事业下的权益性份额就被视为一种"证券"。[2] 我们此处并非探讨"证券"在我国法律制度下的定义问题,而是借由该标准提出的对于证券的经济实质进行判断的方法,我们可以将符合这种标准的权益性份额投资定义为事业型集资的广义形式。在资金提供者取得权益性份额的同时,其在名义上便享有集资事业的一定份额,这与将货币资产出借给私人钱庄而取得的债

---

[1] 该标准源于美国法院对豪威案的判决,该案确定了对于"证券"的实质进行判决的基础,参见 SEC v. W. J. Howey Co., 328 U.S. 293 (1946)。

[2] 参见董春华:《从"Howey 检验"看"投资合同"——美国证券法"证券"定义的法律辨析》,载《金融法苑》2003 年第 2 期。

权并不相同。集资事业的管理者掌握了货币资产之后对资金的使用是有主导性的,并不是以赚取利差的方式被动取得利润,其可能以自身经营的方式将货币资本转化为生产资本从而取得产品利润,或者是再将资金进行转投资赚取投资利润。对集资资金的控制方式以及获得收益的途径是财务性集资与事业性集资重要的区别,不同的资金控制方式导致了借贷关系经济结构的不同,因此在监管与规制的方式上需要针对不同的结构特点采取针对性的措施。

4. 农村信用合作社等准正式金融组织

以信用合作社、农村合作基金会社为代表的准正式金融组织主要集中于我国的集体经济领域。在集体所有制经济发展的过程中,各类农村合作基金会、供销社、农村信用合作社等集体互助性组织均经营过具有准金融机构性质的服务项目,催生出了集体经济领域的金融乱象。这些组织一般将自身定义为互助性、集体性组织,否认自身属于金融机构,例如现已在全国范围内被终止的农村合作基金会一般宣称"四坚持""四防止",即坚持互助性,防止办成金融机构;坚持社区性,防止资金外流;坚持群众性,防止走"官办"道路;坚持民主性,防止变成领导干部"小金库"。虽然此类组织一般从性质上否认自身金融机构的性质,从而绕过了对于借贷与金融业务的严格管制,但事实上很多所谓的集体合作组织都变股为债,演变成了吸收公众存款的准银行组织,对外贷款难以节制于互助需求,对乡镇企业、集体企业的投资又可能将合作基金演变为非法集资项目,最终严重损害资金提供者的利益。对于此类准金融组织的政策态度在经济改革过程中屡有变迁,究竟合作互助组织的行动界限应该定于何处是需要认真考虑的问题。

第三节 民间金融问题的成因

资金的融通与借贷的效率是市场在资源配置时追求的目的,对金融系统来说效率与安全并重,如何在保证资金安全的情况下有效地利用稀缺的信贷资源获得最大的收益是金融系统作为一个整体所欲实现的社会价值。信贷资源的重要性决定了其分配方式与分配过程的复杂,民间借贷与金融问题便是发展中国家在信贷资源分配与货币资本积累过程中必然会遇到的难题。

民间金融问题的成因,在经济学上有诸多的分析解释,其中金融深化理论与信贷配给理论对于该问题的出现作出了较为有力的解释,值得我们分析借鉴。

一、金融抑制与金融深化

"金融抑制"(financial repression)与"金融深化"(financial deepening)问题是由经济学家爱德华·肖和罗纳德·麦金农在 20 世纪 70 年代提出的,这一理论对金融发展在经济增长中的关键作用进行了深刻的阐释。爱德华·肖和罗纳德·麦金农在 1973 年分别出版的《经济发展中的金融深化》[①]和《金融发展中的货币与资本》[②],对发展中国家在实现经济增长中面临的金融问题,尤其是对货币信贷体系的发展与金融资源的分配进行了深入的分析。他们的理论模型与政策建议建立在 20 世纪 50 年代早期我国台湾地区与 20 世纪 60 年代中期韩国的金融改革实践的经验基础之上。肖本人曾于 1964—1967 年受国际发展机构的委派在韩国帮助制定金融政策,其后又被派往乌拉圭工作,因此积累了大量有关发展中国家金融改革的经验。[③]

金融抑制与金融自由相对,麦金农认为金融抑制是指"一种货币体系被压制的情形,这种压制导致国内资本市场受到割裂,对于实际资本积聚的质量和数量造成了不利后果"[④]。麦金农的定义描述了一个金融抑制现象导致的宏观结果,而现实中的金融抑制一般是指具有决策权力与能力的政府运用多种手段对于金融市场的交易行为和商品价格进行直接、间接的干预,进而扭曲了市场机制对于金融资源的有效配置作用,影响了金融资源对于长远经济增长的促进作用。

[①] Edward S. Shaw, *Financial Deepening in Economic Development*, Oxford University Press,1993.

[②] Ronald I. McKinnon,*Money and Capital in Economic Development*,The Brookings Institution,1973.

[③] 王曙光:《金融发展理论》,中国发展出版社 2010 年版,第 39 页。

[④] Ronald I. McKinnon, *The Order of Economic Liberalization:Financial Control in the Transition to A Market Economy*,the Johns Hopkins University Press,1993 pp. 11—30.

金融抑制的产生有其现实的原因,类似的金融抑制政策几乎是实现经济快速发展与实施赶超战略的发展中国家一致采取的实用主义手段,不同社会制度和意识形态的国家均选择了类似的金融战略。[①] 不同经济体实施金融抑制背后的经济与社会背景是类似的,由于历史的原因,发展中国家在发展初期经济基础极为薄弱,缺乏从事产业建设的充足积累。落后生产部门创造剩余的能力低下,金融体系不健全导致对全社会的资金动员能力也偏低,发展中国家面临着无米之炊的窘境。为了实现基础工业部门的完善建设,进而摆脱在国际分工中的受剥削地位,发展中国家制定的经济发展与赶超战略必然会基于有限资源最大限度合理利用的角度实施指导性信贷政策:

(1) 控制资金渠道。为了对有限的社会资源进行足够的动员从而获得足够的资金进行投资使用,发展中国家的政府会发展一套全面而又受控制的金融体系,以克服落后生产部门资金的分散性和弱小性。

(2) 控制资金流向。由于对于特定工业部门经济战略的需要,政府会引导信贷资源进行倾斜,保证优先产业获得足够的资金支持。

(3) 控制利率。为了实现再生产环节的高速积累,信贷政策会阻止过高利率对于产业资本的分流,政府通过限制利率条件保证资金积累的速度。

在政府利用信贷政策实现经济赶超战略的情况下,导向性的信贷引导政策和人为抑制的利率上限将会扭曲借贷市场的效率运行。首先,由于动员社会资金的渠道被政府部门掌握和控制,积累资金的投资方向也被进行了严格限制,整个资金的供求关系基本上已经被政府的政策性目的所替代,市场的效率性被完全地放弃。这种倾向性的控制政策在进行基础工业原始积累时可能有一定的速度优势,但随着生产部门的复杂化,得到政府资金支持的产业可能由于缺乏竞争,存在持续的资金应用效率低下,而在政府产业计划之外的生产部门很难通过政府部门控制的金融机构获得融资。其次,金融抑制导致的利率控制扭曲了市场信号。由于利率代表了货币商品的价格,人为抑制的低利率水平会不正常地刺激货币的过度需求,例如原本回报率较低的投资项目在利率较高的情况下可能由于得不偿失而放弃投资计

---

① 王曙光:《金融发展理论》,中国发展出版社2010年版,第63页。

划,但是因为政府控制下的名义利率较低,低回报率的项目也会参与对于信贷资源的需求竞争。当低利率造成的过量需求遭遇事实上的资金稀缺时,供求关系的紧张迫使政府主导的金融机构采取利率以外的因素配置信贷资源,这便产生了信贷配给现象;金融机构往往会根据行业的性质、所有制等非市场因素进行贷款选择,这进一步加剧了私有生产部门的资金困难。相比之下,由于利率上限控制,能通过信贷配给获得资金的企业利用资金的成本处于均衡状态资金价格的下方,过低的利率会对资金的使用部门产生负的激励。①

在金融抑制的条件下,有一部分生产部门,尤其是私有、民营生产部门受到政府信贷政策的歧视,无法通过统一控制性的金融系统筹集足够的资金,只能寄希望于通过其他非正规渠道获得必需的资金。而用于积累的资金盈余在正规金融系统中仅能获得被扭曲的较低利率,回报激励不足将会挫伤储蓄的积极性,掌握资金的盈余方也希望能通过金融系统获得更为合理的回报。在这种情况下,供求双方脱离政府统一控制下的金融系统而自我建立资金供求关系的倾向便非常明显了。资金盈余方在正规金融系统之外创设出非官方管理控制的交易渠道,便成为金融抑制背景之下的民间借贷行为。

二、信息不对称与信贷配给

信贷配给是指在利率确定的情况下金融机构并不通过调整利率的方式筛选贷款对象、调整信贷水平,而是以利率以外的其他因素对贷款申请对象的需求进行选择,并且只能满足部分贷款申请的情况。最初经济学家认为由于贷款利率在短期内低于均衡价格,这便引起了市场对于信贷资金的过量需求,银行只能通过选择性分配的方式满足部分资金需求。早期的信贷配给分析建立在信息完全的有效市场框架内,认为信贷配给现象只是短期非均衡现象,但是随着对市场中信息不对称性认识的加深,经济学家逐渐认识到信贷配给可能是一种信息不对称情况下的长期均衡现象。②

---

① 参见王曙光:《金融发展理论》,中国发展出版社 2010 年版,第 3、4 章。
② 刘锡良、李镇华:《信用配给理论与中国货币政策传导机制》,载《第三届中国金融论坛论文集》,2004 年。

斯蒂格利茨和韦斯在《不完美资讯市场中的信贷配给》一文中对信贷配给的成因进行了微观经济学的分析。由于资金借贷关系中资金供给者关心的并不只是资金的价格,即利率这一项因素,其主要关心的还有贷款资金的风险,而信贷市场中最了解贷款资金应用及其风险的人是借款者,那么在贷款者与借款者之间便出现了严重的信息不对称,贷款者在借款之前很难基于利率判断借款者的借款风险,在借款之后也很难监督借款者审慎地运用资金以保证交易安全。[①]

由于严重的信息不对称性,信贷市场事实上属于一种"柠檬市场",将会出现劣币驱逐良币的现象:风险低、信用好的借款者倾向于更低的利率,而只有风险大、投机性强的借款者才能接受较高的利率价格,贷款者在无法完全掌握相应信息的情况下只能以市场平均的利率风险设定平均水平的利率价格,而这会进一步将信用较好的借款者排斥出信贷市场,最终市场中将逐步只剩下信用条件差、风险高的借款者,而这又不是一个追求资金安全的金融机构所希望的。因此,在信息不对称的市场条件下,利率作为价格因素并不能在市场中起到应有的调节作用,贷款者无法通过调整利率的方式筛选出不同信用水平的借款者,提高利率价格无助于解决资金风险问题,相反可能会产生负向的激励,鼓励高风险投机行为。在价格因素失灵的情况下,贷款者仅能依靠其他的标准对借款者的申请进行判断,现实中银行可能会采取抵押要求、所有制、征信系统等非价格因素进行贷款筛选。

私营部门经济基础相对薄弱,缺乏足够的抵押品,往往又没有公有部门的政府信用作为隐性担保,在贷款申请的各方面均处于劣势。由于正规金融机构无法运用利率作为价格手段提供足够的货币资源,民间借贷却可能在忽视一定资金安全性的基础上,以较高利率的方式为缺乏信用的私营部门提供信贷支持,以高于市场名义价格的方式提供资金融通为民间金融创造了交易空间。因此,在存在信息成本与信息不对称的市场条件下,信贷配给并非是一种短期的非均衡现象,而正是由于信贷市场在长期均衡的情况下存在信贷配给现象,民间融资作为一种非正规金融便会出现以满足正规市场无法提供的部分资金需求缺口。

---

① Joseph E. Stiglitz & Andrew Weiss, "Credit Rationing in Markets with Imperfect Information", 17 *The American Economic Review* 393(1981).

第四节 民间金融的制度意义与其缺陷

从历史背景与经济现实中我们可以发现,无论是金融抑制还是信贷配给,这种具有倾向性的制度安排本身并不完全是金融监管当局缺乏理性的行为,恰恰相反的是,金融抑制政策是发展中国家快速积累实现工业化的普遍选择,信贷配给行为是信息不完全的市场自发的长期均衡现象。因此,金融抑制与信贷配给在一定的历史时期是具有经济合理性的,是为了社会经济整体的发展策略与金融安全而作出的必要安排。但是,在特定条件下具有的经济合理性会随着社会与经济条件的变化而逐渐消失,甚至成为阻碍社会资源进一步有效分配的障碍。

金融抑制与信贷配给必然会导致民间金融的产生,民间金融的出现存在制度必然性和经济合理性。在金融抑制背景下,市场中的金融机构乃至整个金融体系基本被政府以各种方式控制和干预,部分经济部门尤其是私营部门无法从作为一个整体的正规金融系统中得到资金支持,同时社会闲散资金也无法在正规金融系统之外谋求投资的机会因而只能忍受正规金融系统设定的低回报利率。借贷双方被迫在正规金融系统之外需求的交易机会便形成了民间借贷。但是,随着经济发展和资本积累的逐渐推进,发展中国家面临的资金短缺问题得到逐步缓解,金融中介机构的逐渐壮大、政府社会控制技术的逐渐发展以及信息技术的广泛运用代表着社会整体资金动员能力已经得到增强,无须对各经济部门的盈余资金进行全面控制也能够筹集到足够的资金资源,对生产剩余的全面控制着实并无持续的必要;并且,随着基础工业部门的建立,需要定向资金支持进行建设的工业部门已经很少,再强调对于资金流向的控制已经失去了经济上的意义。因此,以扭曲市场分配机制而实现快速积累的目的在经济发展中已经丧失了正当性。以自发资源为基础的民间借贷虽然在发展初期实属迫不得已的制度创造,客观上满足了部分经济部门的资金需要,对统一正规市场之外的需求作出了有益的回应,但其形式上的非正规性、不受监管性和不受控制的结构风险对资金安全与金融稳定是严重的威胁。而在金融抑制的政策逐步放开之后,原本以市场参与者的需要为出发点的民间借贷形式比较符合市场模式下的信贷分配的效率取向。在上文对民间借贷进行定义的分析中,我们得出借贷与融资业务之所以需要特别的监管与规制的原因在于自治契约无法自身予以消除的结构性风险。既然结构性风险并不是来源于资金的所有制性质,只要能够以监管与规制的规范化结构控制手段将民间金融正规化,便能够在吸取民间市场导向、效率导向的优势的同时实现风险的可控。换句话说,只要能够施加以恰当的制度性结构控制手段,民间借贷就可以摘掉"民间"的帽子成为正规金融的一部分。

同时,民间借贷是克服信贷市场信息不对称性的重要工具。私营部门无法通过正规渠道提供足够的信用证明,无法对资金风险进行保证,这是由正规金融机构的征信渠道和评价体系限制所导致的。相比于正规机构对于企业规模、抵押品数量等形式指标的判断,民间借贷往往可以利用地缘、亲缘等特殊关系对借款人的信用状况和业务风险作出判断,借款资金关系之外的其他社会关系也成了民间贷款人执行还款要求时的保障。因此,民间借贷可以更有效地掌握借款前的信用信息,有可能以有效的手段在借款后实施监督,这在相当程度上克服了信息不对称的困局。在信息不对称和信贷配给的背景下,民间借贷是克服市场失灵的一种有效途径,是正规金融系统的有益补充,具有出现的必然性与合理性。

第二章 金融监管理论

第一节 民间融资的法律与金融发展理论

民间融资是货币资源在市场条件下的分配机制之一,其产生的背景是发展中国家发展战略中的目标设计与经济条件的约束限制,货币资本作为生产要素的稀缺性是金融系统作为一个整体希望去解决的问题。诺斯认为,"制度构造了人们在政治、社会或经济方面发生交换的激励结构,制度变迁则决定了社会演进的方式"[①]。制度作为一个整体,决定着其系统内部主体之间的相互关系,塑造了相应的决策模式与分配机制,先定了社会共同体经济行为的目标,又通过直接或间接的手段为实现这种目标创造基础条件。民间融资是实现货币资源分配的一种机制,属于金融系统体制的一部分,而金融系统也必须作为经济体制的组成环节而存在。

法律作为最重要的社会行为规范,在塑造社会体制与主体行为方面具有不可替代的作用。在现代国家,任何经济制度均需要借由法律的订立与执行才能在社会条件下获得具有规范意义的约束能力,从而实现其价值目

---

① 〔美〕道格拉斯·C.诺斯:《制度、制度变迁与经济绩效》,刘守英译,上海三联书店出版社1994年版,第4页。

标与利益取向。法律以及由法律塑造出来的制度体系为经济行为提供了准则与依据,并因此衍生出了"制度供给"的理论观点。[1] 制度通过保护产权、提供激励、限制行为等方式为经济发展本身提供作用力。在民间融资问题上,合法与非法、抑制与鼓励、管制与放松等诸多政策倾向的根源并不是意识形态问题,也不是"公"还是"私"的问题,更不是所有权属性的问题。制度设计与制度所欲实现的目标直接相连,民间融资本身并不仅仅涉及某类借贷行为的效力认定与融资方式的禁止,而是需要放在国家构建的金融秩序的整体中进行衡量。

如第一章所述,金融抑制与金融约束很大程度上是发展中国家实施赶超战略的路径选择[2],资本与信用作为经济发展的基础资源,存量管制与流向控制在一定历史阶段与工业发展的需求相契合。作为可供分配的资源,提供信用资源与资金融通仅仅是制度实现目的的手段,而金融制度的目的仍然是适应社会生产的需要,合理分配资源,最大化发展的效率。随着市场经济发展的深化与工业基础的建立,以金融抑制来实现资本管制的目的已经不如之前那么迫切,信贷资源的稀缺性也并不是金融系统面临的根本问题,甚至出现了在资本泛滥的情况下"引导资金向实体经济回流"的呼声[3],部分经济部门的"产能过剩"现象与产业促进政策的转向均体现了信贷资源的需求与供给形式已经呈现出新的局面[4]。此外,经过长时间的发展与积累,民间私人部门持有的货币资源数量也已今非昔比,其有能力也有意愿参与到投资与经济循环的过程中,但不愿意再忍受有限的投资渠道和回报比例。因此,在信贷资源的需求方面,社会生产部门的层次化、多样化、复杂化取代了发展中国家实施"赶超计划"初期对于工业发展重点部门的绝对支持,这主要体现在:第一,需求主体的扩大,各类经济部门中的需求主体的所有权成分、经济规模、从事的行业、发展阶段等因素都不尽相同;第二,需求内容的复杂,随着经济的发展,民事经济关系日益复杂,各类资金往来的关系金额巨大、目的多样,并不局限于传统认识的借贷关系之中,私人部门

---

[1] 杨瑞龙:《论制度供给》,载《经济研究》1993年第8期。
[2] 参见王曙光:《金融自由化与经济发展》,北京大学出版社2003年版,第1章。
[3] 李宇嘉:《让资金回流实体经济是系统工程》,载《证券时报》2013年6月27日。
[4] 刘西顺:《产能过剩、企业共生与信贷配给》,载《金融研究》2006年第3期。

对不同融资工具、融资形式的需求日益多样,急需金融渠道支持的创新。而在信贷资源的供给方面,提供资金的盈余部门并不仅限于传统的国有银行,"金融机构"的范围不断扩大,持有金融牌照、受到正式监管的金融主体能提供的融资通道不断增多,证券市场、信托、基金、理财产品等融资工具均能够集合社会盈余资金。而私人部门不断积累的资金盈余,也能够借助这些金融工具进入资金的借贷市场,在支持产业部门发展的同时获得投资收益。

借贷市场与市场中的金融工具本质上的功能应该是为实体经济提供资金,实体经济的需求可能是采取"抓大放小"的"赶超战略",也可能是支持中小型经济的普遍发展,或者是推进科技企业突破与产业结构转型。从结构与功能的角度出发,借贷市场有两层结构:第一层结构是指实体产业需求与金融政策的对接,第二层结构是指金融工具设立的目的与金融工具内部结构的对接。换句话说,借贷市场的结构设置为实体经济的阶段性需求服务,借贷工具的结构设计为借贷行为经济目的的实现而服务。同时,这两层结构关系本身之间也需要相互适应与对接,第二层金融工具设立的目的必然要与金融政策的需求相符合,满足特定金融政策的关键需要。因此,这便形成了产业需求—金融政策指向—金融工具供给的整体思路,从制度供给的角度出发,金融工具的种类、数量及其分配均应该与市场的基础需求相适应,以实现资源的优化配置。

与之相反的是,如果说制度供给并未能够契合生产部门的实际情况,导致金融工具的缺失或者金融政策的失误,在正规制度之外而自发形成的供给路径便会出现以填补现实的经济需要,于是,非正规的民间融资就应运而生。民间融资的产生、发展是制度供给不足的原因,在金融抑制与信贷配给的情况下,正规金融在融资工具的数量和种类上都不能满足生产部门的现实需求,而民间融资的出现正弥补了制度供给的空缺。在第一章中我们提到,民间融资的制度成因包括金融抑制与信贷配给,民间融资便是社会在应对制度供给不足时自发形成的补充机制。民间融资利用自身的特点,克服了正规金融存在的缺陷,这主要体现在两方面,即民间融资在金融自由化中的作用,以及民间融资特殊的信用机制对于信息不对称下的信贷市场的有益补充,以下将做具体分析。

一、民间融资与金融自由化

在金融抑制的情况下,为了向政府意图发展的重要经济部门提供足够的资金支持,对于贷款利率的有效控制能够促进投资的实现。在信贷资源较为短缺的情况下,以法律法规、政策命令等强制手段人为地压低贷款利率、设置利率上限,是为了防止在实际供求关系下较高的资金价格制约投资的进行。由于限制利率与引导信贷资源流向均由政府主导,信贷资源的供需两端均会受到限制:在需求端,政府扶持产业之外的生产部门将难以获得信贷资源,从而导致投资的不足;在供给端,由于人为限制了资金价格,压低了资本的收益率,资金盈余部门储蓄与投资的积极性便可能受到挫伤,其可能放弃金融中介的使用。① 上述两种情况割裂了信贷市场,造成了金融的"二元结构"。② 在"二元金融"的分裂条件下,获得支持的经济部门以较低的利率(成本)获得了资金因而有可能怠于争取更高的经济效益(收益),而未在扶持范围内的经济部门可能具有效率更高的发展机会却缺乏资金的支持。"二元金融"现象起初用于描述欠发达国家在工业起步阶段的现象——人为限制的低利率和效率低下的金融中介无法动员社会储蓄,因而技术型、投资回报高的新兴工业无法获得投资,资金盈余者只能将资金进一步留在经济产出低的经济部门,例如传统农业,从而造成了城市/农村、工业/农业的经济/金融二元结构。③ 我国现今的"二元金融"情况有所不同,我国已经跨过了从农业向工业转型的经济阶段,虽然涉农金融与"三农"问题的发展是重要的制度问题,但城市/农村的金融二元化并不仅仅体现在工业与农业的经济部门划分上,我国的"二元金融"更多地体现为正规/非正规金融的二元划分。我国现阶段的"二元金融"依然反映为信贷资源与经济效益在分配上的不对等④,在抑制了市场机制作用的情况下,资源的低效率使用无法避免。

---

① Galbis Vicente, "Financial Intermediation and Economic Growth in Less-developed Countries: A Theoretical Approach", 14 *The Journal of Development Studies* 58 (1977).
② Id.
③ Id.
④ 李恩平:《利率参照与储蓄的动员、分配——一个两经济部门、二元金融市场的分析框架》,载《金融研究》2002年第3期。

在正规/非正规金融的二元划分体制下,追逐更高收益的资金盈余部门在应用正规金融中介时获得的经济激励较低,其会在制度外开辟其他渠道进行投资,从而形成各类非正规的金融渠道与工具。非正规金融能够遵循一定的市场原则来满足未受支持企业的需要,其资金成本虽然要高于正规金融提供的贷款利率,但其较高的利率水平与传统意义上的高利贷并不完全一致。传统社会的高利贷是一种纯粹的食利行为,其常常利用借款者货币资金短缺的窘境以乘人之危的方式攫取高额的利息,其本身涉及对于借款人的不正当剥削,且当借贷涉及生活、生存目的时往往具有软性强迫的不公平因素。① 民间融资在投资领域的较高资金成本并不仅仅是单纯的剥削食利行为,其更多地反映了信贷资源在市场中达成供需平衡时的资金成本。正规金融中银行发放的贷款利率虽然较低,但其应该被认为是政府为了提供特定信贷支持而人为限制的利率上限,其只能根据政策进行配给。而在信贷配给范围之外的经济部门并不能享受金融抑制所提供的政策性优惠,从而其需要直面资金真实的市场价格。实际中,名义上的正规金融在信贷配给的有限范围之外也无法提供低价的资金使用成本,典型的便是以正规金融机构提供的持牌金融产品实现的各类"通道业务",例如以理财产品、信托、基金等方式变相集合资金、发放贷款的形式本质上与银行存贷业务的中介属性并无不同,但由于其并未纳入贷款业务的利率限制范围内,因而其提供资金的价格水平更受市场的供需条件影响,相当程度上代表了市场的实际利率。而我们可以观察到,这些具有集合资金、发放贷款性质的融资工具能够提供资金价格远高于银行的贷款,但也能够为资金提供者谋取较高的投资收益。

金融中介与金融市场的本质是为资金的供求双方提供高效、便捷的对接。金融自由化作为对于金融抑制政策的放松,在去监管、去规制的趋势中起到了促进市场化发展的作用,其提倡更为有效的资金融通机制,为资金供需双方的桥接提供了更为广泛的可能。金融自由化能够促进"金融深化"的实现,强化中介、市场等金融工具的作用,提高资金盈余的使用效率,进而促进经济增长。金融自由化实际上为市场展示了信贷货币资源价格的真实水

---

① 许德风:《论利息的法律管制——兼议私法中的社会化考量》,载《北大法律评论》第11卷第1辑,北京大学出版社2010年版。

平,金融自由化提供的融资工具虽然看似导致资金成本较高,但其在一定程度上包含有合理性。我们会发现,在市场中民间融资的利率水平远高于银行贷款,这只是资本的相对稀缺常态化的一种体现,我们不能单纯地将较高的利率定义为食利性、剥削性甚至是不道德的高利贷行为,而是应该承认其一定程度上是市场供求机制的真实反映,因此对其规制不能从强行抑制利率水平出发,而是应以疏导为主,为借贷交易提供更便捷、高效、低成本的沟通渠道,方能扩大流动机制,实现货币资源的效率配置。①

二、民间融资与信用机制

民间融资的另一关键作用在于其弥补了正规金融面临的信息不对称问题。在金融抑制理论中,由于存在人为的利率限制,扭曲了资金的供求关系,导致必须要对较低资金价格下过高的资金需求作出政策性的配给;而信息不对称理论则认为信贷配给源于贷款方在无法获得借款方信用信息的情况下实施的对策行为。信息不对称下的信贷均衡配给模型认为信贷配给是一种长期的均衡现象,在排除了政府金融抑制的主观介入和其他扭曲利率水平的政策之后,银行会在追逐利润最大化的选择下在特定利率水平实施信贷配给,而不是直接实现市场出清。②

在信息不对称的情况下,如果以利率作为资金使用的价格以实现市场供需调节,愿意承受高利率的往往是高风险的借款者,其还款比例的低下将会导致银行的贷款风险,还贷能力强、风险较低的借款人则会退出信贷市场。银行在提高贷款利率时面临的主要问题有:

(1)利率并不是合适的贷前审查工具。利率虽然是资金使用的价格,但此价格并不能够反映银行贷款的真实成本。向银行申请贷款者仅能提供名义上的借款项目的收益率,而项目风险和还贷概率并不能直接反映到其愿意承担的利率上。恰恰相反,愿意承担高利率的借款者一般将会承担更高的风险。因此,作为价格的利率并不具有价格筛选作用,而是会造成逆向选择。借款者的信用信息和项目盈利水平往往是缺乏有效信息且难以估测

---

① 岳彩申:《民间借贷规制的重点及立法建议》,载《中国法学》2011 年 5 月。
② Joseph E. Stiglitz & Andrew Weiss, "Credit Rationing in Markets with Imperfect Information",17 *The American Economic Review* 393(1981).

的,银行在审理贷款申请时,需要价格信息(利率)之外的其他条件才能衡量自身的贷款收益水平。

(2)利率无法反映事后监督的成本。在贷款的事前审查之后,银行无法监督和规范借款人的行为。作为债权人的银行无法像公司股东那样实施控制和监督,借款人在业已取得贷款的情况下可能缺乏有效的激励去维护债权人的利益。银行缺乏贷款资金使用的信息和监督手段,提高利率实际上会造成逆向激励,促使借款人在事后实施更有风险的经营策略以偿还贷款,但这却提高了银行的风险,降低了银行的收益。①

(3)担保措施的有限性。在缺乏借款人信用信息与贷款项目收益预期的情况下,银行更多地依赖担保来减少贷款风险。担保措施也存在局限性,其仅仅是银行风险缓释的工具,本身并不能保证借款项目的风险水平和盈利能力。拥有更多担保财产的借款人可能会倾向于更高的风险行为,这可能危害银行的贷款安全。②并且,缺少担保品本身就是中小企业借款困难的原因之一,银行在信息不对称的条件下采取的信贷配给往往基于抵押品数量、企业经济规模等相对明显的经济能力标准,也包括国有性质企业的隐形信用保证。这种"硬性指标"与"软性指标"均是中小企业等贷款人所缺乏的,银行即使不基于政策偏见与选择,而是以有限信息追求商业利益最大化的角度出发,也会对其认识中缺乏还款能力的贷款者采取惜贷行为。

因此,银行采取信贷配给和对某些主体的惜贷行为具有商业上的合理性,其根本原因仍然在于信息不对称。在利率(价格)无法包含有效的市场信息的条件下,银行采用其他信用标准来作为信贷配给的依据,将会对缺乏标准化信用基础的借款者造成障碍。在正式的、标准化的信用基础之外,民间融资能够建立一定的信用评价标准来代替正式的贷款评价体系。民间融资能够实现的信用评价与监督主要体现在:第一,地域性。在有限地域内发生的借贷行为能够保证借贷双方的直接接触、交流和谈判,在事前和事中,贷款方能够以较低的成本获取信息以实现判断与监督。第二,关系性。民

---

① Joseph E. Stiglitz & Andrew Weiss, "Credit Rationing in Markets with Imperfect Information", 17 *The American Economic Review* 393(1981).

② 马亚军、冯根福:《上市公司担保行为分析》,载《证券市场导报》2005年第5期。

间融资经常在熟人社会中进行,贷款人能够以血缘、集体等特殊环境建立起对于借款人的监督和执行机制。① 正是因为民间融资能够利用特定地域、特定关系所提供的信息供给渠道和执行机制,才能在一定程度上克服风险管理中对于抵押品标准与征信制度的依赖。但同时应该意识到,民间融资能够克服信息不对称下的信贷配给的程度是有限的,我们只能够承认民间融资在宏观层面具有经济上的效率②,而不能忽视民间融资在微观层面并不具有实质的风险控制与缓释工具,"软性"执行工具不能够保证具体某一融资行为的安全。因此,民间融资在理论上、宏观上的经济效益隐藏了无法回避的单个贷款的风险。同时,由于缺乏正规金融具有的风险应对机制,单项贷款的投资失败就可能牵连整个融资关系网络出现整体性风险。

第二节　金融规制的制度设计

民间融资是一个存在不断争议的问题,或者说是一个不断引人误解的"话题"。除了现实中民间融资行为的多发以外,另一个重要的原因在于民间融资问题被更多地纳入了经济管制与行业禁入的话题背景,一旦提及对于民间融资、非法集资等问题的探讨,一部分观点往往会跳过对于交易结构的分析,直接论及"民资"属性的意义与"金融垄断"的改革。例如,在"吴英案"审判期间,有观点认为吴英入罪源于市场经济环境的欠缺与民资参与金融的准入限制③;而在《放贷人条例》草案引起社会关注时,有观点认为这是

---

① 这些问题在之后有关制度环节的第三章、第十章将进行具体论述。
② 张杰:《民营经济的金融困境与融资次序》,载《经济研究》2000年第4期。
③ 此类观点参见以下网络新闻报道:张维迎:《理与法——从吴英案到曾成杰案》,http://finance.qq.com/a/20130824/004756.htm,最后访问日期2015年10月8日;张维迎:《从吴英案重审市场经济》,http://opinion.hexun.com/2012-04-20/140631272.html,最后访问日期2015年10月8日;凤凰网财经频道:《争议吴英案:金融制度之殇》,http://finance.ifeng.com/news/special/zhengyiwuying/,最后访问日期2015年10月8日;叶檀:《吴英被判极刑民间金融何时停止血祭》,http://finance.ifeng.com/opinion/zjgc/20091223/2029414.shtml,最后访问日期2015年10月8日;秋风:《吴英被判死刑市场制度似乎也被判处死刑》,http://finance.ifeng.com/opinion/zjgc/20100106/1672524.shtml,最后访问日期2015年10月8日。

"地下钱庄"合法化的趋势①。不可否认,民间融资问题的形成部分是源于金融规制与准入限制,但在如今的制度环境下,资本性质已经不再是经济管制的主要原因,如果仔细梳理相关的法律法规,我们会发现实际上民间资本参与借贷融资的法律障碍并未如新闻报道中宣称的那么非人性化、非市场化,而更多的是围绕借贷交易的结构性风险进行的规制。分析现有的融资制度,我们会发现,除去泛意识形态的无谓争论,真正影响到民间融资法律规制问题的仍然是交易的系统性、结构性风险,如何利用有效的法律技术克服、消除交易结构导致的风险便是融资监管制度所欲实现的制度价值。

一、融资业务的风险内容及其监管

(一) 银行与间接融资

银行业务的特征可以概括为公开吸储、资金池与错配、信用授予三点,任何具有以上三种特征的交易模式在经济意义上均可以被视为广义的"银行业务"。从事间接融资业务的市场主体利用资金池与错配实现了资产与负债的对接,将短期、小额的信贷资源整合成长期、大额的贷款提供给资金需求者。这种非一一对应的资产负债结构能够实现对于经营的长期支持,但以错配实现的流动性长短期转化并非绝对稳定,主动负债经营的特殊性必然导致业务主体不断面临资产质量的变动与流动性的矛盾冲突。在允许负债经营的情况下,如何维持资产的质量以实现资本充足并保证负债端足够的流动性便是金融监管制度所要实现的制度功能。

对借贷金融交易的监管包括监管制度的构建和监管方法的选择与实施,前者注重宏观控制,后者强调技术应用。一般的监管与控制的方法主要在事前、事中、事后三个阶段采取不同的措施。

事前:以筛选与准入为主,主要包括对于主体资质的审查与能力的判断。一般包括对于审查对象规模、资本金、管理水平进行考察,以判断审查对象的经营竞争力与承担风险的能力。

事中:以信息报告、披露与业务检查监督为主,前者包括定期报告与信息披露制度,后者包括现场检查、内外部稽核等制度,重点考察主体在经营

---

① 此类观点参见《〈放贷人条例〉草案提交国务院 "地下钱庄"有望合法化》,http://news.xinhuanet.com/politics/2008-11/17/content_10368552.htm,最后访问日期 2015 年 2 月 15 日。

活动中的经营质量与风险水平,实现经营决策的审慎。

事后:以行为纠正与风险化解为主,一个稳定的金融秩序必须对交易风险的暴露有足够的承受能力,能够在一定的压力下维持系统的可持续性,因此,市场主体要采取某些制度性安排以实现容错性。

为了实现上述三个阶段的目标,针对从事间接融资类金融机构的监管要求具体体现在准入控制、日常审慎监管两个方面:

(1) 准入控制。准入控制要求从事贷款类业务的主体必须具有充足的经济能力与业务经营水平来从事风险性的贷款业务,包括:

第一,最低注册资本标准。注册资本是衡量市场主体风险承担能力的最基本要求,是保障经营主体具有一定经济能力从事风险业务的基本前提。除了数额标准外,资本缴纳的强制制度也较为严格,我国公司法在放松普通公司的强制实缴要求之后,仍然要求银行等金融机构依照法律、行政法规以及国务院令的特别规定保留资本强制实缴制度,这更强调了准入控制的相对严格。

第二,公司治理结构和内控制度。完善的公司治理结构与严格有效的内控制度是任何社团性公司企业能够实现良好经营的条件。公司治理结构强调安排有序的组织形式和决策、责任体系,以建立科学、高效的决策体制和相互制约、监督的内部约束机制。例如我国《商业银行公司治理指引》规定了商业银行应完善股东会等各个层级的议事制度和决策程序,明确股东、董事等的权利义务且建立完善的监督机制、信息报告及披露制度等;而《商业银行内部控制指引》第 4 条及第 5 条强调了商业银行在各项业务过程和操作环节都应该建立严格的内控与执行机制,防范各类风险,保证问题能及时反馈和纠正。

(2) 日常审慎监管。日常审慎监管是指以安全和稳健为目标来监控银行业经营业务的全过程。巴塞尔银行监管委员会通过的《有效银行监管核心原则》指出:监管程序的一个重要部分是监管者制定和利用审慎法规的要求来控制风险,其中包括资本充足率、贷款损失准备金、资产集中、流动性风险管理和内部控制等方面。这些规制内容主要包括:

第一,资本充足率。资本充足率是指资本对加权风险资产的比例,是评价银行自担风险和自我发展能力的一个重要标志。其通过对于银行一级资本(核心资本)和二级资本(附属资本)的比例限制,确立信用风险、市场风险对银行业务的冲击准备。

第二,贷款损失准备金。银行应当按照谨慎会计原则,合理估计贷款可能发生的损失,及时计提贷款损失准备,一般包括一般准备、专项准备和特种准备。

第三,贷款集中比例。监管需要对银行的贷款集中程度施加限制,避免风险过度集中于个别企业。同时,对于银行向关系借款人的过度放贷也要加以严格限制。

第四,流动性风险管理。银行的流动资产与存款或总资产的比例需要满足严格的标准,保证能及时以合理的成本举债或者将资产按其实际价值变现的能力。

第五,内部控制。银行内部控制是指对银行内部各职能部门及其职员从事的业务活动进行风险控制、制度管理和相互制约的方法、措施和程序,它包括对银行内部组织机构的控制、对资产和负债各项业务的控制、对表外交易的控制、对会计系统的控制、对授权授信和对计算机系统的控制制度。

(二) 证券与直接融资

直接融资是一种广义上的融资形式,任何不通过金融中介而由资金提供者和资金需求者直接交易的融通形式均是直接融资,其特点是具有公开性。在形式上,资金供给者数量的增加更能够保障获得资金的可能性,因此由一对一的直接融资扩展到一对多的公开发行是市场运行的必然。但公开发行一方面将会导致外部人与内部人信息的不对称,极易诱发道德风险,导致资金的使用者不以资金提供者的利益行事而实施自肥;另一方面,投资者由于人数众多而存在集体行动困难,没有能力也没有经济激励去实施监督。因此,无论是股票还是债权或是基金份额等其他公开向多数人直接融资的方式,强制性的信息公开和默示且全面的信义义务一般均被视为必要的外部规制,从而加强直接融资合同之外的法律责任。公开直接融资下的公开发行同样也是一种市场的结构性缺陷,需要通过外部规制来予以支持和保护。而证券公开发行的强制注册制度和后续的强制披露责任便属于直接融资的外部规制体系。

二、我国现行金融监管对于民间融资的实质限制

虽然在新闻报道与网络评论中,对于我国金融监管与金融市场禁入门槛的批评屡见不鲜,但如果对法律法规进行规制的梳理,我们将发现笼统的批评与指责并不能反映民间融资市场参与的真实问题。从制度监管的正当性出发,我们将发现针对民间金融的融资规制本身并没有"所有权来源"歧视或者是投资者身份歧视,对于民间融资的规制更多的是技术性法律规制。

(一) 资金池业务与银行业监管

前文已经概括,银行业务与"影子银行"问题是"结构性"市场失灵的典型。银行业务的特征可以概括为公开吸储、资金池与错配、信用授予三点,任何具有以上三种特征的交易模式在经济意义上均可以被视为广义上的"银行业务"。在存在资金池与错配的交易结构下,吸收资金与信贷授予的市场主体面临的结构性问题便是高负债、高杠杆下的资本充实风险以及错配交易下的流动性风险。结构性风险的产生并不是因为交易对象背信违约、借贷参与者贪婪逐利等个别因素而产生的,结构性风险并不是通过基础民法对于一般交易的执行保护和损失赔偿便可以避免或消除的一般风险,甚至很难通过保障单个交易中的全面履行而保障金融系统的整体安全。银行的准入控制、日常审慎监管等制度正是为了应对间接融资这一特殊的交易形式而不得不采取的配套制度。从理论上说,具有间接融资结构的融资模式均应该接受特殊规制的监管,除了银行系统以外,信托、基金、理财产品等实际上也能够形成此种间接融资模式,地下钱庄、合会等组织形式也是如此。如果不在吸收资金端予以控制,在贷出资金端予以限制,并且在投资者资金退出、赎回方面进行制度性安排[①],流动性风险将不可避免。因此,在法律上不可能任意允许利用间接融资模式。民间资金仅能够以法律允许的形式参与到股份制银行、城市商业银行、农村商业银行、村镇银行等合法主体的经营中,或者将资金投入具有金融牌照的信托、基金等理财模式中,接受规范、完整的金融监管。

根据我国现行的法规制度,依据《商业银行法》以及《中国银监会中资商

---

① 例如大额预约、到账期限、赎回比例限制与延期赎回,基金净额计算、管理与控制等制度。

业银行行政许可事项实施办法》的规定,出资设立全国性商业银行,最低实缴资本为10亿元人民币;而成立城市商业银行要求最低实缴资本为1亿元人民币。由于即使是城市商业银行也主要为早先的城市信用社改制而成,此类金融主体的设立门槛较高,并不适合多数民间资本的进入。但是同时,根据《中国银行业监督管理委员会农村中小金融机构行政许可事项实施办法》《农村合作银行管理暂行规定》《农村商业银行管理暂行规定》等的规定,农村信用合作社、村镇银行以及农村商业银行等中小型金融机构对于民间资本进入的门槛设计并非高不可及,其最低注册资本额度要求如下表:

中小型金融机构设立门槛

主体	最低注册资本要求(人民币)	出资人规定
农村资金互助社	10万元(行政村级)/30万元(乡镇级)	以发起方式设立且发起人不少于10人
农村信用合作社	100万元	发起方式设立且发起人不少于500人
农村信用合作联社	300万元	在农村信用合作社及其联合社基础上以新设合并方式发起设立
村镇银行	100万元(乡镇级)/300万元(县区级)	发起人中应至少有1家银行业金融机构
农村合作银行	2000万元	在农村信用合作社及其联合社基础上以新设合并方式发起设立
农村商业银行	5000万元	在农村合作银行或农村信用社基础上组建

由此可见,民间资本参与间接融资业务的门槛从低到高,各个数量级的资金均有相应的投资机会,并且出于保证农村合作组织的合作性、防止中小金融机构被个别资本把持过多控制权以及防范关联交易等原因的考虑,此类民资金融机构往往还广泛吸收农村信用社社员、农民、农村工商户、企业法人等主体的参与,规定发起人数量的下限,限制单一股东的出资比例。①

---

① 例如,《农村商业银行管理暂行规定》第18条规定:"农村商业银行单个自然人股东持股比例不得超过总股本的5‰,单个法人及其关联企业持股总和不得超过总股本的10%,本行职工持股总额不得超过总股本的25%。"

因此，民间资本作为投资者参与此类金融机构的设立的资金门槛有限，且不存在严格的所有权来源限制，对于民间资本无法参与银行业务的过分指责是没有依据的。退一步讲，大型国有银行以及股份制银行多为上市公司，在公开市场购买其股票也是分享其利润的方式之一，民间资金参与其中并非无门无路。

（二）非资金池放贷业务与企业间借贷

间接融资模式规制限制的是以吸存放贷、资金池与错配为特征的交易模式。如果不吸收存款或者对融资来源进行严格控制，就不会产生负债端的流动性风险，或者，如果不设立资金池，不存在错配，仅仅是一对一的借贷关系，也便不存在典型的间接金融风险特征。因此，理论上，不吸收存款，也就是在负债端进行严格限制的金融主体在法律中允许以"放债人"的身份出现，在我国香港地区以及日本、新加坡、澳大利亚等地以放债人条例法规对此进行规制，而在我国，小额贷款公司也是此种融资形式的表现。除了小额贷款以外，依据中国银监会《贷款公司管理规定》设立的贷款公司，属于专为农民、农业和农村经济发展提供贷款服务的银行非存款类金融机构。此类非存款类金融机构以实收资本和向投资人借贷作为业务资金来源，并对负债的对象数量和债务总量进行一定的限制，进而最大程度降低资产配置调整以应对流动性风险。

除了对负债端进行限制以外，不存在资金池的一对一借贷关系，在结构上无须进行特别的规制，但需要注意的是，企业之间的单独借贷关系并不能因此完全合法化。企业间借贷关系虽然在外观上属于简单借贷关系，但其风险却并非一对一借贷关系可以概括。首先，由于企业资本的投入具有公开性，其先天可以吸纳多数股东的资金；其次，公司制度下的法人财产所有制本身就具有成为资金池的条件，在允许公司企业任意吸收股东和负债吸纳资金的情况下，如果允许企业间常业从事借贷，那放贷企业着实与存款类金融机构无异，而其并没有任何可以控制风险的机制与手段。因此，从交易行为的性质和风险结构考虑，企业间的常业借贷关系是不应该被允许的。而从经济意义上考量，企业间的常业借贷也存在问题。投资者通过公司企业进行放贷是缺乏效率且成本高昂的行为，由于要缴纳企业所得税，自然人投资者与其将资金投入公司再对外放贷，不如直接将资金用于放贷，一个以股东自有资金常业从事放贷业务的公司并不具有经济上的合理性。公司以股东自有资金放贷的一个可能的经济解释是集中放贷有助于减少交易成本,即单次借款数额较大时需求者只能与多个自然人分别借入资金,谈判与交易成本复杂①,而通过公司法人实体能够起到汇集资金来源和集中代理谈判的功能,为大额贷款提供了交易机会。由于利用市场向多数人募集资金需要公募或者私募的特殊金融工具,利用这些金融工具既有规制门槛要求又需要支付成本,在企业间借贷的实际利率很高的情况下,只要公司能将股东自有资金集合起来贷出便能够获得极高的收益②,而这种利用公司法人制募集资金转贷的方式却无须支付金融工具的制度成本,因此,利用公司法人制度代替股东个人进行放贷的高收益机会也许能够弥补企业所得税的成本,从而具有经济上的优势。

现实中企业间借贷存在的原因一部分是基于中小企业公司与股东财产、人格的混同,导致公司资金以股东放贷的形式贷出;另一部分原因可能是由于在前述信贷配给现象下,企业能够以远高于银行名义利率的价格将资金贷出,从而弥补企业所得税的损失。并且,如果以公司的名义从银行系统中贷出名义利率的低价资金用于公司运营,并择机将部分混入公司财产的资金对外放贷套取利差,这也可能是公司主体愿意从事借贷业务的原因。但以上这些原因仅存在于信贷配给扭曲实际利率的情况下,本质问题仍然是如何实现利率市场化并平衡实际利率与名义利率,这并不是允许企业间常业借贷合法化的理由。因此,在允许企业对外借贷的最高人民法院《关于审理民间借贷案件适用法律若干问题的规定》中,同样仍禁止企业的转贷行为,以防企业的法人实体成为融资渠道的资金池。

(三)直接融资与私募发行

广义的证券融资不仅包含有股票、债券,基金、信托等具有自己集合功能的交易关系也都被包含在证券投资的概念之下。在不考虑基金、信托、理财产品的镶套操作与通道业务的情况下,这些交易关系属于直接融资的范畴。根据前文所述,直接融资需要以准入注册、信息披露等制度进行约束,

---

① 这实际上是公开募集与发行的制度优势。
② 企业间拆借资金的市场实际利率极高,在很多情况下甚至远高于银行贷款利率四倍的高利贷标准。

而在规制的强度上往往以公开性的程度划分为公开发行与非公开发行两类,一般又可称为公募属性与私募属性。

上市公开发行一般适用于大型企业,并不适合中小企业的融资需求。长期以来,我国孱弱的直接融资渠道并未给中小企业融资提供有效的支持,历史上深交所的创业板上市公司与主板市场并无本质区别,并未起到资本市场的层次区分。公司债券制度同样面临着问题,无论是传统的公司债还是企业债都并非针对中小企业,而正是此类中小企业最难从银行系统获得贷款融资。我国直接融资渠道的薄弱源于历史发展局限性和制度构建的滞后[1],近年来,随着多层次资本市场的改革建设力度加强,直接融资的渠道有所扩张,例如新三板的建立发展、区域性股权交易所逐步建立以及私募债制度在沪深两市的试点发行,在上市之外提供了更多二级市场的投资交易机会,进而强化了一级市场直接融资的有效性。同时,私募性投资的蓬勃发展为直接融资渠道的扩容提供了机会。直接融资制度的有序发展主要涉及在合理保护投资者利益的基础上尽量扩大权益的可流动性、可交易性,这需要对不同层次的资本需求设立适中的交易方式,不能为了扩大流动性和投资者范围而盲目将公开发行的规制性约束降低。所以,在公开发行制度之外,私募登记备案制度、柜台挂牌交易制度等能够提供流动性的交易模式将是直接融资模式发展的方向。[2]

由于我国长期以银行主导的间接融资模式实施信贷配给,直接融资模式的市场性更强,在政策上引导投资方向较为困难,因此一直采取较高的准入门槛和审批制度,投资者保护的薄弱也限制了多层次资本市场的发展。但是,随着利率市场化的推进,信贷配给的政策性目的不断减弱,而直接融资对于市场价值的发现功能将会进一步凸显。由于直接融资能以更为市场化的资金回报率对参与投资的民间资金进行回报,这将进一步反映市场的实际资金成本,从而鼓励民间融资的进一步参与,在多层次资本市场制度的辅助下,将能够助力缓解中小企业融资问题。需要注意的是,我国在信托、理财产品等领域普遍存在的"刚性兑付"并不是正常的市场现象,成本保底

---

[1] 刘伟、王汝芳:《中国资本市场效率实证分析——直接融资与间接融资效率比较》,载《金融研究》2006年第1期。

[2] 董安生:《中国资本市场改革法律问题研究》,载《甘肃社会科学》2008年第5期。

或者承诺收益违背了价值投资的基本理念,极易助涨市场的非理性行为。"刚性兑付"实际上消解了直接投资的价值分析与发现功能,转变了投资风险承担的方式,将名义上的股权等权益投资篡改为事实上资金借贷的间接融资属性,扭曲市场的资金使用成本。因此,在"刚性兑付"现象逐步解除之后,直接融资对于民间资金的合理、有效利用才能发挥真正的市场效果。

第三章 境外民间融资的制度环境与监管实践

他山之石可以攻玉,在金融领域,由于我国的发展比较落后,学习他国的先进经验和了解相关国际组织的立法动态,具有巨大意义。因此,在明确民间金融的概念和熟悉相关理论之后,在讨论我国民间金融的发展情况之前,本书将先对世界各个主要国家和地区民间金融的发展概况和监管情况进行梳理。

第一节 发达国家的民间融资和监管制度

一、美国

作为世界经济强国,美国是当今全球银行及金融体制中最具影响力和竞争力的国家;但是,即使其拥有最完善的金融体制,也并不能完全满足所有资金需求者的需求。需求与供给是相互依存的,有需求便会存在供给,因此在美国除了主流的融资渠道外,还存在一些非主流的融资渠道。据统计,在美国2.5亿多人口中,有2500万个家庭、超过7500万人没有银行账户,这部分人很难从银行等主流融资渠道获得信用卡或消费信贷,即使有些持有银行账户的人通常也很难从银行贷款,因此存在融资需求的家庭和个人,往往通过小额贷款公司、信用协会和民间借贷等融资渠道来解决。就连常常为一些国人所称道的美国多元化的中小企业金融服务体系,也不能解决所有的融资问题,从现实情况来看,美国中小企业的融资方式仍然以业主的储蓄和向亲友借款为主,二者共占其投资的58%左右。可见,在金融体制发达的美国,非主流的民间融资方式也广泛地存在,并对主流融资渠道形成相应的补充。

美国的民间金融主要包括以下几种:

(1) 合作金融组织。美国的民间信用合作社与我国相似,也是建立在血缘、地缘和商缘关系的基础上的。20 世纪初,曼彻斯特市的圣玛丽教堂成立了美国第一家信用合作社。截至 2003 年,美国共有 5776 家在联邦注册的信用合作社,还有 3593 家在各州注册。美国信用合作社的组成主要有如下三种形式:一是由雇员组成的职业性信用合作社;二是行业性信用合作社;三是社区信用合作社。为了降低信息成本,保证信用社的贷款质量,美国信用合作社要求其会员来自同一职业领域或同一团体组织、同一社区等。同对银行业的监管一样,美国对信用合作社的监管同样采用双轨制,即存在联邦政府和州政府两个监管主体。信用合作社可以选择在联邦政府注册,也可以选择在州政府注册;可以选择参加联邦存款保险体系,也可以选择参加其他保险机构。1909 年,美国马萨诸塞州通过了第一部信用合作社法案,其他州也纷纷效仿,1934 年还通过了联邦信用合作社法案。州立信用合作社法案对美国信用合作社的发展有着非常重要的意义,因为这样既能够保护信用合作社这一金融机构的创新形式,也能够通过州与州之间的立法竞争推动信用合作社的发展。出于加强信息交流和有效监管的目的,1965 年美国各州政府成立了"各州信用社监督专员全国协会"(National Association of State Credit Union Supervisors,NASCUS)。①

(2) 储蓄贷款协会。美国的储贷协会是由轮转储蓄机构和信贷协会演变而来的,仍保留了民间金融固有的很多特性。② 与轮转储蓄机构和信贷协会一样,早期的储贷协会也是建立在成员之间密切的社会关系基础之上的,

---

① 贺力平:《合作金融发展的国际经验及对中国的借鉴意义》,载《管理世界》2002 年第 1 期。
② 正如轮转储蓄和信贷协会一样,早期的储蓄贷款协会也是建立在成员之间密切的社会关系基础之上的。但是随着经济与金融的发展,储蓄信贷协会不再像轮转储蓄和信贷协会一样具有一个事先商定的存续期并要求成员每期缴纳一个份子的资金,然后通过抽签或竞价取得资金使用权。自 1980 年以后,储蓄贷款协会的运作在很大程度上与商业银行接近。

这种社会关系便于信贷协会了解其成员的资信度、监督成员行为和保证合约执行。即使是现在,它的组织形式仍然以互助组织为主。目前,有70%左右的储贷协会为互助性组织,其余30%为股份制。通常来说,储贷协会不得通过招募外来股份来吸收和增加资金。① 与信用社一样,储贷协会有的在联邦政府注册,有的在州政府注册;有的参加了联邦存款保险体系,有的选择了其他保险机构或不参加任何存款保险安排。②

美国民间金融的合法性还直接促使了为中小企业服务的中小融资机构(民间的"风险基金"或"小企业投资公司")的建立。1958年美国国家小企业局按照国会批准的法案,倡导社会建立中小企业投资公司。据统计,美国有上万家专门从事中小企业金融服务的中小企业投资公司,这些中小企业投资公司名称各异,如妇女投资公司、企业金融服务公司、社区投资公司、街道投资所等。

(3) 非吸收存款类放贷人。美国非吸收存款类放贷人(Non-Deposit-Taking Lenders,以下简称"NDTL"或者"存贷融资的放贷人")是指从市场借入资金并主要从事发放贷款业务的公司。美国历史上一直都有NDTL,其是整个金融体系重要的、不可缺少的组成部分,提供银行体系无法提供的业务。NDTL的放款对象主要有:小型商业者,专卖店所有者(即特许加盟者,如McDonalds、Hilton等),希望通过融资购买大型家庭用品、改善居住条件、为小额债务再融资以及想要购房的消费者等。由于NDTL在市场中具有相对的竞争优势,如数额大、期限长、无罚息的分期付款,可以减少借款人的支出成本,且其在一些特定区域更富有经验,从而可以有效降低交易成本,加之,除了跨区经营需要注册之外,美国NDTL不具有地理上的限制或管制约束,因而正规金融机构银行(如花旗集团)有动力并购NDTL作为自己的零售网络以扩展相关业务。尽管NDTL不能接受来自普通公众的存款,但其在融资方面有很大的灵活性,比如,可以通过向金融机构贷款、发行债券或股票、资产证券化等方式获取资金。

根据2007年10月下旬中国人民银行总行组团赴美国、南非对NDTL等机构的考察报告,美国监管当局认为NDTL不吸收存款,不会对银行体

---

① 贺力平:《合作金融发展的国际经验及对中国的借鉴意义》,载《管理世界》2002年第1期。
② 同上。

系造成伤害,也不会牵扯公共资金如最后贷款人的资金支持,因而对 NDTL 的监管属于非审慎性监管,监管者对 NDTL 通常没有存款准备金的要求,也没有单一借款人的贷款限制或者限制与会员的交易。NDTL 既不加入美联储系统,也不参加联邦存款保险公司的保险,不接受联邦层面的任何监管,仅接受州立银行业监管机构的监管。监管部门有权审查和批准牌照申请、指导年度审查或者被许可人的检查、接受和审查年度报告、发起申请强制执行判决之诉、调查消费者投诉。由于实施非审慎性监管,NDTL 的市场准入门槛较低,组织形式上基本没有限制,可以是有限责任公司、合伙或者自然人,甚至可以是上市公司;其最低资本金也远比银行的要求低,没有对权益负债等比例限制。监管者在审查 NDTL 牌照申请时比审查银行牌照申请的时间短得多、简单得多,NDTL 从申请到成立一般仅需要 60—90 天,主要考虑有关资本净值、董事、高级管理人员和主要股东的背景等要素,且申请牌照的信息披露程度较低。同理,在 NDTL 退出市场时,美国没有给 NDTL 指定任何专门的破产法或者清算法及诉讼时效,而是根据《联邦破产法典》第七章或第十一章清算。根据第七章,放贷人需停业整顿,其资产由托管人清算。而根据第十一章,在破产法庭的监督下,公司的管理层将负责检查这些债务。在这两种情况下,破产程序将解决财产分配问题,如向与放贷人有合同关系的各方,以及向放贷人资产的购买方进行可能的权利转让。①

此外,针对民间金融的局限性,美国还通过发展社区银行以代替民间金融。高度发达的社区银行为中小企业和中低收入家庭的投资和消费提供了支持,从而使他们不必求助于民间金融。根据美国独立社区银行家协会(Independent Community Bankers of America,ICBA)统计,截至 2005 年,美国共有 8932 家社区银行,主要分布在经济相对比较落后的地区,52%的社区银行资产总额在 1 亿美元以下,是典型的中小金融机构,其同时要受到美国存款保险公司和州政府的金融管制。若社区银行是美国联邦储备银行的会员银行,则该银行同时还要接受美国联邦储备银行和美国货币监理署

---

① 刘萍、孙天琦、张韶华:《有关美国非吸收存款类放贷人(NDTL)的考察报告》,载《西部金融》2008 年第 9 期。

的金融管制。① 对于社区银行的监管,美国还特别注重发挥自律监管的作用,专门成立了社区银行家协会,大部分社区银行都是该协会的会员。社区银行协会除了实施自我管理之外,还代表社区银行的根本利益,在社区银行的重大监管措施和政策方面代表社区银行的利益与监管部门和其他政府部门沟通。社区银行家协会旗下又设立了5个服务公司为会员提供全面的服务:社区银行家协会银行卡和电子通讯公司为社区银行在支付清算、借记卡和贷记卡的处理、商户服务和网上银行方面提供完善的方案;社区银行家协会证券公司为会员社区银行提供高质量的投资产品、服务和培训;社区银行家协会抵押公司帮助社区银行进入二级市场,获得长期融资;社区银行家协会保险公司帮助社区银行在保险领域获得更多的盈利。另外,社区银行家协会还通过举办各种形式的培训和教育活动加强对社区银行各个层次人员的培训;社区银行家协会信息中心还为社区银行提供全面、及时的行业信息和监管信息等。

二、英国

(一) 合作银行、信托储蓄银行和房屋贷款协会

合作银行、信托储蓄银行(Trustee Saving Bank,TSB)和房屋贷款协会(或叫房屋按揭社,Building Society)都是英国较为典型的民间金融组织形式。合作银行通过在中小城镇或大城市的非闹市区开办营业所、延长营业时间、侧重为中小企业提供贷款、放宽个人账户开设条件等措施,继续突出其面向城乡中低收入群体服务的经营特色。但是自20世纪70年代以来,合作银行在存贷业务上推出许多新举措,与普通商业银行的区别越来越小。

18世纪初,信托储蓄银行逐渐出现,其经营特点是面向中低收入群体吸收小额存款,将汇聚起来的存款资金转存于其他金融机构(例如商业银行)以赚取利息,并将利息收入分配给储蓄者。它为中低收入者提供了一个便利的利息收入渠道,但并不涉及会员存款者的贷款需求问题。后来,英国政府出面组织邮政储蓄银行,大规模吸收小额存款或投资,并规定所有吸收

---

① 各金融管制当局的监管侧重点有所不同,联邦储备银行着重在信用控制,存款保险公司着重于银行资产的流动情况,而州政府则注重合规性监管,即社区银行是否能够恪守政府的各项金融法规,特别是恪守美国《社区再投资法》的各项规定。

来的储蓄资金只能投资于政府债券,信托储蓄银行由此面临新的竞争者,被迫进行经营方针调整,其原有的合作性质亦随之消失。

19世纪末,房屋贷款协会出现,它以合作方式进行个人集资购房的安排。最初该安排带有固定成员和固定期限的特点。英国国会在18世纪70年代通过了专门法律约束房屋贷款协会的经营活动,并指定友谊社首席注册官负责房屋贷款协会的监管事务。19世纪初,房屋贷款协会演变为开放式、永久性的金融机构。20世纪70年代以后,英国的许多房屋贷款协会通过相互合并,调整经营方针,逐渐朝商业银行化方向转变。总之,英国的民间金融发展始终存在政府的强力干预,并在发展到一定规模后转向正规金融。①

(二) PFI融资模式及现代事业管理

与中国一样,英国民间资本也非常活跃,同时很多国家或地方的基础设施、公用事业面临建设或运营资金短缺的问题。PFI(Private Finance Initiative)就是英国政府借势对民间资本进行疏导的成功模式。PFI的表面意思是私人主动融资,是英国政府于1992年提出的一种私人融资方式,直接针对解决基础设施以及公益项目的投资问题。② 实际操作中,PFI其实就是利用私人或私有机构的资金、人员、技术和管理优势进行公共项目的投资、开发建设与经营。在PFI项目中,政府部门的作用是启动者和监管者,私营企业则提供管理、建设和投入资金。按资金的不同来源和回收方式,PFI模式可分为三种类型:独立运作型、建设转让型、综合运作型。独立运作型,即对于PFI项目,政府不提供财政资助,建成后向最终使用者收取费用来取得收益;建设转让型,即在项目完成后,政府根据所提供服务的数量等情况,向PFI公司购买服务,这样的项目主要包括私人融资兴建的监狱、医院和铁路等;综合运营型,即由政府和私人部门共同投资,出资比例因项目性质和规模的不同而不同,项目的控制权必须是由私人部门来掌握,"资金回收方式及其他事项由双方在合同中规定"。这种模式拓宽了融资渠道、减轻了政府负担、转移了部分投资风险,在英国受到热烈欢迎,并得以推广,随后迅速风

---

① 高晋康、唐清利编著:《我国民间金融规范化的法律规制》,法律出版社2012年版,第201—202页。

② 杜静、仲伟俊:《私人主动融资(PFI)模式在我国的应用研究》,载《项目管理技术》2005年第9期。

行于一些国家和地区,包括美国、日本及我国香港特区等。北京有的奥运场馆的建设中也尝试性地借鉴了这样的模式。

三、法国

法国的民间金融组织主要采用的是农业信贷或合作信用机构的形式。[①] 这种形式在法律层面体现了自下而上和自上而下相结合的特征,这些特点主要体现在三个方面:首先,基础层次的民间金融组织都是合作性质的,由大量分散的小储户或社员所拥有,他们行使民主管理权。其次,中间层次(区域性的省级联合组织层次)的民间金融组织的管理成员则由基层代表和中央机构委派代表组成。最后,中央层次的组织机构一方面由省级联合组织按轮流原则派出代表充任理事会委员,但另一方面又有更多的理事会委员来自国会、行政当局及相关专业人士团体。

这种混合体制一方面体现了合作性质,便于吸引广大的中小储户的参与;另一方面又有利于政府对合作金融或农业信贷活动的规范和调节,发挥有关金融机构的专业化经营优势。法国合作金融机构与德国合作金融机构相类似的是,法国的省级和中央级合作金融或农业信贷机构事实上从事着多种金融服务业务,有的已经变成全能性综合金融服务机构。但是法国和德国不同的是,政府对民间金融的控制力更强,并处于半自治状态。出现这个差异的原因在于:法国更强调政府在经济发展中的作用[②],并认为政府对民间金融的介入和干预有利于确保民间金融的发展符合国家战略要求;同时,由于法国是市场经济发展相对较为成熟的国家,民间金融具有较宽松的环境,并由此强调对其自治权的保护。

四、德国

德国是信用合作社的诞生地。1846年德国发生农作物歉收和饥荒,舒尔茨[③]萌发通过建立合作性质的面粉厂和面包店为普通市民节省开支以便

[①] 其中最典型的有农业信贷银行、互助信贷和大众银行集团。此外,还有互助信贷全国联盟和合作信用中央局等。
[②] 翻开经济史就可发现,法国极为强调计划在推进国家发展战略和促进经济增长中的作用。
[③] 贺力平:《合作金融发展的国际经验及对中国的借鉴意义》,载《管理世界》2002年第1期。

渡过难关的念头并将之付诸实践。1850年他进一步将此观念运用于信贷领域,建立了城镇信用合作社。该信用社被称为"人民的银行"(在德国又叫"大众银行",Volks Bank)。与此同时,另一德国人雷发胜专注于如何向农民提供信贷支持的问题,并于1864年组建了Heddesorf Credit Union,该社被认为是世界上第一个农村信用合作社,专门向农民提供信贷以便他们购买牲畜、农具、种子等。该信用社组织后来发展成为雷发胜银行(Raiffeisen Bank)。这一合作金融体系在德国延续至今。在德国合作金融体系中,基层合作金融组织是合作信用社,它们为独立法人,存款者为所有者,依据一人一票的投票方式进行组织安排和经营方针决策。第二层是区域性的合作社联盟(也叫合作银行),但合作银行既有合作社性质的(由辖区内各个独立的信用社所有),也有股份性质的(除辖区内信用社认购股份外,也吸收外来股份)。第三也即最高层次为中央合作银行(即DGBank),它为各地区合作银行所拥有,但采取股份形式。基层信用合作社采取民主管理方式,社员就是所有者并且是服务对象(信用社的贷款对象必须是存款户,但后来这一规定逐渐被放宽)。地区合作银行向基层信用社提供资金支付和结算服务与短期再融资服务,并可借入外部资金,开展证券投资业务和国际银行业务。中央合作银行则完全是一家全能性的现代银行机构,除了向地区合作银行提供全国性的支付和结算服务以及短期再融资服务外,还可以从事多种金融业务。中央合作银行近年来一直在《财富》杂志全球500强企业中榜上有名。

五、日本

日本是中小企业比重很高的国家,被称为"中小企业之国"。据统计,日本企业合计654.17万个,其中中小企业数为648.43万个,占全部企业总数的99.1%。中小企业在日本经济和社会发展中发挥着重要作用,从中小企业对就业的贡献来看,在日本全国4900万就业人员中,中小企业占80.6%;从中小企业对日本GDP的贡献来看,日本中小企业零售业中,小企业零售额占78%;制造业产值占总产值的55.5%。由此可以看出,中小企业在日本的经济地位举足轻重。日本中小企业之所以发展势头如此迅猛,并有如此强的竞争力,是和日本政府于第二次世界大战结束后出台的一系列相关扶持政策分不开的。日本政府除在税收政策、产业政策、技术创新方面对中小企业给予必要的扶植外,其完善的融资体系也为中小企业发展提供了强有力的资金支持。日本的中小企业融资体系除了作为普通的中小企业金融机构的都市银行外,主要包括两大部分:民间中小企业金融机构和政府中小企业金融机构。① 综观世界各国中小企业民间融资的发展,日本的做法是比较成功的。此外,日本和我国同属亚洲国家,产业组织上都具有二重结构的特点,日本的经验对我们国家来讲具有较强的借鉴意义。

日本的民间金融非常发达,法律也赋予其合法地位,包括互助银行、地方银行等。日本的轮转基金组织——Mujin("无尽",日本西部称为 Tanomoshiko)演变成区域性的互助银行的案例,是农村民间金融转变为正式金融的典型经验。无尽(相当于中国的合会)从久远的日本前现代时期就开始存在,这表明,这些传统上为当地的中小企业和家庭提供资金的组织扮演了重要的经济角色。1915年,日本金融当局和日本银行在研究评估了无尽组织利弊的基础上,出台了《无尽业法》对大量的无尽组织进行规制,831个无尽(总资本约2亿日元)中的80%被合并组建成多家联合股份公司。

随着日本经济的发展,1915年出台的《无尽业法》的有关条款表现出越来越明显的局限性。比如贷款被限定在一定的地区,在大额度资金投资方面也有严格限制。"二战"后,日本出现了许多为中小企业提供融资的小型金融公司。这种小型金融公司比无尽在组织上更趋健全,被称为互助无尽。1951年5月,日本政府通过《互助银行法案》。到1956年,大多数无尽转变为互助银行。当然,一些小型的无尽组织仍在日本各地继续运转,执行重要的社会和网络功能。互助银行相对于无尽组织在业务范围等方面得到了进一步扩展,但还是存在信贷规模和地域方面的限制。于是日本金融当局修订了《无尽业法》,无尽组织从初始的合会形态向更一般的金融中介转化。

互助银行体制维持了三十多年,在20世纪80年代初期,互助银行合并渐成风潮,把互助银行转变为一般性的商业银行已成为日本政府的一项重

---

① 苏杭:《日本中小企业发展与中小企业政策》,中国社会科学出版社2008年版,第161页。

要议事日程。从20世纪80年代初期开始,互助银行在业务方面与商业银行已经基本无异。在此推动下,日本金融顾问研究委员会于1985年开始倡导把互助银行转变为商业银行。1990年末,所有的互助银行都转化成了通常意义的商业银行。可见,日本农村民间金融的规制路径离不开政府因时制宜的法律规制和政策引导策略。

第二节 发展中国家和地区的民间融资和监管制度

一、水平替代的案例:印度

基于对麦式理论(非正规金融无助于经济增长)的认同,许多亚洲国家认为,正规金融和民间金融之间存在一定的此消彼长的替代关系,政府可以通过廉价的信贷扩张将民间金融挤出或排斥出市场。因此,20世纪50年代以来,一些亚洲发展中国家(如印度、泰国和菲律宾等)强制正规金融向民间金融活动频繁的地区提供大量的贷款,以期减少中小企业和农户对民间金融市场的依赖性。即使达不到将民间金融挤出市场的目的,至少可以降低中小企业和农户从正规金融市场筹集资金的成本来降低民间金融市场向他们索取的高利率,但其结果却不尽如人意。

以印度为例,印度政府从20世纪70年代开始致力于推行这种政策主张,目的是满足农村贫困农户获得金融的需求,并以此将农村大量的非正规借贷(尤其是农村中的高利贷)排斥于金融市场以外。为有效推行该政策,印度政府从两方面开始入手:一是积极扩展商业银行在农村地区的分支机构,并以此向农户发放贷款;二是政府积极直接干涉农村信贷市场,例如压低农贷市场利率、发放农业信贷补贴以及农业直接贷款。通过这些政策措施,印度农村的非正规金融活动程度的确降低了许多,高利贷等所占市场份额有所减少,但其绝对数量依然不低,正规金融扩张并没有降低农村非正规金融的借贷利率,反而有上升的趋势。Dreze、Lanjouw & Sharma(1997)研究公告指出,1970年5月至1980年5月,印度农村非正规利率大约是6%—20%,而到1990年5月竟高达35%—60%。可见,正规金融的计入,不仅没有解决广大农户和中小企业贷款难的问题,反而有部分贷款流入那些资金并不紧缺者手中,加剧了金融市场的失衡。这种政府通过直接信贷扩张来抑制农村非正规金融发展的政策遭到了多方面的质疑。

二、纵向联系的代表:东南亚

正规金融的信贷资金注入民间信贷市场并不是一个新现象。例如,较大的土地所有者或商人等能给银行提供一定的抵押品以获得贷款,再利用其信息优势把这些信贷资金注入民间金融市场。正规部门信贷向这些代理人(民间放贷者)的扩展,可以在代理人之间产生竞争机制,从而有望改善那些被正规信贷体系"拒绝"的资金需求者的借款环境。同样,正规信贷也可以被安排到一些合作团体之中,合作团体利用其成员在社会或宗教上的联系,可以更好地贷出这些资金。

这种策略被称为正规金融与民间金融之间的"纵向联系"机制,有别于传统的亚洲国家所采取的用正规金融取代民间金融的"水平替代"政策。前者是一种"正和博弈"的做法,具有帕累托改进效应,而后者是一种"零和博弈"的思路。这种政策的实质在于承认民间金融的合法性,一方面利用民间金融的低交易成本和信息、地缘优势,减少正规金融的交易成本和由于信贷风险以及信息不对称而引发的道德风险,提高正规金融的交易效率;另一方面又利用正规金融引导民间金融的资金投向符合国家的宏观经济政策的地域和行业。

这方面比较成功的案例来自于斯里兰卡和菲律宾。1988年斯里兰卡两大国有银行开始实行 Praja Naya Niyamaka(PNN)计划,使正规金融与非正规金融开始合作,两大国有商业银行向农村资信良好的专职非正规放贷者发放抵押贷款,年利率为18%,要求他们在利率30%以内向农村其他农户发放贷款,在这一过程中,银行对这些专职放贷者进行指导,但不介入其具体的经营活动。在菲律宾,正规金融机构对农户金融服务的覆盖面往往不足农户总数的30%,大量的农村金融服务需要非正规金融来满足。因此,菲律宾政府在农村实施特别信贷项目时,明确地采用"纵向联系"机制,加强正规金融(商业银行和农村银行)与非正规金融(专职放贷者、商人等)的联系,一直努力试图把非正规信贷部门纳入农业发展的整体战略之中。

1984 年,菲律宾政府启动了一个旨在为农业部门提供贴息贷款的资助项目,被称为国家农业生产力项目(the National Agricultural Productivity Program,NAPP)。在项目实施过程中,菲律宾政府就使用了一些非正规部门的放贷者,包括商人、面粉厂主、农业生产资料供应商等,作为这个资助项目的中介渠道,即商业银行和农村银行将资金贷给非正规放贷者,非正规放贷者再直接贷给稻米生产者(农户),其条件是稻米成熟时农户将稻米出售给这些销售商,并以此偿还贷款。采用同样机制的其他类似项目还有种植园产业信贷计划、强化大米生产计划等,这些计划都取得了一定的成功。Ghate 在《正规与非正规部门的互动:亚洲经验》一文中指出,"纵向联系"机制结合了正规部门和民间金融两者的优势,补充了民间金融的资金来源,减少了风险。由此看来,来自民间金融的水平竞争对正规部门并不构成威胁,反之亦然。两者之间存在一个良性交互机制,是可以和平共处的。①

三、小型银行的典范:孟加拉国

由穆罕默德·尤努斯于 1974 年创建的格莱珉银行,被称为"穷人的银行",最终作为非政府的小额信贷组织,于 20 世纪 80 年代在政府的支持下转化为独立的正规银行。

(1) 以穷人为对象,提供以信任为担保的信贷服务。乡村银行的贷款对象主要是贫困地区的极贫户,尤其强调以贫困妇女作为主要贷款对象。在乡村银行得到贷款的人基本都一贫如洗,甚至乞丐都可以得到无息贷款。由于贷款对象是穷人,而且一般是贫困地区的极贫户,自然无担保能力,所以乡村银行的贷款没有任何法律文件,无须担保,仅凭信任。事实证明,穷人的信用较一般银行想象的更高,乡村银行的还贷率高达 99%。

(2) 以自愿为原则,建立穷人自己的组织和相应的运行机制。孟加拉国乡村银行(Grameen Bank,GB)②是非政府的民间金融机构,具有自愿参加、互相帮助、相互监督、责任连带、高效运行的特点。其运作模式的基本特

---

① Ghate Prabhu, Arindam Das-Gupta & Thirukodikava Nilakanta Srinivasan, *Informal Finance: Some Findings from Asia*, Asian Development Bank, 1992, p.89.

② 孟加拉国的乡村银行又称格莱珉银行,于 1976 年创建,三十多年来,该银行一直为穷人提供小额贷款以减少贫困。其创始人穆罕默德·尤努斯也由于其对摆脱贫困的创新和贡献,获得 2006 年度诺贝尔和平奖。

征主要有:一是 GB 有层级组织结构。GB 总行之下在各地设有分行,一个分行下有 10—15 个支行,每个支行管理 120—150 个乡村中心,每个乡村中心由 6 个借款小组组成,村中每 5 人自愿组成一个借款小组①,而这种适宜的群众组织正是 GB 与其他传统意义上的银行的最大区别。二是 GB 以妇女为主要对象,实行小组贷款制度,小组成员之间具有连带担保责任。贷款期限为 1 年,分期等额还款,对借款上限进行控制。三是 GB 通过中心会议保持业务过程的透明度。乡村中心定期召开会议,进行集中放款和还贷,集体进行培训,便于成员之间互相监督。

(3) 以非政府组织为主体,建立依赖于市场化经营的组织体系。孟加拉国乡村银行模式是一种非政府组织从事小额信贷的模式,尽管 20 世纪 80 年代乡村银行在政府支持下转化为一个独立的银行,但其实质上仍为非政府组织。它改变了原来由政府发给贫困户补贴信贷的模式,引入市场机制,由金融机构按市场机制运作。GB 以同一社区内社会经济地位相近的贫困者自愿组成的借款小组为基础,借款小组相互帮助选择项目,相互监督项目实施,相互承担还贷责任;以乡村中心作为贷款交易和技术培训的场所,要求农户分期还款,定期参加中心活动;对于遵守银行纪律、在项目成功基础上按时还款的农户,实行连续放款政策。

(4) 以政府支持为前提,发挥小额信贷扶贫作用。孟加拉国是全世界最早开展小额信贷扶贫活动的国家之一,其小额信贷覆盖的贫困人口比例在世界上是最高的,小额信贷已被孟加拉国视为缓贫扶贫的最有效手段之一。孟加拉国不仅政府对乡村银行的发展在态度和政策上是宽容和支持的,而且政府的许多部门,包括总理办公室,都参与政府小额信贷项目的运作。孟加拉国政府对乡村银行,首先是提供资金支持,其以 4%—5% 的利息向乡村银行提供贷款,累积已超过 50 亿塔卡。其次是提供法律支持,允许乡村银行以非政府组织的形式从事金融活动。再次是提供政策支持,对乡村银行提供免税优惠。最后是提供组织支持,成立了政府小额信贷组织以及政府小额信贷项目、国有银行小额信贷项目等。②

---

① 欧永生:《孟加拉国小额信贷对我国的启示》,载《北方经济》2007 年第 3 期。
② 王立杰:《中国农村小额信贷发展的现实选择》,载《中华合作时报》2007 年 1 月 12 日。

四、金融自由化的范例:非洲四国

对非洲四国(加纳、马拉维、尼日利亚和坦桑尼亚)的系统研究表明,金融自由化政策没有导致该四国非正规金融活动的消亡,非正规金融活动并没有完全被正规金融体系替代,反而出现了相反的情况。上述四国在1985—1987年间相继开始金融自由化改革,但这种改革并没有改善正规金融部门的金融经营业绩和金融深度,更没有解决二元金融机构问题,民间金融甚至因为金融自由化得到了进一步的发展。① 究其原因,中小企业和农村低收入家庭的金融需求并没有因为金融自由而得到满足,他们仍然必须求助于非正规金融市场。而金融自由化为民间金融的发展提供了更加宽松的制度环境,从而使得民间金融市场得到了更迅速的发展。

第三节 我国台湾地区的民间融资和监管制度

由于民间借贷互助的传统习俗在我国台湾地区根深蒂固,导致民间金融仍然在台湾社会广泛存在,并已成为其金融体系的重要组成部分。② 尤其值得注意的是,鉴于合会在台湾地区具有相当大的影响力,台湾地区"民法典"债编第十九节之一(第709条)专节对合会组织形式、运行方式、机构设置等方面进行了详细的规定。这种模式从法律上强调了民间金融的契约性,并将"民法典"最核心的意思自治原则确立为民间金融的法制化基础,从而明确了民间金融法制化的价值取向并不是消灭民间金融而是指引性的。就此而言,台湾地区传统民间金融的规制方式是自下而上的放任模式,并且为非正式金融契约的法律治理机制与私人治理机制的结合提供可资借鉴之处。

台湾地区是一个典型的二元经济发展地区,其与祖国大陆血脉相连,在

---

① 王劲松:《非正规金融市场研究——微观结构、利率与资金配置效率》,复旦大学2004年博士学位论文。

② 我国台湾地区民间金融组织规模庞大,形式多种多样,有当铺、民间互助会(合会、标会)、地下钱庄、抵押借贷、远期支票贴现、租赁公司、分期付款公司、企业职工集资、地下投资公司、地下期货公司、地下股市、两种经纪人等形式。其中影响最大的是民间互助会、地下钱庄、地下投资公司。参见黄宝奎:《台湾金融纵横谈》,中国经济出版社1995年版,第18—20页。

文化、民族、风俗、信仰、生活方式等多方面有相同之处，台湾地区的合会在经历长期发展停滞之后逐步法制化、正规化的经历，对于祖国大陆合会今后的发展有着其他国家和地区无法比拟的可参考性。尽管台湾地区在社会制度和法律规范方面和祖国大陆有所不同，但随着社会的发展这种差距正在缩小。因此，比照台湾地区合会的发展历程，来研究祖国大陆合会的相关问题，有着积极的意义。

民间金融的传统习俗在台湾地区根深蒂固，虽然目前其经济的二元性已经隐退，但金融二元性却仍广泛存在，即现代的、正规的金融体系和传统的、非正规的民间金融同时并存。据一份台湾地区的调查报告显示，20世纪80年代合会在台湾地区已经成为一个全民性的组织，在农村、城镇和都市参与合会活动的家庭已经接近或者超过该地区家庭总数的一半，最高的时候达到85%。[1] 台湾地区经济的发展，使得台湾地区居民收入提高，也使得许多参与合会的民众从互助性质转向追求高利回报，加之经济发展所引起的人员流动性增强，传统民间意义上的社会联系日益脆弱，道德的约束力日渐弱化，诸多的倒会风波造成了严重的经济、政治和社会问题。由此，台湾地区当局加强了对民间合会的管制力度，先后进行了1960年取缔合会、1975年打击地下钱庄和1989年取缔地下投资公司等多次大的行动。但无论是数次打击还是引导，甚至在民营银行大规模设立之后，民间金融仍保持着严密的体系性和高度的运作效率[2]，迫使台湾地区当局正视民间合会的发展对台湾地区经济和社会发展的影响，从而在客观上促进了台湾地区对民间合会进行立法的进程。对于合会，台湾地区当局的态度和政策经历了反复变化，其发展大致可以分为四个阶段，即日本占领之前、日本占领时期、1945—2000年无成文法时期、2000年以后有关合会法律的"民法典"债篇修正案通过实施时期。

台湾地区对合会的立法使得合会成为一个合法的经济组织，从而摆脱了合会长期处于法律灰色地带的尴尬境地，也使得合会由传统型向符合现代社会发展的新的形态迈进，确定了合会的组织形态，明确了合会在社会发

---

[1] 熊继洲、罗得志：《民营银行：台湾的经验与教训》，载《金融研究》2003年第2期。
[2] Alec R. Levenson & Timothy Besley，"The Anatomy of An Informal Financial Market: Rosca Participation in Taiwan"，51(1) *Journal of Development Economics* 45 (1996).

展和经济生活中的地位和作用,从社会和经济发展两个角度来看都具有积极的意义。把民间合会的隐形契约合法化,减少了当事人由此而产生的法律诉讼的可能,降低了民间合会的风险,风险责任的追求保障了合会的发展,维护了参与者的利益,因此,对于法律的健全也具有进步意义。

台湾地区一方面对于互助性质的合会进行了典型化契约治理,另一方面并没有放松对于利用合会等组织形式进行违法吸金行为的规制。根据台湾地区2011年11月9日修订的"银行法"第5条,台湾地区对吸收存款类行为进行了规制,其具体处罚规定如同"刑法"条文,当然这是台湾地区各类"法律"规范的特色,并非似祖国大陆的《刑法》——一切刑事犯罪行为皆由《刑法》来规范。对于违反"银行法"规定的民间互助会,并不完全适用"民法典"第十九节之一"合会"的规定。

以上台湾地区合会的契约治理与金融监管并行的规制路径,正是本书对于祖国大陆非正式金融法律规制所提倡的路径,虽不能全然接受我国台湾地区的做法,但其规范的现实意义是有目共睹的。

第四节　国际组织对非正规金融的研究和支持

一些全球性和区域性的国际组织,例如世界银行、亚洲发展银行对非正规金融分别进行了定义和研究。

世界银行1997年首次将民间金融定义为非正式金融(informal finance),即没有受到中央银行监管当局所控制的金融活动。该定义在国外已基本得到一致认可。非正式金融大多可分为以下三类:(1)非信贷机构,也非储蓄机构;(2)专门处理个人或企业关系的金融交易机构;(3)在借贷双方之间提供完全中介服务。亚洲发展银行1990年从非正规金融部门经营特点的角度把非正规金融界定为"不受政府对于资本金、储备和流动性、存贷利率限制、强制性信贷目标及审计报告等要求约束的金融部门"。

世界银行的报告还显示:非洲的马拉维存在chilemba或者chiperegani,坦桑尼亚存在upatu或者mchezo,另外一些非洲法语系国家(francophone countries)则存在tontiniers,这些金融组织也都属于非正式金融和民间金融。对中国的温州金融改革,世界银行前行长佐利克称,温州金融改革应吸取美国次贷危机的教训,进行适度监管,不要重蹈美国的覆辙。①

联合国在 2005 年"国际小额信贷年"率先使用"普惠金融",它提出要构建一个能将低收入及贫困群体包容在内的普惠性金融体系(Inclusive Financial System)。一方面是强调金融体系要为所有人服务,包括穷人和微型企业;另一方面,要把小额信贷整合到金融体系当中,在法律政策和融资渠道上给予更广阔的发展空间。为了推动普惠金融体系建设,联合国于 2006 年出版了《建设普惠金融体系》(*Building Inclusive Financial Sectors for Development*)一书,俗称"蓝皮书"。该书是联合国在 2005 年动员了很多专家,通过在线调查、专家深入访谈、合伙组织的研讨会等形式起草的,旨在帮助世界各国的政策制定者们制定本国的普惠金融体系的政策和策略。该书指出普惠金融体系是以小额信贷为核心,同时涉及微观、中观和宏观层面的农村金融政策"新方法",强调应把具有可持续发展潜力的小额信贷纳入正规金融体系,从而把那些被排斥于传统金融服务和整体经济增长轨道之外的农村低收入人口纳入农村金融服务体系内,使他们分享到经济增长所带来的福利改善。

1995 年,联合国开发计划署(UNDP)与中国国际经济技术交流中心也开始了覆盖 17 个省、48 个县市的小额信贷扶贫项目。除了农村小额信贷项目,联合国开发计划署还在河南省和天津市针对下岗职工开展了城市小额信贷项目尝试。开发计划署的小额信贷项目从中国人民银行和扶贫办取得了正式试点文件。除此之外,联合国其他相关部门也在我国开展过带有部分小额信贷性质的扶贫项目,如联合国儿童基金会、联合国人口基金组织。

对中国的非正规金融,国际货币基金组织(IMF)也很早就有关注。早在 1999 年,IMF 曾联合国际金融公司(IFC)对中国中小企业融资状况进行数据调查。IMF 调查了 4 个城市(北京、成都、顺德和温州),而且在调查过程中排除了对个体工商户或者更小工商业者的抽样。调查显示,外源性融资方式对小型公司来说,主要依靠非正常的渠道才能获得。②

---

① 尤成勇:《外媒:中国在温州尝试新金融模式》,载《温州日报》2012 年 5 月 3 日。
② 〔美〕尼尔·格雷戈里、斯托伊安·塔涅夫:《中国民营企业的融资问题》,赵红军、黄烨青译,载《经济社会体制比较》2001 年第 6 期。

IMF货币与资本市场部主任维纳尔斯表示：中国提供反周期银行信贷支持的操作空间所剩无几。因为中国近几年的信贷增速非常迅猛，如果再以此作为刺激手段的话，中国银行业的不良贷款率可能会变得很高。"中国的'影子银行'是我们比较担忧的一个领域"。一些估算显示，中国银行体系贷款总额占GDP的130%，而通过"影子银行"提供的借贷总额占GDP的40%，因此"影子银行"的比重不容忽视，需要加强监管并防范风险。IMF 2012年发布的《全球稳定报告》提出，中国监管层应当警惕"影子银行"体系把风险转嫁给银行。①

IMF于2013年4月举行了《全球金融稳定报告》发布会，报告中指出："一些新兴市场银行资产负债表外的信贷供给，即所谓的'影子银行'风险，正在不断上升。其中，中国由于在正式银行系统外拥有大量信贷而格外突出。"2012年中国新增信贷净额15万亿元人民币（约合2.4万亿美元），其中约40%来自非传统机构，尤其是信托基金和公司债市场，正以两位数的速度扩张。这一方面反映了监管套利，即机构寻找方式绕过监管对贷款增速和存款回报的限制，另一方面也反映了当局有意识让金融系统自由化和多元化发展。这种多元化在让金融服务更普及的同时，也引发了对金融稳定的新担忧，因为许多新的融资渠道仍然与银行系统有着藕断丝连的联系，多数也尚未在市场压力下经受考验。②

境外非正规金融的发展及其法律规制实践为我国非正规金融的法律规制提供了可资借鉴的路径选择，既重视非正规金融原有的契约治理模式，同时又实行差异化监管，将金融的适度监管与契约治理相结合。但无论是作为发达国家的美国，抑或是发展中国家的南非，非正规金融的规范化发展，都离不开法律制度的完善，即契约治理与适度监管的结合，需要法律制度的配合与司法机制的保障。

---

① 严婷：《IMF警示中国影子银行风险》，载《第一财经日报》2012年10月11日。
② 杨燕青、严婷：《IMF：中国需警惕"影子银行"构成中期风险》，载《第一财经日报》2013年4月18日。

第四章　我国民间金融的发展状况

第一节　我国民间金融的发展小史

一、萌芽与逐步发展时期(西周至新中国成立)

我国古代关于借贷之事的记载最早出现于西周。①由于西周社会的经济基础和物质生产关系较多地保留了氏族公社时期的组织结构和血缘观念,其借贷活动以救济为主要特征,对经营农、工、商、虞(山泽)等行业的小生产者的生产性借贷虽已萌生,但尚不普遍,居于次要地位。

春秋战国时期,诸侯并起,无息放贷成为政治军事斗争的手段之一②,而民间借贷互相救济的风气则承接了西周传统。战国中期后出现了高利贷,从此之后,有息借贷开始取代了无偿施与和无息借贷,逐渐成为我国封建社会主要的信用形式。③

两汉时期,高利贷已经形成了较完备的颇具影响力

---

① 杜伟、陈安存:《我国民间金融的历史回溯》,载《金融理论与实践》2011年第2期。
② 《左传》记载:"晋侯归,谋所以息民,魏绛请施舍,输积聚以贷。"参见李梦生撰:《十三经译注:左传译注》,上海古籍出版社2004年版,第7页。
③ 魏悦:《先秦时期借贷活动的发展及其演变》,载《上海财经大学学报》2004年第2期。

的市场,甚至政府和地方权贵都向高利贷者借贷。① 经营者有专业经营高利贷者,也有来自各个行业的大富商。② 汉代的法律也开始限制民间借贷的最高利率,有"取息过律"之罪,诸侯取息过律者要被削去爵位。当时法律规定的最高利率是多少无从查之,但根据《史记》卷一二九《货殖列传》所载的工商业年利"什二"之说,汉代借贷利率的年利不会超过20%。③

南北朝时期,典当业初起。这种中国最早期的机构性民间金融肇始于南朝佛寺寺库,本系佛寺储存钱财之所;南朝以来因其对外质押放贷而别称质库,后又称"长生库",标榜寺院既可借之生息积财事佛,又可慈善救助贫民解决一时窘急。因此,寺库这种民间金融机构仍具有一定赈济的性质。④

唐代经济繁盛,民间金融有了长足的发展,质库从具有一定赈济性质的寺院寺库逐渐演变成独立的、机构化的营利性金融组织——质柜,并产生了从事汇兑、存款和保管钱财等业务的柜坊和东亚地区最早的合会。⑤ 政府对质库的经营活动也通过法律给予一定的制约,如不允许按照复利计算⑥;对于利率的规定,有"比来公私举放,取利颇深,有损贫下,事须厘革,自今以后,天下负举,只宜四分收利,官本五分收利"。⑦ 另外,唐代法律对民间借贷也有明确规定。⑧

---

① 《汉书·食货志》记载:"其明年,山东被水灾,民多饥乏,于是天子遣使虚郡国仓廪以振贫。犹不足,又募豪富人相假贷。尚不能相救,乃徙贫民与关以西,及充朔方以南新秦中,七十余万口,衣食皆仰给于县官。数岁贷与产业,使者分部护,冠盖相望,费以亿计,县官大空。而富商贾或滞财役贫,转毂百数,废居居邑,封君皆氏首仰给焉。"(汉)班固撰:《汉书》,中华书局1962年版,第1162页。
② 《史记·货殖列传》记载:"……贯带行贾遍郡国。"参见(汉)司马迁撰:《史记》,中华书局1999年版,第11页。
③ 杜伟、陈安存:《我国民间金融的历史回溯》,载《金融理论与实践》2011年第2期。
④ 曲彦斌:《略论中国典当业的起源和流变》,载《社会科学战线》2001年第1期。
⑤ 张兴胜:《史海回眸(一)——唐代封建经济的繁荣与私人高利贷的兴盛》,载《银行家》2007年第10期。
⑥ "负债出举,不得回利作本,并法外生利。"参见(宋)王溥撰:《唐会要》,中华书局1955年版,第1618页。
⑦ 同上。
⑧ 唐代《杂令》有"公私以财物出举"条。在唐代对于有息借贷(出举),国家给予了一定的生存空间,同时国家支持民间的非营利性借贷。《宋刑统》卷二六《杂律·受寄财物辄费用》对此的记载为:"诸公私以财物出举者,任依私契,官不为理。每月收利,不得过六分。积日虽多,不得过一倍。若官物及公廨,本利停讫,每计五十日不送尽者,余本生利如初,不得更过一倍。家资尽者,役身折酬。役通取户内男口。又不得回利为本(其放财物为粟麦者,亦不得回利为本及过一倍)。若违法积利、契外掣夺及非出息之债者,官为理。收质者,非对物主不得辄卖。若计利过本不赎,听告市司对卖,有剩还之。如负债者逃,保人代偿。"参见(宋)窦仪等撰:《宋刑统》,中华书局1984年版,第412—413页。这段文字较全面地规定了有息借贷契约的订立、利息最高额度的限制(不得过一倍)、契约的履行方式、司法救济、借贷质押物处理、保证责任等,同时也兼及无息借贷契约(非出息之债)的司法救济问题。

宋代民间金融发展迅猛。统治者专门为基层民众建立了民间借贷系统。① 与此同时，高利贷十分盛行，一些政府机构也向有钱人借高利贷，而一些官员也巧立名目，从事此类活动。② 宋代的典当业官营与私营并举，形成了历史上最早的典当业同业行会组织，还出现了专门替别人进行高利贷的经营者——质库掌事。③ 宋代的合会比唐代有所发展，规模也有所扩大。④ 在宋代，还流行过被称为"过省会""万桂社"的会社，目的是为贫寒之士读书、生活、赶考提供资助，成员主要为读书人，规模大小不一。

与宋同时的金在大定十三年（1163年）颁布了我国历史上已知最早的典当法，规定当金按当物估值七成折价（"许典七分"），从而使官办典当行有了统一的折当比例的标准；规定月利一分，从而比当时其他典当行"重者五七分，或以利为本"者大为降低；当期延长至二年，又允许展期一个月，比唐宋对当户的苛求缓和了许多。

元代政府通过鼓励社区互助性质的民间借贷建立了基层社会的民间互助义务——对鳏寡孤独的赈贷制度。⑤ 元代法律规定民间借贷的双方必须

---

① 《宋史·志第一百三十一·食货上六》记载："凡借贷者，十家为甲，甲推其人为之首；五十家则择一通晓者为社首。每年正月，告示社首，下都结甲。其有逃军及无行之人，与有税钱衣食不阙者，并不得入甲。其应入甲者，又问其愿与不愿。愿者，开具一家大小口若干，大口一石，小口减半，五岁以下不欲请。甲头加请一倍。社首审订虚实，取人人手书持赴本仓，再审无弊，然后排定。甲首附都簿载某人借若干石，依止簿分两时给：初当下田时，次当耘耨时。秋成还谷不过八月三十日足，湿恶不实者罚。嘉定末，真德秀帅长沙行之，凶年饥岁，人多赖之。然事久而弊，或移用而无可给，或拘催无异正赋，良法美意，胥此焉失。"参见（元）脱脱等撰：《宋史》，中华书局1977年版，第4342—4343页。

② 《宋史·志第一百二十八·食货上三》记载："大中祥符三年，河北转运使李士衡又言：'本路岁给诸军帛七十万，民间罕有缗钱，常预假于豪民，出倍称之息，至期则输赋之外，先偿逋欠，以是工机之利愈薄。……自王安石秉政，专以取息为富国之务，故当时言利小人如王广渊辈，假和买绸绢之名，配以钱而取其五分之息，其刻又甚于青苗。"参见（元）脱脱等撰：《宋史》，中华书局1977年版，第4232—4233页。

③ 杨卉青、崔勇：《宋代借贷契约及其法律调控》，载《河北大学学报（哲学社会科学版）》2007年第4期。

④ 宋人赵不悔等纂写的《新安志》中，曾述安徽新安互助之社云："愚民嗜储积，至不欲多男，恐子益多，而赀分始少。苏公谪为令，与民相从为社，民甚乐之。其后里中社辄以酒肉馈长吏，下及佐史，至今五六十年，费益广，更以为病。"（宋）赵不悔修，罗愿编纂：《新安志》，中华书局1990年版，第40页。

⑤ 《元史·志第四十二·食货一》记载："有疾病凶丧之家不能耕种者，众为合力助之。一社之中灾病多者，两社助之。义仓亦至元六年始立。其法：社置一仓，以社长主之，丰年每亲丁纳粟五斗，驱丁二斗，无粟听纳杂色，歉年就给社民。……然行之既久，名存而实废。……鳏寡孤独赈贷之制：世祖中统元年，首诏天下，鳏寡孤独废疾不能自存之人，天民之无告者也，命所在官司，以粮赡之。"参见（明）宋濂：《元史》，中华书局1976年版，第2355页。

在自愿公平的基础上按照一定的程序进行交易,同时对典当行业的利率也进行了规定。①

明代设立了基层社区的赈济性民间实物借贷机构,并规定了其人员组成和运作方式,但这种制度的持续运行并未如设计者所期望的那么长久。②从明代中期起,当铺在数量、资本、业务等方面发生了显著变化,其中民营当铺最为兴旺,各地的商人和商人集团如徽商、晋商等纷纷加入这个行业,形成了以亲缘、乡缘为纽带的地域性商帮,质库进入了鼎盛时代。典当的利率在明代也有法律的明文约束。③ 明中叶以后产生了钱埔。钱埔起初的职能是兑换银钱,后来开始办理放款、存款业务,其发行钱票在一定范围内代替货币。值得一提的是,明代还出现了以兑换银两、制钱为业的钱庄这种新型组织。④

清朝典当业形成民当、官当、皇当三足鼎立的局面。各地典当业总数、资本及流通银钱量极为巨大;典当形成了比较细致的内部职能分工。顺治九年(1652年),对典当业进行纳税管理;从雍正六年(1728年)起,典当行开始领取营业执照经营。此外,《大清律例》对典当业也有较为详细的规定。⑤钱庄在清代走向鼎盛,到了乾隆后期,从银钱兑换发展成为存放款业务。清朝还产生了账局和票号。起源于山西的票号是在传统的产业资本的基础上发展起来的,是中国近代银行的前身。到清末民初,合会在我国江苏、浙江、福建等省份广泛存在,并且多带有高利贷性质。

民国时期,在国民党的统治之下,尽管政府对金融领域的垄断不断加剧,但民间金融在整个经济中的作用还是相当大的。中国近代早期的三大

---

① 《元史·志第五十三·刑法四》中规定:"诸典质不设正库、不立信帖,违例取息者,禁之。"参见(明)宋濂:《元史》,中华书局1976年版,第2687页。《至元杂令·典质财物》则规定:"诸以财物典质,……经三周年不赎,要出卖。或亡失者,收赎日于元典物钱上,别偿两倍,虽有利息,不在准折之限。"参见黄时鉴辑点:《元代法律资料辑存》,浙江古籍出版社1988年版,第39页。

② 《明史·志第五十五·食货三》记载:"嘉靖八年乃令各抚、按设社仓。令民二三十家为一社,择家殷实而有行义者一人为社首,处事公平者一人为社正,能书算者一人为社副,每朔望会集,别户上中下,出米四斗至一斗有差,斗加耗五合,上户主其事。年饥,上户不足者量贷,稔岁还仓。中下户酌量振给,不还仓。有司造册送抚、按,岁一察核。仓虚,罚社首出一岁之米。其法颇善,然其后无力行者。"参见(清)张廷玉:《明史》,中华书局1974年版,第1926页。

③ 《明律》规定:"凡私放钱债及典卖财物,每月取利并不得过三分,年月虽多,不过一本一利。违者笞四十,以余利计赃。重者坐赃论罪,止杖一百。"

④ 姜旭朝:《中国民间金融研究》,山东人民出版社1996年版,第92页。

⑤ 例如,"典卖契载不明之产,如在三十年内,契内无绝卖字样,即以绝产论,概不许找赎",对典期的最高年限加以硬性的规定。

金融势力是钱庄、票号和在华外国银行;1911年后则变成钱庄、外国银行和近代中国银行。① 随着外国银行的入侵,外国银行想方设法收买钱庄,利用其招揽业务,使其成为外国银行在中国的买办和附庸。辛亥革命后,由于新式银行的产生,加之钱庄本身不可克服的缺陷,在大的金融风波的冲击下,钱庄一蹶不振,日趋式微。20世纪20年代后期,公司商号开始发行股票,中国的民间金融扩展出新的类型——企业集资。合会的发展进入鼎盛时期,更令人瞩目的是出现了农村资金合作社。典当业也因受到新式银行的冲击而急剧衰退,但其仍是小农自然经济条件下调剂人们尤其是广大下层社会平民经济生活的无可取代的行业。

二、全面禁止时期(1949—1978年)

新中国成立初期,新政权面临着严峻的外部竞争压力与军事威胁,实施重工业优先发展战略来实现工业化几乎是强国、自立、安全和发展的唯一选择。当时我国的资金、资源匮乏,市场狭小,无法自发提供资本积累,通过市场机制和私有产权的自发交易来实现重工业化的目标面临极高的市场交易成本和国家监督成本。② 在这样的约束条件下,政府通过垄断性的国有产权在金融领域建立起了强制性积累机制,金融产权被迅速整合成以中国人民银行为唯一代表的单一的垄断国有产权形式。当时唯一的金融组织——中国人民银行也只是服务于政府落实资源配置计划及重工业有限发展的财务工具。

出于对民间金融与正规金融争夺稀缺资金的考虑,除亲友间互助性的资金融通之外,民间金融往往被等同于高利贷而遭到打击。非金融类企业和个人即使合法拥有其所得的资金也不能自由处置,唯一的合法出路是将钱存入国家批准的金融机构,并被迫接受国家规定的远低于市场均衡价格的利率水平。这一时期,民间金融即使存在,也仅是以个人之间互助的友情借贷形式出现,其活动范围与规模相当狭小③;除非是为了操办婚丧一类大事,大部分中国人也不会因与生产有关的理由去求助于非正式金融机制。

---

① 参见王业键:《中国近代货币与银行的演进(1644—1937)》,台湾"中央研究院经济研究所" 1982年版,第64—79页。
② 魏倩:《中国金融管制的历史与变革》,复旦大学2007年博士学位论文。
③ 陈蓉:《"三农"可持续发展的融资拓展:民间金融的法制化与监管框架的构建》,法律出版社 2010年版,第74页。

三、重新发展时期(1979年至今)

自改革开放以来,中央政府对民间金融的管制开始松动,除依然对高利贷、钱庄和合会、有偿集资等严厉打击之外,允许私人之间的民间借贷。从1984年到1992年,中央接连表示政策支持,允许农村地区设立合作基金会①、农村合作银行②。1992年以后,社会主义市场经济改革方向的确立为中小微型企业扩宽了发展空间,民间金融适应了这些经济单位的融资需求而快速发展。1995年至2004年,管制又趋于严格,通过《商业银行法》、全国人大常委《关于惩治破坏金融秩序犯罪的决定》和1997年修订的《刑法》规定了有关"非法集资"行为的三大罪名,惩治了一批从事非法集资活动的典型分子。而自2004年后,政策又出现了松动,民间金融的重要作用已经被越来越多的决策部门人士认识,政府开始肯定民间金融的作用。2005年2月19日,国务院发布了《关于鼓励支持和引导个体私营等非公有经济发展的若干意见》(《"非公"36条》)。我国官方对民间金融态度的首次转变出现在2005年5月25日,中国人民银行公布了《2004年区域金融运行报告》,提到"正确认识民间金融的补充作用"。2004年、2005年、2006年中央一号文件指出应制定农村新办多种所有制金融机构的准入条件和监管办法。2005年底,中国人民银行确定山西、陕西、四川、贵州、内蒙古为实施小额信贷的试点地区,推行"只贷不存"机构。2006年12月20日,中国银行业监督管理委员会《关于调整放宽农村地区银行业金融机构准入政策,更好支持社会主义新农村建设的若干意见》允许农民设立主要为入股社员服务、实行社员民主管理的社区性信用合作组织;允许农村合作金融发放社区贷款,并对贷款发放的对象、期限、贷款管理以及监管等规则和程序作出了明确的规定。2008年以后,村镇银行的出现被视为小额贷款公司的出路,民间金融正逐步向正规金融模式转化。随着互联网和移动技术的不断进步,民间金融的发展更加迅速。

---

① 国务院《关于金融体制改革的决定》(国发[1993]91号)明确了农村合作基金会的性质——其不属于金融机构,是社区内的资金互助组织,不得办理存、贷款业务。

② 国务院《关于金融体制改革的决定》(国发[1993]91号)提出根据农村商品经济发展的需要,要制定《农村合作银行条例》,在农村信用合作社联社的基础上,有步骤地在县(含县)以下地区组建农村合作银行。

在这一阶段的初期,民间金融的发展是比较隐蔽的、非公开的。往往以零散的民间私人借贷以及带有互助性质的"会"为主要形式,一般在很小的范围内进行,交易者之间往往具有较亲密的血缘、地缘和亲缘关系,交易双方一般都没有成文的规范契约,而是仅以口说为凭或者是签订非常简单的纸面契约。到2004年以后,民间金融发展较为迅速,这很大程度上有赖于民营经济的快速发展带来的资金需求缺口。由于自身规模和市场信誉的限制,诸多民营企业难以通过正规金融机构筹集到大量资金;而民间金融由于手续简单(一般是协议借款,只要双方认可、符合法律规定即可,无须严格的内控机制)、借贷双方信息对称(多发生于熟人之间,双方互相熟悉,贷方能够对借方的经营状况、项目前景、信用水平有清楚了解)、快速便捷,符合个体私营经济资金需求短、小、频、急的特点,在形式和规模上都有长足发展,为实体经济的发展提供了资金支持。有学者认为这给中国改革的经济增长贡献了十分巨大的力量。

党的十八届三中全会提出"扩大金融业对内对外开放,在加强监管前提下,允许具备条件的民间资本依法发起设立中小型银行等金融机构";同时要"加快推进利率市场化"。同年,第一部金融地方性法规《温州市民间融资管理条例》出台,对民间金融持鼓励态度。2013年底,随着"余额宝"等依托互联网和移动互联网技术而产生的"互联网金融"走入人们的视野,这一年被称为"互联网金融元年",连银行业也感受到了新型民间金融带来的压力,随后,央行宣布"利率市场化将在两年内完成"。民间金融正因"互联网金融"这种新鲜血液的注入而焕发出更加强烈的光彩。

第二节 我国民间金融的发展现状和特点

一、发展规模大

由于民间金融调查存在样本小、总体大的问题,统计结果与实际情况普遍存在偏差。并且,按照实体经济与信贷支持的关系看,已有的民间金融规模数据应该存在低估的现象。主要可参考的数据有:

数据证明,改革开放以来,我国民间资本投资平均年均增长26.7%,比国有单位投资高出近10个百分点,成为支撑我国经济增长的重要力量。据统计,在全社会总投资格局中,1996年,国有经济投资占52.5%,然而,呈持续下降趋势,2001年下降到43.3%,而同期民间投资的比重则从46.2%上升到了52.1%。2001年,全社会固定资产投资增长13%,个体经济投资增长了15.3%,股份制经济投资增长了39.4%;2002年,全社会固定资产投资的52.69%为民间资本所为,从而使得目前国内生产总值(GDP)中,民营经济所占比例高达62.3%。①

绝对数据方面,我国民间金融规模在1997年之前相对较小,近年来,其发展规模明显呈逐年加速增长的趋势。② 郭沛依据第三方调查数据推算,2002年我国农村金融规模为2001亿—2750亿元。中央财经大学课题组2004年对全国20个省、82个市县、206个乡村、110家中小企业、1203位个体工商户进行了实地调查,对各地区"地下金融"规模、农村"地下金融"规模、中小企业非正规融资规模进行了基本判断,测算出2003年全国"地下金融(地下信贷)"的绝对规模为7405亿—8164亿元。根据中国人民银行的调查,我国2005年民间融资规模约为9500亿元,占当年GDP的6.96%左右,占本外币企业贷款余额的5.92%。中央财经大学金融学院于2006年1月至3月,对全国27个省份进行了抽样调查和访问,根据调查结果并以存贷款总额作为衡量指标,测算出2005年中国未观测金融(民间金融、地下金融和非法金融)总量约为2.9万亿元左右,认为中国未观测金融规模占正规金融机构存贷款业务规模的1/3。③ 李富有认为,在民营化程度最高的浙江省,在2008年大约有8000亿元的民间资本,整个长江三角洲地区的民间资本高达2.5万亿—2.6万亿元。④ 据一位不愿意透露姓名的民间金融从业者测算,2013年底,民间金融规模可达10万亿—15万亿元。

尽管不同学者根据不同方法测算给出的参考数据不同,但无论是从相对数据,还是从绝对数据上来看,民间金融发展规模巨大是不争的事实。

---

① 参见胡岳岷、徐充:《论民营经济的市场准入问题》,载《江汉论坛》2003年第11期。
② 参见陈海秋、孟凡胜:《规范监管我国民间金融发展的政策建议》,载《青海金融》2008年第6期。
③ 参见广州民间金融研究院、中央财经大学金融学院课题组编写:《中国民间金融发展研究报告》,知识产权出版社2013年版,第139页。
④ 参见李富有:《民间金融的比较优势、发展动因与前景探析》,载《经济体制改革》2008年第4期。

二、区域性差异明显

我国民间金融规模在不同地区间存在较大的差异。其中,民间金融的地域分布并不均衡。① 从民间金融整体来看,东部和西部地区差距不大,中部地区相对规模较小。只考虑以一定的金融机构为依托的民间金融,则三个地区的相对规模有所变化。以小额贷款公司为例,从机构数量、从业人员数量、实收资本、贷款余额四方面衡量,东部、中部、西部规模依次递减。在贷款余额方面,三者差距尤为显著。可以推断,在西部地区民间金融中,直接借贷形式占比较大。②

在中央政府相同的金融政策和法律下,不同地区民间金融的差异性与地方政府对其所持的态度密切相关。由于民间金融本身是一种投资方式,对于地方经济发展具有不可替代的作用,对于中小企业融资尤其具有意义,在以工商业为主的地域经济中,民间金融具有比较优势。

有些地方政府从改革之初就非常支持私营经济的发展,它们超出常规为私企提供了更优惠的条件。然而,在另一些地方,地方政府不那么支持私营经济,相反把精力集中在国有企业,特别是集体经济上。还有一些地方政府对私营经济采取一种可贴切地被称为既爱又恨的态度,它们既不公开支持也不公开不支持。对私营经济的这些不同的态度,反过来又转化成在任何特定地区对非正规金融活动的各种程度的默默纵容。地方政府可以选择不同的态度:或是无视场外市场违反规章制度,积极地与当地金融企业家合作;或是使他们的经营运作特别不便。③

在步入20世纪之后,无论是各地地方政府还是中央政府都认识到民间金融对经济发展是有帮助的。这时,放开民间金融就变成了改革过程中的一项优惠政策和措施,是发展地方经济中最重要的稀缺资源。各种各样的改革试点、改革试验区,成为某地地方经济领先于其他地区的重要法宝。上

---

① 参见广州民间金融研究院、中央财经大学金融学院课题组编写:《中国民间金融发展研究报告》,知识产权出版社2013年版,第142页。

② 地区划分情况为:东部地区包括辽宁、河北、北京、天津、山东、江苏、浙江、上海、福建、广东、广西和海南(12个);中部地区包括黑龙江、吉林、内蒙古、山西、河南、湖北、江西、安徽和湖南(9个);西部地区包括山西、甘肃、青海、宁夏、新疆、四川、重庆、云南、贵州和西藏(10个)。

③ 〔美〕蔡欣怡:《后街与金融:中国的私营企业主》,何大明,湾志宏译,浙江人民出版社2013年版,第15页。

海经济特区和深圳经济特区给地方带来的巨大收益,是大家熟知的范例。

民间金融改革试验区对地区社会经济的发展具有直接的实际效益。民间金融的良性发展,既可以解决民间资本在追逐利益最大化过程中的出路问题,也可以使小微企业获得资本支持和发展动力,从而提升地方经济在社会发展中的实力和地位。地方政府希望借金融改革的东风,获得金融改革先行先试的政策,以改善地方融资环境,吸引金融资源和投资项目的流入,为地方经济发展提供新的增长引擎,由此产生的直接经济行为,就是对各种改革实验区的优惠政策的争夺,金融改革政策有可能带来的巨大经济效益,必然会吸引众多的竞争者和模仿者。①

2012 年是中国民间金融改革发展进程中具有标志性意义的一年。2012 年 3 月 28 日,温家宝总理主持召开国务院常务会议,批准设立温州市金融综合改革试验区。2012 年 6 月,《广东省建设珠江三角洲金融改革创新综合试验区总体方案》获得国务院批准。2012 年 12 月,《福建省泉州市金融服务实体经济综合改革试验区总体方案》获得国务院批准。其后,湖南、海南、天津、武汉等地纷纷争取出台金融改革实验的优惠政策。各地的金融创新与改革实践均处于摸索和探路阶段,不确定性较强,同时伴随着金融业务的风险性。

三、流向较为固定

作为正规金融的对应物,民间金融的流向为难以从正规金融获得信贷支持的中小企业。民间资金主要投放于"三农"产业和中小企业。云南省、山东省、四川省、南京市、温州市、荆州市数据显示,小额贷款公司提供的贷款中,八成以上资金投向"三农"产业和中小企业。②

---

① 李绍环:《关于地方政府民间金融改革热的反思》,载《农业经济》2013 年第 7 期。
② 数据来源分别为:《南京市小额贷款公司九成资金投向'三农'》,http://finance.jrj.com.cn/biz/2011/01/0514558919719-1.shtm,最后访问日期 2015 年 1 月 5 日;《小额贷款公司出路何在》,http://finance.sina.com.cn/roll/20090611/12186335501.shtml,最后访问日期 2015 年 6 月 11 日;《云南小额贷款公司 72%贷款投向"三农"》,http://money.163.com/09/1212/11/5QB3NMHR00253B0H.html,最后访问日期 2015 年 12 月 12 日;《湖北省荆州小额贷款公司:八成贷款投向农村和微小企业》,http://www.jingzhou.gov.cn/article/slzl026002/45077.html,最后访问日期 2015 年 9 月 6 日;《山东小额贷款公司贷款超 1500 亿元 1.28 万户企业受益》,http://finance.people.com.cn/n/2012/1013/c70846-19252654.html,最后访问日期 2015 年 10 月 13 日;《四川小额贷款公司缓解中小微型企业融资难》,http://bank.hexun.com/2011-09-08/133214644.html,最后访问日期 2015 年 9 月 8 日。

近几年来，由于地方政府债务的累积以及房地产市场的资金紧张，中小房地产企业与地方政府为民间金融资金的主要流向。但由于政策的持续收紧和房地产市场的持续低迷，民间金融的违约风险加剧。

四、法律的"灰色区域"

除了明确违法的非法集资、高利贷等民间金融，以及已被国家法律认定的小贷公司、担保公司等准民间金融组织，我国大多数的民间金融都处于法律未明确规定的"灰色区域"。即使是法律予以确定合法性的准民间金融组织，也从事着很多灰色区域的业务。

在这一区域，民间金融从业者往往精心设计他们的合同交易，绕过法律禁止的区域，使其表面上符合法律的规定，并通过一系列措施来进行"风控"，减低交易风险。例如，为了规避民间借贷的利息不得高于银行贷款利率的4倍的规定，放贷机构往往通过收取中介费、管理费达到目的。

又如，以各种形式的投资为名，进行类似"高利贷"之类的活动。比如，贷向房地产企业的"过桥投资"①往往以"夹层投资"的名义进行。② 房地产行业是一个资金密集型产业，投资规模大、周期长等特点使得房地产的开发建设需要大量资金，但目前我国房地产企业融资渠道单一，大致只有银行贷款、信托、销售回款和民间借贷几种渠道。自2013年以来，由于楼市调控、银根持续紧缩、限购、限贷等多重因素导致房地产企业融资不畅，在资金来源渠道狭窄、房地产开发投资高位运行的背景下，有相当一部分房地产企业面临多难选择，寻找房地产私募股权基金的"过桥投资"系部分中小开发商的首选。近一段时期，房地产私募股权投资基金的"过桥投资"已成为国内众多中小房地产企业用以支撑项目、撬动资金的重要融资工具之一。资本

---

① 过桥投资是指用于解决目标企业短期奖金困难的投资，其重要特点是投资期限短、融资成本高。传统意义上的"过桥投资"，投资对象主要是过渡期企业或上市前企业，用于解决目标企业的短期资金问题，或满足目标企业在上市前改善财务结构的融资需求。

② 满足房企项目公司短期资金需求，融资成本高，偿还期限短，需要企业抵押物担保，同时兼有股权的性质，但不以获取分红和股东权益为目的，又被业界称之为债权形式的"高利贷"。股权加债权，夹层投资。房地产私募股权基金的过桥投资有其特殊之处，房地产企业通常借助过桥投资用于补充拿地资金、项目开发资金、项目收购资金、大宗物业收购资金、烂尾楼项目收购资金、商业地产开发资金等。参见孟庆君、吴珉：《房地产 PE 基金过桥投资合规操作》，http://news.chinaventure.com.cn/2/20120110/73939.shtml，最后访问日期2016年3月7日。

逐利,很多曾聚焦在房地产行业销售节点的民间资本也纷纷涌入开发节点,参与私募股权投资基金的"过桥投资"。房地产私募股权投资令资金链紧张的房地产公司与民间宽裕的资本流动性实现了有效对接,据清科2011年三季度中国私募股权投资市场数据显示,房地产行业投资稳居案例数量和投资金额的榜首。①

过桥投资中,房地产私募股权投资基金对于融资方的投资方式具体体现在如下几个方面:首先基金作为投资方通过股权受让或增资获持目标公司股权。为了降低原股东回购股权的不确定性风险,基金通常要求对目标公司进行大比例持股甚至控股。对于其他类型的私募股权投资而言,投资方通常要求持有目标公司30%左右的股权,有时也要求拥有特殊表决权;但是房地产行业的过桥投资具有其特殊性,投资方通常要求占有目标公司较大比例股权甚至控股权。其次,基金会出借部分款项给实际控制人,并要求借款人提供担保。过桥投资中加入基金给目标公司实际控制人的借款形式,主要考虑的是现阶段投资人尚不能接受完全股权投资模式,而且"股权投资+借款"还有一些结构性担保作用,另外也可以满足投资人投资期间要求得到一些回报的诉求。过桥投资满足了房企项目公司的短期资金需求,融资成本高,偿还期限短,需要企业抵押物担保,同时兼有股权的性质,但不以获取分红和股东权益为目的,又被业界称为债权形式的"高利贷"。

目前房地产私募股权基金很多是从投资担保公司演变而来,很多不规范的操作手法也保留下来,很多基金管理人会在提高投资收益率的同时通过一系列合约、协议来提高投资资金的安全水平,比如会约定罚息、违约金等保障措施,与投资人达成"私下协议"承诺固定收益等。这些已使"过桥投资"与"贷款"业务的界限模糊,继而招来名为投资实为发放贷款,甚至放高利贷的非议。如果说私募基金进行债券投资还"情有可原",那么私募基金做债权投资就显得有些"不务正业"了。不过,私募基金的债权投资方式显得更为隐蔽,主要为夹层投资、通过银行委托贷款、借道信托计划或券商资管计划投资、股权投资到期回购。

---

① 参见朱宝琛:《三季度PE市场频创新高,房地产基金突围而出》,载《证券日报》2011年10月11日。

五、成本高、周期短、方便快捷

由于管理成本、风险成本等,民间金融成本较高,其贷款利率一般是15%到25%,有一些不动产抵押的借款利率会低些,有些则要达到40%到50%的利率才能保本。

因此,企业借款向来都是短期拆借,长期使用民间资金于企业而言无异于饮鸩止渴。一旦企业从别的渠道能融到资金,就会替换掉这部分高成本融资。① 企业一般不会长期使用民间金融资金,而只是将其作为"过桥资金"使用。

与普通股权投资期限一般为3—7年不同,债权投资的期限一般为1—2年,甚至短至几个月。据了解,在做债权投资时,地产基金和私募股权投资(PE)机构都会设置担保、抵押等风控措施,包括股权质押、股东个人信用担保,以及房地产、存货等相关实物质押等,质押率一般都控制在60%—90%,甚至100%。多数基金认为目前的货币环境和政策环境适合做债权投资,风险相对较小,回报率较高。但债权投资从性质上来说是阶段性的、投机性的,这种盈利模式从长远来看不能持续。②

第三节 我国民间金融的主要形式

现阶段我国民间金融的组织形式非常多样。政府监管部门试点的类金融机构得到大力发展的同时,传统的金融组织形态还占有一席之地;随着新型交易手段和新技术的应用,新型民间金融发展之势锐不可当,也尤其值得我们关注。

政府试点类金融机构发展猛进,是目前机构型民间金融的主力军。2005年小额贷款公司开始试点,2008年后在所有省份全面铺开,小额贷款公司数量从最初的5个省(自治区)的几家发展到2012年所有省(自治区、

---

① 参见《私募债权投资输血房企》,http://panjin.house.sina.com.cn/news/2013-09-16/11022418704.shtml,最后访问日期2015年3月7日。

② 同上。

直辖市)的6080家。融资性担保公司、典当行、投资公司、财富管理公司等民间类金融机构得到快速发展,以放贷业务为主。从目前来看,小额贷款公司、典当行、融资担保公司是民间金融最主要的三种形式。截至2011年底,全国共有小额贷款公司4282家,典当行5237家,融资性担保企业8402家;相关贷款余额分别为3915亿元、2264亿元和12747亿元。[①] 其他形式的民间金融机构的数目和业务量的增长速度均滞后于上述三者。

传统型民间金融包括民间借贷、集资、合会等。这部分民间金融一般都不采用企业法人的形式。一些民间借贷还披上了商会、会所等新型外衣。这也是当今民间金融不可忽视的一部分。

新型民间融资,包括借助互联网技术和电子商务发展起来的P2P、众筹、比特币等互联网金融,还有私募、债权、地方政府债等。

当然,不可否认的是,我国目前还存在一些"黑色民间金融",即无论是在法律上,还是从实际效果上都应当受到禁止的民间金融,例如,高利贷、庞氏骗局类的集资行为。

一、政府试点型民间金融

这类民间金融一般都以成立了相应的"类金融机构"为特征。所谓类金融机构是指,提供融资服务但无金融牌照的企业。

(一) 小额贷款公司

小额贷款公司是由自然人、企业法人或其他社会组织投资设立,不吸收公众存款,经营小额贷款业务的有限责任公司或股份有限公司。与银行相比,小额贷款公司更为便捷、迅速,适合中小企业、个体工商户的资金需求;与民间借贷相比,小额贷款公司更加规范、贷款利息可双方协商。2005年,中国人民银行正式决定,在中西部地区民间融资比较活跃的山西、陕西、四川、贵州、内蒙古5省(自治区)进行民间小额贷款试点。2008年,中国银监会和中国人民银行联合发布《关于小额贷款公司试点的指导意见》,分别从资金来源、市场准入、经营行为、监督管理、退出机制等方面对小额贷款公司

---

① 数字来源分别为:中国人民银行2012年《小额贷款公司分地区情况统计表》;全国典当行业监督管理信息系统;李孟刚主编:《中国金融产业安全报告(2011—2012)》,社会科学文献出版社2012年版。

提出更为严格规范的要求。这一文件给予小额贷款公司合法地位,使其经营风险得到了一定程度的控制,优化了市场秩序。

(二) 融资性担保公司

融资性担保公司是指依法设立,经营融资性担保业务的有限责任公司或股份有限公司。融资性担保是指担保人与银行金融机构等债权人约定,当被担保人不履行对债权人负有的融资性债务时,由担保人依法承担合同约定的担保责任的行为。经监管部门批准,融资性担保公司可以经营以下部分或全部融资性担保业务:贷款担保;票据承兑担保;贸易融资担保;项目融资担保;信用证担保;其他融资性担保业务。

但是,一些民间资本举办的融资性担保公司或其他类型的担保公司,事实上从事的是发放贷款的业务。一些地方银行的银行行长与急需用钱的房地产商一拍即合,利用成立融资性担保公司的方式,向银行贷款。

(三) 典当行

典当业在我国民间金融业中曾扮演了重要角色,与钱庄、票号一起被列为传统金融的三大支柱。在新时期市场经济条件下,典当业已逐渐恢复起来。公营和私营的都有。典当业没有统一立法,各地有一些条例。1988年9月成都出现了我国第一家当铺后,当铺在北京、上海、太原、开封等数十个大中城市相继成立。截至1993年,全国已发展到300多家。典当行也是为中小企业融资服务的重要主体。2010年典当行累计发放典当金6000亿元,中小企业的融资占典当业务总额的80%以上。

(四) 金融服务公司

金融服务公司是指开展业务活动为客户提供包括融资投资、储蓄、信贷、结算、证券买卖、商业保险和金融信息咨询等金融类服务的公司。例如,《泉州市人民政府办公室关于开展金融服务公司试点的指导意见(试行)》规定,金融服务公司,是指在泉州市依法设立的,为客户提供包括金融产品及信息咨询、客户财务顾问等金融类服务公司。

(五) 民间资本管理公司

根据《泉州市人民政府关于开展民间资本管理公司试点的指导意见(试行)》,民间资本管理公司是经批准在一定区域范围内开展资本投资咨询、资本管理、项目投资等服务的股份有限公司或有限责任供公司。

2011年11月,瓯海、乐清、瑞安经温州市政府批复成为民间资本管理公司的三大试点区域。根据温州市《关于开展民间资本管理公司试点工作的指导意见(试行)》,民间资本公司被定义为"是经批准在一定区域范围内开展资本投资咨询、资本管理、项目投资等服务的有限责任公司或股份有限公司"。民间资本管理公司的资金来源,除了股东资金外,还可以股东额外增加的投资资金和以私募方式向特定对象募集所得的私募资金作为主要资金来源。

(六)中小企业票据服务公司

《泉州市人民政府关于开展中小企业票据服务公司试点的指导意见(试行)》规定,中小企业票据服务公司是经批准设立在一定区域范围内,为持票企业和贴现银行提供票据信息咨询服务的有限责任公司或股份有限公司。开展中小企业票据服务公司试点工作要按照"统一部署、分批分步骤、有序推进"的要求,通过为汇票企业与贴现银行搭建平台,促进票据贴现信息的阳光化,使票据贴现更加便利、透明、健康,逐步解决中小企业票据贴现难、成本高的问题,支持和服务实体经济发展。上述指导意见还规定,开展中小企业票据服务公司试点须遵循以下原则:"中小企业票据服务公司作为第三方,只提供信息咨询服务……杜绝中小企业票据服务公司私自向持票企业收票;票据贴现双方直接结算,杜绝代理结算。"

(七)村镇银行

所谓村镇银行就是指为当地农户或企业提供服务的银行机构。在村镇银行成立之前,农村只有三类法律明文规定的金融主体:一是农村信用社,二是只存不贷的邮政储蓄,三是中国农业银行的分支机构。农村的金融市场还处于垄断状态,没有竞争,服务水平就无法提高,农民的贷款需求也无法得到满足。改革的出路,就是引进新的金融机构。新设银行业法人机构总部原则上设在农村地区,也可以设在大中城市,但其具备贷款服务功能的营业网点只能设在县(市)或县(市)以下的乡(镇)和行政村。

我国的村镇银行现有1000家左右。由于限定村镇银行的股东至少有1家为持股比例不低于20%的银行业金融机构,且主要发起人为出资额最多的银行业金融机构,这一民间金融形式的发展也受到了一定的限制。

二、传统型民间金融

传统型民间金融的形式是从我国古代发展起来的,有些在新中国成立之后受到抑制,有些则一直在背地里进行。

(一)民间借贷

民间借贷是民间最原始和最普遍的融资方式,如自然人之间为买房、买车等而进行的借贷活动。现行法律制度允许民间借贷,但出于对交易安全和公序良俗的考虑,国家对民间借贷的最高利率有所规定,不得超过同时期银行贷款利率的4倍,这一最高利率也被人称为"四倍红线"。超过"四倍红线"的民间借贷则被归为高利贷,为国家政策法律所严厉打击。

2015年9月1日起正式实施的最高人民法院《关于审理民间借贷案件适用法律若干问题的规定》首次将民间借贷保护利率标准设定为固定利率,明确了未超过年利率24%的范围为司法保护区,超过年利率36%为无效区,24%—36%之间系自然债务区。

(二)民间集资

民间集资作为一种经济活动,非新生事物,但是改革开放以来,民间集资非常活跃,受到许多经济活动主体的青睐,成为众多经济事业的支柱,使许多濒临倒闭的企业起死回生;它的活跃甚至引起中央领导的重视,三令五申要整顿集资活动。20世纪80年代,集资孕育了债券、股票等金融资产的初始形态,也创造出合作制和股份制的萌芽,对于人们金融意识的觉醒,产生了重要作用。

所谓非法集资,是指单位或者个人未依照法定程序经有关部门批准,以发行股票、债券、彩票、投资基金证券或者其他债权凭证的方式向社会公众筹集资金,并承诺在一定期限内以货币、实物以及其他方式向出资人还本付息或给予回报的行为。理论上讲,非法集资之外的集资行为应为合法,企业内部集资应为合法集资。

(三)合会

如前所述,合会在我国起始于唐宋年间,是一种古老的民间金融组织形式。近年来由于现实经济发展的需要,合会又有了新的发展;作为一种重要的资金融通形式,合会在相当程度上解决了个体、私营经济发展初期的资金不足问题,为我国中小企业的发展提供了重要的金融支持,也解决了部分农村地区的融资问题。

然而,法律并未明确规定合会的法律地位。合会本身不可避免地具有所有金融形式固有的内在风险性和脆弱性,加上合会在我国长期不为正式制度所承认,是以"体制外"的形式运转的,其发展具有一定程度的不可控性、不规范性,尤其是大规模倒会等现象的出现,对我国国民经济的健康发展和金融安全形成威胁。

(四) 私人钱庄

如前所述,钱庄也是一种古老的民间金融组织形式。新式钱庄是指改革开放以来建立的钱庄,最开始是在南方的浙江温州、福建一带建立起来的。这是因为,经济体制改革以来,南方的商品经济得到突飞猛进的发展,温州、福建一带个体经济发展对资金的要求猛增。钱庄经营的存贷业务与一般民间存贷互动不同,其规模上、信誉上较之散兵游勇都有一定优势,是介于信用合作社与民间分散借贷之间的较集中的借贷活动。浙江人称之为"银背",福建人称之为"钱中"。

根据中国人民银行金融研究所杨照南与王延庆在1985年的调研,20世纪80年代在浙江温州地区曾出现过三家公开挂牌营业的钱庄(这三家钱庄都在当地工商行政部门批准登记注册),在浙江和福建两地也还存在不少地下钱庄。

目前,江浙地区仍有很多私人钱庄。这种"银行"主营两种业务:一种是外汇炒作;另一种是存贷。其依靠的是民间信用,很多并无规范的书面合同。而其贷款的去向有投资房地产、煤矿、水电站等,而这些领域内资产流动性较差,容易出现资金链断裂的情况。

私人钱庄很多是以"商会"的形式存在的。中国很早就有商会制度。各地商会与企业家俱乐部从事转贷款业务,形成了一个企业融资互助组织,其贷款规模已经相当可观。此外,商会还有担保的职能。商会系统内的担保公司依托银行为其提供的授信额度,向会员企业提供担保授信。对于规模较大的商会担保公司,银行给予客观的授信额度。例如河南省工商联成立的河南省工商联投资担保公司获得了银行180亿元的授信;湖北省安徽商会获得中信银行100亿元综合授信;广州、厦门、东莞等地的温州商会纷纷获得银行的巨额授信,各地温州商会获得银行授信超过 500 亿元。企业家俱乐部一方面为他们提供交流平台,牵线搭桥,另一方面在确认项目稳妥的情况下,适时入股,保证所受管理的资本的增值。企业家俱乐部会员中不乏基金公司、私募股权投资机构等投资公司。全国 80 多家俱乐部掌握的资金在 3000 亿元到 5000 亿元。

三、新型民间融资

(一) 私募

私募基金是相对于公募基金而言的,是以非公开发行的方式向特定投资对象募集资金而形成的投资基金。根据私募基金的投资方向,可以分为私募证券投资基金和私募股权投资基金两种,前者主要投资于股票、债券、权证等;后者投资于具有融资意向的非上市企业的股权,并在交易过程中着重考虑将来的退出机制,未来通过上市、并购或管理层收购等方式,通过股权出让获得资本增值收益。

私募基金的优势:具有高效的利益激励和约束机制;精英理财,高明运作;低成本经营;经营灵活,易于创新。

由于私募基金未能"正名",没有合法化、公开化,也就无法用法律加以规范管理,同时,如上文所述,一些私募股权基金逐渐演化成夹层投资(既包含股权,又包含债权),行"高利贷"之实;这种"地下信用"存在诸多的负面影响:高息揽存、暗箱操作、与黑恶势力相勾结、欺诈逃债等,潜伏着金融风险、治安风险和道德风险。

(二) 地方政府债

如前所述,地方政府是民间金融的主要资金流向之一。地方政府通过间接控制地方金融、与地方金融机构合作以及成立地方投融资公司等方式使其从制度外举债成为现实。发改委鼓励民间资本投资基建和参与金融机构重组改造是为了缓解地方债压力,让地方政府腾出手来调结构、转方向、促改革。

2010 年 5 月 13 日,国务院《关于鼓励和引导民间投资健康发展的若干意见》(以下简称"新 36 条"),首次明确鼓励民营资本进入 6 大领域,尤其是石油、电信等垄断产业,还提出允许民营资本兴办金融机构。但不容否认的是,"新36条"拟议、起草于国际金融危机期间,于2010年5月正式发布,自那时起,这一原则性的意见因无可操作的细则而成空架。

而在实际操作中,除了民营资本的合法参与之外,还有大量的民间资金通过非正规渠道进入地方政府融资平台。地方政府借助融资平台兴办大量城市基础设施项目等政府工程,在操作不规范的情况下甚至不具备施工资质的企业也涉入其中。一方面,较小的施工企业融资渠道狭窄,一般转向民间金融筹资,这样的微观操作下,民间金融、企业借贷、政府融资平台债务通过一个个政府工程、房地产项目紧紧缠绕在一起,危机链条在暗处传动。另一方面,财政拨款不足,银根紧缩的情况下融资平台开始寻求以非正规方式融资。民间金融这边,大量的担保公司、咨询公司等机构和人员充当金融掮客,以基金会、私募等名义融资,甚至和银行有着千丝万缕的关系。银行转存的渠道就是地下钱庄,等季末或年末缺钱时就会以偏低于市场价的利率在地下钱庄拿钱揽储,或者以合作的形式在银行兜售与之挂钩的理财产品。①

(三)民间金融的票据化与证券化

民间融资的形式千变万化,其与票据、证券这两种金融市场的支付手段结合起来,力量也不容小觑。

积存在民众中的闲置资金虽然规模大,但其相对比较分散、稳定性弱以及流动性较大的特点,致使传统一对一对接的义乌模式开始显示弊端,一定程度上限制了资金的利用率。② 证券化就成为汇聚民间分散资本的一种手段而被一些需要融资的企业或金融中介公司利用。

2012年杭州900亿票据大案③牵扯出的关于民间票据融资是否合法的问题一直是业界人士争论的重点。现行银行间票据市场的主体为商业银行、信用社和企业财务公司,但这三类机构在银根紧缩环境下受贷款规模的约束而致使其票据贴现能力大打折扣。当银行贴现无法满足企业需要时,需求就被挤向民间贴现市场。对于民间票据贴现是否应该合法化的讨论呈

---

① 王露娜:《浅析民间金融与地方政府融资平台之关系》,载《法制博览》2012年第11期。
② 参见《"资产证券化"模式增色休闲理财》,http://paper.dzwww.com/shrb/data/20101110/html/18/content_5.html,最后访问日期2015年2月2日。
③ 参见《900亿大案解开票据经济黑幕》,http://paper.people.com.cn/rmrbhwb/html/2012-07/14/content_1081759.htm,最后访问日期2015年11月12日。

现出一边倒的现象,大多数业内人士及专家坚持民间票据融资合法化利大于弊的观点。票据大案、要案的出现毕竟是少数现象,而民间票据融资确实在一定程度上弥补了银行信贷投放的不足,满足了贴现企业的融资需求。但也有专家持相反的观点,认为民间机构缺乏规范化验票、查询、审核、背书、交接、保管等操作制度,票据中介盛行,并伴随大量非背书方式的转让行为,而非背书方式的转让和恶意公示催告的盛行,引发了票据案件。[①]

(四) 投资公司

投资公司或称投资理财公司的主要业务分为企业贷款、个体工商户贷款和个人贷款。企业贷款一般以企业的土地和固定资产作为抵押,也有小微型企业联保,由2—4家同一专业市场且无产权和亲属关系的小微企业自愿组成联保小组,互为贷款连带责任保证担保。投资公司数量庞大,是低端信贷市场最主要的资金供给主体,但目前没有专门的机构对其监管,信贷规模无从统计。有业内人士称我国投资公司现已超过1万家。

(五) 互联网金融

互联网和移动互联网科技的发展对民间金融的发展有着极为重大的影响,甚至给整个中国金融市场的机构带来巨大的冲击。这是因为,在我国,由于信用体系的缺失,民间金融最重大的问题就是信息不对称而带来的信用风险。而互联网和移动互联网所带来的信息革命恰恰能解决这个问题。

从与传统民间金融的关系来看,互联网金融包括两大类。一类是传统的金融模式与互联网的结合,如网上借贷、网上证券、网上理财、网上保险等,一些小额贷款公司、融资担保公司、典当行、投资公司、担保公司等类金融机构都通过开发公司网站提供借贷信息、借贷通道等服务;而另一类则是由于互联网的加入而横空出世的新的商业模式,如P2P网络借贷平台、速贷邦等信息中介,以及第三方支付等信用中介,还有阿里小贷等大数据金融、众筹模式等。

从融资主体来看,互联网金融又可以分为自融模式与地下钱庄两种模式:一种是自融模式,也就是平台老板开平台主要为自己或者自己的关联企业融资。企业缺钱了,资金周转出现困难,从银行借不到钱,从小额贷款公

---

① 参见简于形:《民间票据融资合法化的趋向性》,http://www.bxjr100.com/news/pages/14116.html,最后访问日期2015年2月2日。

司等线下民间借贷机构也借不到钱,突然发现了网贷这块新大陆,于是先自我包装,然后大规模融资。还有一些企业是发现了一个好的项目,但是急需资金,去银行贷款时间不允许,但是这个项目要马上进行,商机转瞬即逝,因此老板选择在银行融资的同时在网贷先融资应急。这种模式下投资人不了解资金流向,也不了解企业的净资产、负债,风险特别巨大。对于这样的平台再完美的本息保障都是一个美好的愿景。如果平台的真实财务状况基本可信,老总踏踏实实做企业,一旦出事那么企业也会有更多的融资渠道,投资人的本息保障还是有希望的。但是从法律角度来看,平台自融已经踩了非法集资的红线。第二类是地下钱庄模式,主要做资金对接工作。宜信就是典型的例子。

第四节　我国民间金融存在的主要问题

一、活力被抑制

虽然我国民间金融形式多样,规模也达到了较高水平,但是我国未被满足的融资需求和民间未解决的投资需要还是很大的。

这与我国一直以来的金融抑制政策有关。国家垄断的金融制度虽然符合当时计划经济体制的要求,对恢复国民经济也起到了重要的历史推动作用,但由此遗留下来的定式思维和制度安排屏蔽了社会对民间金融活动的关注,甚至成为坚决排斥民间金融的惯性力量,致使我国长期以来没有正视民间金融活动应有的社会地位和功能。①

我国国民经济发展的实践表明,这种将国家金融、民间融资二元分离的制度体系已经难以适应全球经济化的条件下,国家建立和谐有序、具有活力的金融秩序的需要,并有可能对国家整体金融安全造成冲击。一方面,民间金融活动在目前的社会条件下,已经具有一定规模,如果不对其加以有效的疏导,规模庞大的民间金融活动将有可能对国家经济宏观调控政策的有效

---

①　参见高晋康、唐清利编著:《我国民间金融规范化的法律规制》,法律出版社 2012 年版,第 2 页。

性造成冲击,进而影响国家经济健康、稳定的发展;另一方面,在转型时期的中国社会,民间具有强烈的"藏富"意识,民间金融与国家金融之间存在严重的"防范"心理和制度屏障,在全球化大趋势中,这种"体制外"金融一旦形成某种集团化、国际化的力量,可能会给国家金融安全带来负面冲击。

民间金融活动的存在有其合理性,其与正规金融相比,具有信息优势、成本优势,更具有灵活性,富有活力,在经济活动中发挥着正规金融活动无法替代的功能。然而民间金融的产生和发展过程又决定了它隐含着某些无法忽视的风险。因此,如何将民间金融活动纳入法制轨道,如何进行民间金融法制化的具体制度设计,如何在发挥民间金融的积极性和防范民间金融风险中做到均衡将是需要进一步研究的问题。①

此外,民间金融资本提供了大量税源。因此,徐伟、郭为②,史晋川③等学者认为,民间金融对正规金融具有补充作用,尤其对地区的经济增长有不可忽略的作用。

二、高风险

民间金融的风险来源可以归结为以下几个方面:第一,民间金融组织或民间融资活动本身目的不纯,采用庞兹融资模式,部分企业的非法集资或将融入资金进行转贷的行为,其目的都不是筹措生产经营资金,而是着眼于从"信贷资本运作"中赚取利息;第二,信贷市场分割、融资需求旺盛推高了民间融资的利率,中小微型经济主体难以承受高利贷负担、出现违约风险;第三,民间金融的交易规模难以控制,风险防范难度很大;第四,当事人普遍风险意识淡薄,交易程序不规范,难以得到法律的保护。

互联网金融的风险则更大,除了面临较高的传统金融业风险之外,还面临技术风险。例如,人人贷、拍拍贷等一干互联网金融明星公司曾遭遇DDOS(Distributed Denial of service,分布式拒绝服务)攻击,几家公司的网

---

① 参见高晋康、唐清利编著:《我国民间金融规范化的法律规制》,法律出版社2012年版,第21—22页。
② 参见徐伟、郭为:《民间金融与省际经济增长》,载《上海经济研究》2004年第5期;郭为:《民间金融、金融市场分割与经济增长》,载《现代经济探讨》2004年第5期。
③ 参见史晋川、金祥荣、赵伟、罗卫东等:《制度变迁与经济发展:温州模式研究》(修订版),浙江大学出版社2004年版,第121页。

站因此短暂暂停业务运营。

三、违法、"钻空子"乱象重重

企业为按期归还银行贷款,尽快获得续贷资金,在自有资金不足的情况下,主要通过向非银行业金融机构、民间融资等方式短期性融资还款,以防资金链断裂。这种"过桥贷"已成为中小企业为了维持良好信用记录和资金正常运转而采取的一种常见融资方式。调查显示,从50户企业银行贷款还款资金来源情况看,企业自有资金2.15亿元,占银行累计贷款的比例为30.72%;通过非银行业金融机构,如小额贷款公司、投资类公司等获得还贷资金5700万元,占银行累计贷款的比例为8.15%;通过民间融资方式获得还贷资金4.27亿元,占银行累计贷款的比例为61.13%。① 民间融资已成为企业"过桥贷"资金的主要来源。由于乞灵于"过桥贷"的企业多数急于获得短期融资,因此其成本极高。而过桥贷款的巨额融资成本往往成为企业经营发展的巨大包袱,直接导致企业负债大幅攀升、偿债能力下降。

而此期间,银行信贷人员、民间资金掮客与小企业主之间为进行这些短平快的生意,银行工作人员可能利用信息不匹配进行"拉郎配","过桥业务"极易诱发银行员工道德风险。②

四、缺乏有效的法律规制

由于民间融资大多数都处于法律的灰色地带,甚至是法律所不允许的,因此,民间融资行为无法得到国家对正规金融行为所施加的防范金融风险的监管措施,在很多民间融资资金链断裂的案件之中,投资者也很难追讨回其向民间融资的本金。这一方面使民间金融组织在国家产权保护缺失状态下不得不寻求自我产权保护措施(与当地黑社会结盟),另一方面激励了某些民间金融组织的机会主义行为。

民间金融风险点主要集中在担保公司、投资公司、商会等无监管的领域。由于担保公司、投资公司贷款的利率比银行贷款、小额贷款公司贷款的

---

① 陈志龙:《银行"过桥贷"乱象,员工个人账户一年资金进出上亿》,http://stock.jrj.com.cn/2013/09/03081015778830.shtml,最后访问日期2016年3月3日。

② 同上。

利率高,中小企业、小微企业等难以承受利息负担,当遇到宏观经济下行,企业利润减少等情况时,就有可能引发民间借贷偿付危机。这些放贷机构面临较大风险。投资公司与小额贷款公司之间具有资产负债的关联关系,局部个体风险必然会被放大,成为系统性风险。

2011年以来,在信贷规模趋紧背景下,银行借贷利率走高,民间借贷之风盛行,一些银行员工在高利诱惑下充当起民间借贷的"掮客"。据了解,仅2011年8月至11月,温州地区就发现4家银行的员工有参与民间借贷行为,涉及金额约2亿元。银行员工充当民间借贷"掮客"有其内外在原因:首先,政府对社会投资过热行为进行控制,许多投资者难以找到理想的项目,资金闲置手中。其次,银行员工拥有比中小企业更多的融资信息,并且更清楚哪些个人或企业有投融资需要,投融资信息严重不对称,这种工作上的便捷为银行员工铤而走险充当民间借贷掮客提供了利润诱惑的土壤。再次,人们从心里认同银行员工,认为出了事情可以找银行,投融资者的这种心理助长了银行员工借贷的不正之风。最后,相较于银行的定期存款,通过银行员工进行的过桥借贷有高达150%—200%的年收益率,因此很多投资者愿意通过银行员工来完成此种民间放贷;而银行员工甘冒大风险也是因为其中有高额的中介费,甚至一些银行员工直接参与房贷,获得高额的利息。

速贷邦、民间借贷网络平台、阿里金融等信贷规模虽然没有准确的统计,但是按照交易额发生的动态流量,月度规模均在千亿元以上。企业庞兹融资等地下钱庄性质的借贷规模也十分巨大,2011—2012年全国发生的67个代表性民间借贷案例的涉案金额达到288亿元。这些处于金融监管之外的民间金融形态,在控制信用风险方面缺乏经验,有可能形成系统性风险。近年来,辽宁、江苏、浙江、安徽、福建、江西、山东、河南、广东等地连续发生破亿元的大案特案,全国29个省、自治区和直辖市的80%地、市、盟、州都发生过非法集资案例;投资咨询公司、房地产中介公司等民间金融中介参与的案件增多,部分民间担保机构甚至因此出现了"挤兑潮"。

第五章　民间互助性金融组织法律规制

民间的信贷市场有助于削弱不公平的程度。当资金的直接再分配在政治上不可行,官方的金融信贷市场出于成本、信息、风险等原因无力提供救助时,民间互助性组织能够将资本从富人到穷人进行再分配。如果不考虑法律和经济风险,所有人都将受益:富人只会在有利可图时把钱借出去,而穷人得到了非正规金融外的"馈赠"。但是,现实却潜藏着前述经济和法律风险,而政府介入民间互助性组织所缔造的信贷市场能够进一步减少不公平,提高民间金融市场运行质量。

政府对民间金融中互助性组织的干预或规制已经受到了诸多政治经济学学者的关注:T. 佩尔森(Torsten Persson)和 G. 塔贝里尼(Guido Tabellini)的硕士论文从分配正义的角度讨论了民间信贷市场;格莱塞尔(Glaeser)、萨塞尔多特(Sacerdote)和沙因曼(Scheinkman),德茨特里庞(Dewatripont)和马斯金(Maskin),佩罗蒂(Perotti)和冯塔登(von Thadden)都提出政府干预民间借贷市场是以效率的损失为代价来换取相对的平等和稳定。[1]

---

[1] Torsten Persson & Guido Tabellini, *Political Economics: Explaining Economic Policy*, MIT Press, 2000. Edward L. Glaeser & Bruce I. Sacerdote & Jose A. Scheinkman, "The Social Multiplier", 1(2—3) *Journal of the European Economic Association* 345(2003). M. Dewatripoint & E. Maskin, "Credit Efficiency in Centralized and Decentralized Economies", Mimeo, Harvard University, 1990. Enrico C. Perotti & Ernst-Ludwig von Thadden, "The Political Economy of Bank and Market Dominance", *ECGI-Finance Working Paper* 21 (2003).

我国内生组织制度的发展与创新主要存在于非正式金融领域,目前关于非正式金融的研究文献日益增多,无论是实证研究还是理论研究,无论是法学路径还是经济学路径[①],这一话题随着我国金融体制改革的稳步推进而成为"显学"。其中,学者张杰的见解令人印象深刻[②],他的研究结果提供了通过内生金融制度创新来解决乡镇企业融资问题的另一角度和思路。张杰认为,中小企业或者民营经济普遍的金融困境是渐进改革过程中的内生现象,其实质是信用困境。民营经济金融困境的解除不能依赖于现有的国有金融框架,而要寻求以内生性为特征的金融制度创新。其中关键的一点是,外部金融支持机制的建立不能破坏应民营经济而内生的、已存的民间金融运行机制。进言之,张杰认为,国家至少在宏观改革策略上不应诱使民营经济与现有的国有金融体制建立广泛的联系。如此这般,"国有金融体制本身的外部性会使民营经济对其产生刚性依赖,从而被牵连到纵向信用联系的链条之上……从长期看,此种做法会损害民营经济发展的一些关键机制,尤其是资本结构。"[③]目前主流学者的观点都认为,国家应该放松对民营经济内生性金融制度创新行为的限制,应该着眼于培育适合民营经济特性的金融中介机构,而不是急于让民营经济进入股票市场。

我国学者的研究综述中,从冯兴元副研究员主持的中国社会科学院B类重大课题《中国乡镇企业融资与内生民间金融组织制度创新研究》(2006年)的调查结果来看,在乡镇企业的金融服务供给者中,最主要的正式金融机构是农村信用社;但是随着四大国有商业银行陆续从县域以下的金融市场中撤出,我国乡镇中形成了农村信用社一家独大的局面。但是,农村信用社的金融服务供给仍然远远落后于乡镇企业对于金融服务的需求。因此,乡镇企业的金融服务便不同程度地要由农村的民间金融来补充,尤其是那些小型的"草根"企业。

---

① 仅在法学理论和实证角度做过此领域研究的学者就包括姜旭朝(1996年)、史晋川、严谷军(2001年)、徐志明等(1997年)、张军(1999年)、李丹红(2000年)、江曙霞、秦国楼(2000年)、张杰(2001年)、江曙霞(2001年)、何田(2002年)、高帆(2003年)、郭沛(2003年)、刘民权、徐忠、俞建拖(2003年)、杜志雄(2004年)、郑振龙、林海(2005年)、冯兴元、何广文、杜志雄等(2006年)、陈蓉(2010年)、高晋康、唐清利等(2012年)等。

② 张杰:《制度、渐进转轨与中国金融改革》,中国金融出版社2001年版,第34—50页。

③ 范从来、路瑶、陶欣、盛志雄、袁静:《乡镇企业产权制度改革模式与股权结构的研究》,载《经济研究》2001年第1期。

信息经济学中的"局部知识"论认为：金融服务的供给者应该贴近存在局部知识的具体的人和地方去提供金融服务，满足当地的金融服务需求，从中获取回报。这也许意味着，正式金融机构如果设计和利用了专门的机制去发现并利用了局部知识，可以提高机构面向需求的供给效率。如果金融服务的提供者（或潜在提供者）各自利用自己的局部知识来提供金融服务，便会产生多样化的有针对性的金融组织，这种有针对性的金融组织制度的创新，反过来有利于发现和利用局部知识，减少市场的不完全性，增加面向需求的金融服务供给。[①] 进言之，金融组织或者活动的多样性的一个结果便是更多金融工具的创新，这样形成的组织的多样性、活动的多样性和金融工具的多样性，使得农村金融市场逼近或者近似于完全竞争市场，从而大规模克服信息的不完全性。

运用上述理论来观察民间金融组织便可发现：民间分散的局部知识的最佳利用者，是那些着眼于贴近农村或城市经济主体的合作金融机构、非正式金融、地方中小型商业金融机构和小额信贷机构等，它们事实上已经成为民间金融市场的主体。当然，上述理论并不意味着政府可以对农村金融活动放任自流，也不意味着金融监管应当放松甚至取消。相反，从局部知识分析范式中得到的结论是，政府应当做它应当做且能够做好的事情：一方面，在民间金融服务的提供方面，积极发挥辅助性的作用；另一方面，更应当在建立与维持市场秩序框架方面发挥重要的作用。

第一节 民间互助性金融组织的基本概念

根据金融的内生程度，我们可以区分内生金融和外生金融。根据一些学者的观点，民间金融往往被称作"内生金融"，它是指在客观供求刺激下民间自发组织形成的"为民间经济融通资金的所有非公有制经济成分的资金运动"。按此解释，新中国成立后最初的农村信用合作社、民间自由借贷、私人钱庄、合会等，都是"内生金融"。与此相应，"外生金融"是指由政府自上

[①] 冯兴元、何广文、杜志雄等：《中国乡镇企业融资与内生民间金融组织制度创新研究》，山西经济出版社2006年版，第3页。

而下设立、安排并由正式金融机构主导的一种资金运动,比如中国农业银行和现在的农村信用社。尤其是,农村信用社目前已经被管制,而非实施自治。

进言之,内生金融(民间金融)主要是自发组织的,主要受制于民间的、哈耶克意义上的内部规则,即人们交往过程中自发产生的规则,是分散的个体在互相作用过程中形成的、彼此认同的规则,而不是主要受制于外部规则,即由外部强加的、必须遵循的规则。① 与此相反,外生金融主要是被组织的,主要受制于外部规则,而非内部规则。

目前类似课题的惯常解决思路都强调结构分析,即运用结构—行为—绩效(structure-conduct-performance)范式,将现有的金融秩序和结构作为大前提,再从民间金融的行为上观察绩效,最后在现有规则下提出一些解决方案。这一范式并不能解决制度性难题,更倾向于制度绩效评价而非金融改革,尤其是在涉及民间互助组织这一类组织制度创新的问题时,因为后者就是要打破现行的金融结构。这里需要借鉴的两个关键的范式是功能—结构范式和功能—发生学范式(functional-genetic approach)。② 美国著名金融学家莫顿(1993年)和博迪(2000年)提出,应从金融的功能出发去看金融问题。

本书认为,金融功能应该作为研究的出发点和归宿。只有明确了民间金融在整个国家金融体系中的功能和定位,才能够顺着结构范式和发生学范式进行彻底的、系统的、动态的与规则性的研究,即在厘清民间金融中互助组织功能的基础上,进行制度结构上的重塑和法律规范细节上的改造,明确法律监管的框架,从而试图提出真正富有建设性的改革建议。进言之,不

---

① 〔英〕弗里德利希·冯·哈耶克:《个人主义与经济秩序》,邓正来编译,复旦大学出版社2012年版。柯武钢等把规则与制度等同使用。按此,内部规则即内部制度,是从人类经验中演化出来的,体现着过去曾最有益于人类的各种解决办法,比如既有习惯、伦理规范、良好礼貌和商业习俗、英美传统中的自然法因素等。外部规则即外部制度,是被自上而下地强加和执行的。参见〔德〕柯武刚、史漫飞:《制度经济学——社会秩序与公共政策》,韩朝华译,商务印书馆2000年版。

② 功能—结构范式是指从一个系统的功能来看该系统的因子和结构是否满足人们的需要,从满足程度看系统的绩效。同时,在一个系统形成过程中,得关注系统与环境的功能关系,从系统的功能出发,为实现这些功能而发展出一些规则和制度,对系统进行结构化。而遵循结构与功能的回应关系,便产生了属于发生学范畴的演进与发展。参见 Helmut Willke, Systemtheorie I: eine Einführung in die Grundprobleme der Theorie sozialer Systeme, 4. Aufl., Gustav Fischer Verlag, 1993.

同金融组织、金融活动和金融市场有着不同的、分化的功能,而效率来自于这些分化功能的紧密结合。① 金融监管环境也应该适应系统的需要和功能,而不是简单要求抑制或者无视系统的需要和功能以适应监管的需要。

影响公众资金安全,是一个较为抽象的概念,有直接和间接两个层面,其中"吸收公众存款"的民间金融主体是对公众资金安全产生直接影响最大的,故在明晰了民间金融监管的逻辑之后,我们试图以是否组织化、是否吸收存款(见下表)两个因素,对部分民间金融市场做一个分层和归类。

民间金融类型组织化分类表

是否组织化 是否吸收公众存款	组织化	非组织化
吸收公众存款	私人钱庄	企业集资
不吸收公众存款	合会 典当行 贷款公司	民间借贷(狭义) 企业连接借贷②

一、私人钱庄(地下钱庄)

按上表所示,私人钱庄是有组织化地吸收公众存款的民间金融形式。钱庄(亦称银号)在明代就有了一个大的发展,改革开放以来产生了新式钱庄。新式钱庄在浙江温州一带的兴起是商品经济发展的结果。当地个体经济发展雄踞全国第一,个体工商业对资金的要求猛增。一方面,原有的国家银行和信用社已经无法满足或不愿意向个体贷款;另一方面,先富裕起来的

---

① 参见〔法〕埃米尔·涂尔干:《社会分工论》,渠东译,生活·读书·新知三联书店出版社2000年版,第4—10页。

② 学者陈蓉提出一种"连接贷款(贸易信贷或商业信用)"的概念,即把商业关系和信贷关系相结合,在两个层面上交易双方的信息对称性较高,是一种非常有效的、重要的民间信用安排。如蒙牛乳业(集团)股份有限公司向养牛户提供贷款,养牛户以交奶形式还款。参见陈蓉:《"三农"可持续发展的融资拓展:民间金融的法制化与监管框架的构建》,法律出版社2010年版,第59—60页。类似的还有冯兴元、何广文、杜志雄等在《中国乡镇企业融资与内生民间金融组织制度创新研究》一书中提到的"贸易商放贷和商业信用""互联性信贷交易",这种方式在东南亚国家和其他发展中国家存在。参见冯兴元、何文广、杜志雄等:《中国乡镇企业融资与内生民间金融组织制度创新研究》,山西经济出版社2006年版,第45页。本课题列出此种分类方法仅作为参考,因其可以包含在民间借贷等概念之中,在此并不进行深入讨论。

人们在资金富余的情况下追求价值增值,不满足于较低的银行利率和低迷的股票市场,于是将目光投向了民间资金市场。而私人钱庄恰恰具有吸收存款、集中资金和发放贷款的双重功效,逐渐打开了新的融资渠道。随着经济的发展,这种地下状态的钱庄实际上已经被人们普遍接受,甚至可以说得到政府的默许成为既定的存在。这可以从最高人民法院 1991 年的司法解释《关于人民法院审理借贷案件的若干意见》中初见端倪,时任中国人民银行温州分行副行长的应健雄说:"总行三令五申要清理这个问题,考虑到方兴钱庄在当地的影响,如予以强制手段取缔,肯定会造成客户的损失而产生社会混乱。所以,要通过银行自身的改革来取缔它,减少震动。"①总的来说,当前我国私人钱庄较为隐蔽,但其分布较为普遍②,主要可分类两类:从事外汇买卖业务的私人钱庄③;涉嫌"非法集资""非法吸收公众存款"或"发放高利贷"的私人钱庄。后者属于本书的研究范畴,也是中央政府监管的重点。

中国人民银行曾于 2002 年 1 月发出了《关于取缔地下钱庄及打击高利贷行为的通知》(银发[2002]30 号),此《通知》特别提到,近年来在部分农村地区,民间信用活动活跃,高利贷现象突出,甚至出现了专门从事高利贷活动的私人钱庄。可见,中央政府认为,私人钱庄的风险不仅在于其非法的高利贷行为,而且在于其具有针对社会公众集资和贷款的功能(类似银行的职能)。事实上,在国家大规模打击非法集资之前,私人钱庄的"非法集资"功能表现十分突出,高利借贷功能比较弱;在民间"非法集资"被普遍打压之后,私人钱庄的高利借贷功能就凸现出来。④ 进言之,私人钱庄在发展中存在盲目贷款的倾向,相对于一般个体放贷人,私人钱庄虽然具有一定的专业知识判断,但缺乏存款保证金和抵押担保的制度管理,特别是缺乏对贷款坏账资产的有效处理,在盲目追求信贷规模的道德风险下,出现了很多破产、

---

① 参见《金融市场的"吃螃蟹者":首家私人钱庄的峥嵘岁月》,http://www.xinhuanet.com/chinanews/2008-08/22/content_14197563.htm,最后访问日期 2016 年 4 月 22 日。
② 1986 年颁布的《中华人民共和国银行管理暂行条例》开始明令禁止私人涉足金融业。
③ 根据国家外汇局信息,2004 年前 9 个月共摧毁地下钱庄及非法买卖外汇交易窝点 86 个,涉案金额达数十亿元人民币。
④ 国务院 1998 年 7 月发布了《非法金融机构和非法金融业务活动取缔办法》,此规定宣布了一系列机构属于非法金融机构。近年来,从事融资和高利贷借款的私人钱庄的功能已经逐渐被弱化。

倒闭及挪用储户资金的信用风险。

　　私人钱庄面临的最大问题是如何规范内部治理结构与操作规程，如何对其进行"合法化"，即如何处理正规金融机构与私人钱庄之间的关系，尤其是给予民间金融组织喘息的空间。从这个角度来说，若中央政府忽视事实存在的民间资金需求，只一味地强调正规金融在经济体系和宏观调控中的正统地位，或者以静态的、事前审核批准的方式来规制金融组织，那么每隔几年全国就需要进行一次大规模的非法民间金融组织清理运动。如1999年我国政府统一清理农村合作基金会、资金互助会、储金会等互助组织之后，一些地方原本运作良好的资金互助组织转入地下经营，实际上变成了"地下钱庄"。浙江温州有些地方还有农村合作基金会转入地下继续运作，而且运作情况良好。许多包括上述组织在内的资金互助组织在1999年被清理后，其资金清欠工作拖延时久。类似的还有2002年在黑龙江省肇东市宋站镇的"教工扶贫基金会"，它是经营高息揽存和放贷的私人钱庄。该基金会设在当地教育部门之下，贷款审批流程只需要教育部门负责人的认可。该钱庄在1997年国家政策宽松时尚属合法，此后则处于非法生存状态。①又如，2003年在河南省内黄县井店镇发现一个由民政部门批准的农村救灾扶贫互助基金会演变而来的私人钱庄。1998年政府开始清理各类互助金融组织之后，该互助基金会转由民间秘密经营。②

　　综上所述，私人钱庄既吸收公众的存款，具有大规模影响公众资金安全的信用风险，又具有组织化的形式，更容易受到政府的监控和管制，私人钱庄理应成为改革的切入点。不过，从我们收集到的材料来看，目前我国存在的私人钱庄的运作多数是高效率的，私人钱庄的经营者愿意遵守国家法律法规，但并不欢迎政府在该领域内施加新的准入许可制度，或者实施其他特别规制。虽然中央逐渐放松口风，温州等地也在默认私人钱庄的发展，并试图进行试点化的管理，但对于经营者来说，"挂牌"的成本较大，面临着失去"地下经济"某些优势的可能，而且要受到政府更多的自由限制，因此私人钱庄的"阳光化"本身就是一个比较大的难题：这实际也是一个两难的矛盾，私

---

① 参见王萌：《非法集资2500万——肇东市宋站镇"教工基金"的调查》，载《生活报》2003年3月2日。

② 参见王治国：《内黄地下钱庄调查》，载《大河报》2004年9月16日。

人钱庄要祛除自己存在的不良"黑色素",否则就是对金融秩序和社会秩序的潜在威胁;但即使"阳光化"成功,私人钱庄也会丧失其原先与正规金融竞争的优势,存在着生存危机。

二、合会组织(互助会等)

组织化的民间金融形式还有合会、典当行和贷款公司,但与私人钱庄不同的是,这三者看似并不吸收公众存款,不存在对公众金融安全的太大威胁。也正是如此,国家采取了相对宽容的态度。传统的合会作为各种标会、摇会、成会等金融互助会的统称,是会首和所有会员的一种共同储蓄活动,也是成员之间的一种轮番提供信贷的活动。作为一种特殊的组织形态,合会根植于我国传统乡土文化之中,有着久远的发展历史。李庚寅、曾林阳认为:"近代合会是一种存在于多个乡邻和亲友之间,建立在信用基础上,低成本而未得到法律法规认可的小规模互助性民间金融组织。"其基本特点是以血缘、地缘的人际网络为基础,以人际间相互信任为前提,以互助为基本使命,非基于法律,而是基于传统社会的习惯和风俗而存在。① 中国大陆部分地区和台湾地区的百姓现在仍然把它作为民间重要的理财工具,认为其具有赚取利息和筹措资金的双重作用。鉴于目前我国农村信用社的制度化改造已经逐步脱离非正式或民间金融组织的范畴,在一些学者看来,合会乃是现存的真正意义上的"草根性"信用合作社。其一般运作模式如图1所示②:

如图1所示,合会的名目很多,但都不外乎遵循一套简单规则:一个自然人作为会首,出于各种目的(生活需要、生产需求、投资理财等)组织起有限数量的人员,每人每期(按月、季度、半年、年度等)拿出约定数额的会钱,每期有一个人能得到集中在一起的全部当期会钱(包括其他成员支付的利息),并分期支付相应的利息。至于谁在哪一期收到会钱是要按照利率竞标(标会)、抽签或者其他方式(排会)来确定的。目前在我国,各种形式的合会

---

① 参见李庚寅、曾林阳:《民间金融组织——合会的变迁及其思考》,载《经济问题探索》2005年第2期。
② 参见刘西川:《贫困地区农户的信贷需求与信贷约束》,浙江大学出版社2008年版,第62页。

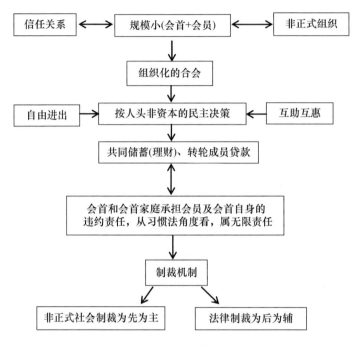

图 1 合会运作模式一览

广泛分布于浙江、福建、广东、海南等沿海省份,在其他地方如江苏、甘肃、河北等地也有发现。①

传统意义上的合会组织,其社会意义大于其经济意义,是一种国家救助之外的一定群体内部的自我救助和保险。这种局限于一定地缘和血缘范围内的合会建立在人际信用基础之上,设立的出发点也是解决群体内部个别人员的紧急用途或婚丧嫁娶,一般不涉足风险投资领域,现在仍然存在于南方一些村落、机关单位内部或其他组织机构之中。但改革开放之后,出于对大规模资金的需求,一些打着"合会"名义的集资组织出现,这些组织往往集中资金投资风险产业,组织规模不稳定,带有营利性、临时性,内部关系只是建立在投资之上,有所谓的"转轮"运作方法。这样的合会组织具有资本收益性的功能,很多可以在短时间内集中资金,谋取暴利。此类合会的资金的

---

① 参见王枫斌:《通州"标会"风暴刮跑 5 亿元》,载《经济论坛》2002 年第 11 期;何广文、冯兴元:《加快改革和创新农村金融体制的路径思考》,载《合作金融》2004 年第 4 期。

安全性和流动性较低,收益性则比较高。除此之外,由于其运行隐蔽,往往只有在出现"倒会"风波时才会引起社会广泛的关注,比如1986年浙江省乐清市"民间金融互助会"的倒会风波①,1987年福建省平潭县的"标会"风波②,2003年9月浙江省奉化市溪口镇"标会"倒会案件③,2004年福建省发生的民间"标会"崩盘事件④等,都令人深思。

  合会的边界是最模糊的,随之潜在风险也是最大的。原本局限于一定地缘和血缘范围内的合会,目前甚至扩大到地方商会的层面,具有组织化特征,却组织松散,没有外部审批或指导机构,内部也缺乏基本的内控管理,名义上虽不广泛从公众吸收存款,但资金规模巨大,资金用途上也并不局限于解决债权融资,而同时用于高风险项目的股权投资回报。特别是"转轮"的运作方法,通过地缘、人脉吸引大量的闲散资金,短时投向高风险回报项目,一旦出现问题,会引起连锁的社会不稳定事件。其中具有代表性的是一些地方曾经流行的一种抬会或者排会,这种合会采取一种金字塔形的融资结构,这种做法在美国被称为"庞氏骗局"(Ponzi Schemes)。庞氏骗局的简单做法是:会首承诺给第一个会员支付很高的利息。为了支付这些利息,会首就要从第二个会员那里收钱,并支付利息,为了支付第二个会员的钱,会首就要从其他人那里收钱。与此类似,第一个和第二个会员很快用他们各自从会中得到的收入与其他会员建立投资合同。⑤ 庞氏骗局源自于一个名叫查尔斯·庞兹(Charles Ponzi,1882—1949)的意大利籍美国人,其实质是将后一轮投资者的投资作为投资收益支付给前一轮的投资者,依此类推使卷入的人和资金越来越多。毕竟投资者和资金是有限的,当投资者和资金难

---

  ① 参见《集资的漩涡——1986、1988年乐清"抬会""平会"风波》,http://www.yqcn.com/system/2013/08/21/011363604.shtml,最后访问日期2015年10月12日。
  ② 平潭县联合调查组:《关于平潭县民间"标会"的调查报告》,载《福建金融》1987年第4期。
  ③ 朱国栋:《民间投资联盟兴起》,载《瞭望东方周刊》2005年第3期。
  ④ 项开来:《民间互助资金流入赌场十亿元的资金链条断裂》,载《北京青年报》2004年7月5日。
  ⑤ 王晓毅、蔡欣怡、李人庆:《农村工业化与民间金融:温州的经验》,山西经济出版社2004年版,第43页。

以为继时,庞氏骗局必然骤然崩溃。① 1985年浙江省乐清市的"民间金融互助会"的倒会案件就是典型的庞氏骗局,抬会的发展依赖于不断发展新成员,最终必然会发生资金周转失灵的问题。

庞氏骗局这类金字塔形的合会结构无疑扩大了合会的影响范围,增加了监管追查的难度,危及到投资信心和金融稳定,如美国2009年的麦道夫诈骗案②和中国2009年的吴英案③。经过改革开放的洗礼,新经济背景下我国的合会组织已经发生了变化:首先,合会的规模扩大、数目增多,已经超越了熟人社会的边界,从而会因信息不对称发生欺诈现象;其次,参加合会的目的发生异化,已经从解决生活消费需要、生产需求演变为获得暴利,会首更乐于套取资金、挥霍会款;最后,还款机制异化,更多倾向于"以会养会",如吴英案中所体现的在资金不足的情形下,仍然以高额利息为诱饵继续骗取更多的融资维持资金链的延续。④ 类似的合会规模过大,必然会滋生越来越多的败德行为和逆向选择行为,导致严重金融风险。

即便如此,最新的一系列对于标会的研究表明,标会将自有竞标过程与程序、竞争性利率决定、自愿性合作、大众参与、信任等因素实现了有机结合,是一种有效率的、活力与竞争力并存的民间金融互助组织形式。⑤ 此外,

---

① 1917年,查尔斯·庞兹(Charles Ponzi)策划了一个阴谋:在波士顿开设了一家所谓的"证券交易公司",向外界宣称该公司将从西班牙购入法、德两国的国际回邮优待券,加上一定的利润转手以美元卖给美国邮政局,以此赚取美元与战后货币严重贬值的法、德两国货币的"价差"。事实上这个计划根本赚不到钱。狡猾的庞兹把新投资者的钱作为快速盈利付给最初投资的人,以诱使更多的人上当。由于获得了难以置信的赢利,这一"消息"大范围地扩散开去,庞兹成功地在几个月内吸引了数万名投资者。后来当波士顿媒体的报道造成新投资者对公司的质疑和观望,使公司没有新的资金来源去支付先期投资者的利息时,庞兹破产了,并被判处5年有期徒刑。后人称之为"庞氏骗局"。

② 伯纳德·麦道夫(Bernard Madoff,1938年4月29日—),美国著名金融界经纪人,前纳斯达克主席,他花费了长达20年的时间精心设计了美国有史以来最大的诈骗案,2009年6月29日被纽约联邦法院判处150年有期徒刑。

③ 徐凯、鄢建彪、张有义:《吴英案背后民间极火爆却又致命的集资》,http://news.qq.com/a/20120302/001308.htm,最后访问日期2016年2月12日。

④ 吴英案中一审法院认为:"关于被告人吴英主观上是否具有非法占有他人财物的故意,即其行为是否构成犯罪的问题……虽然被告人吴英一再辩称,其主观上无非法占有的目的,想通过将公司做强做大后上市,再将借款归还。但根据其供述及其私刻假银行印章在承诺书上盖章等行为,足以证实,其系用汇票证明自身有经济实力,以应付他人催讨,拖延时间,继续骗取借款及意图从银行'融资',以后债归还前债的方法维持资金链的延续。"此为本案中法院认定吴英具有集资诈骗罪主观恶意的重要因素。参见浙江省金华市中院刑事判决书(2009)浙金刑二初字第1号。

⑤ 胡必亮:《村庄信任与标会》,载《经济研究》2004年第10期。

民间金融具有以关系型信用为基础的特点,这种关系型信用较好地利用了农户之间的社会信息资源,使非正式金融具有一套内在的、"天然"的保护机制,农户一般能够自觉地履行还款义务。而且,这种互助组织的关系型信用和草根特征促成了实践中还款义务履行的多元化,如融进资金的农户可以在未来通过为对方提供劳动帮工的形式履行还款义务。① 进言之,既然对合会事前的规制会削弱其优势,对其正规化的努力会彻底打碎合会的群众基础,重蹈农村信用社的覆辙,那么如何规制就是一个事后的难题。事实上,大规模合会倒会发生之前存在很多征兆,可以采用对策及时化解,把风险控制到最低程度。

三、典当行(当铺)

典当行的具体名称不一,有的叫做当铺、寄卖行、商行等。典当行曾在我国传统民间金融中扮演过重要角色,与钱庄、票号并列为中国传统金融的三大支柱。进言之,典当是指当人将其拥有所有权的物品作为质押,从当铺取得一定的当金,并在一定时期内连本带息赎回原物的一种融资行为。因此,典当行是专门发放质押贷款的非正式边缘性金融机构,是以货币借贷为主和商品销售为辅的市场中介组织。在我国新时期市场经济的环境下,典当业再次复兴,它对于农村企业和农户应付小额融资、周转资金能发挥重要的作用。在李新月主持的一项调研中,他发现当地居民选择典当行大多是因为银行信贷门槛高,向其融资有一定困难,而且典当行质押品的范围非常广,手续费低,办理灵活方便。② 典当行的业务等同于发放质押贷款,它在理论和实践上都应属于金融机构,但根据我国现行法律规定属于商业机构,由商务部门管理。

除了受到商品经济的影响之外,典当业复兴的独特之处是其超越了普通民间金融对于乡情、亲情、血缘和地缘关系的过度依赖,通过实物的抵押贷款改变传统信用模式,也更能适应中小企业的需求。与其他众多民间金融相比较,典当业安全系数大,社会震荡小,且较少干扰国家产业政策。因

---

① 叶敬忠、朱炎洁、杨洪萍:《社会学视角的农户金融需求与农村金融供给》,载《中国农村经济》2004 年第 8 期。
② 李新月:《典当行正向您走来》,载《市场报》2001 年 11 月 5 日。

为有抵押品的存在且抵押品的价值一般高于贷款本息额,即使借款人将来出现经营风险,典当业主的风险也较小;由于典当是将风险预先评估,借款人也能更加理性地进行选择。

目前我国典当业存在的最大问题是上位法律的缺失和监管部门的混乱,2007年正式颁布的《物权法》删去了典权的相关内容,实践中更多适用《担保法》或参照抵押权、质权的操作。对于典当行的规范管理,无须办理中国人民银行的"经营金融许可证",而是交由地方商务部门管理。也正因为此,很多典当行打"擦边球",超越经营范围而成为私人钱庄,或以超越法律所许可的利率发放质押贷款,缺乏有效监管。据对龙港、乐清两家典当行的侧面调查,仅靠资本金经营一般难以获利,实际上存在以股金名义变相吸收存款的现象。① 据报道,温州一些房产商在当前宏观调控形势下,为了解决资金短缺问题,以高于当地银行利率五六倍的利息,将土地使用权或房产抵押给典当行来融资。② 目前,典当行的市场准入仍然控制较严,绝大多数典当行的规模较小,许多地方的当铺数量仍然有限。自1996年4月,中国人民银行发布《典当行管理暂行办法》,并据此对典当行进行了清理整顿后,全国典当行由3000多家减少到1000多家,这使得典当行对于农户、农村企业、中小企业融资和金融秩序的正面和负面效应在多数地方不太明显。值得注意的是,目前一些地方的民间信贷组织开始改头换面进入典当行业,转而以准正式金融机构形象出现,比如广东省就存在这种情况。③

四、小额贷款公司

与传统民间融资形态略有区别,近几年随着国家放宽金融业政策,贷款公司或小额贷款公司逐渐出现。二者都是以有限责任公司(小额贷款公司可为股份有限公司)形态存在的非银行业金融机构,都是为了解决农村、偏远地区或小微型企业的融资问题而设置。实际上,这一规定是对各地方近几年金融实践的肯定,也是力图通过这一融资渠道的拓展在一定程度上

---

① 张震宇、钱敏、孙福国、程林光、陈明衡、王超:《温州民间信用情况调查》,http://ces.nankai.edu.cn/ziliao/jrnj2002/2002C/729.htm,最后访问日期2013年11月1日。
② 陈智峰:《民间放贷老板期待冲出"灰色",四大途径走进阳光》,载《亚太经济时报》2004年6月18日。
③ 同上。

规范民间金融市场,改变中小企业融资难和农村地区金融产品过于匮乏的局面。

小额贷款公司可以由自然人、企业法人或其他社会组织设立,但是不能吸收公众存款,其审批应向省级政府主管部门提出正式申请,经批准后到当地工商行政管理部门申请办理注册登记手续并领取营业执照。为了提高其资金实力,小额贷款公司目前能够吸收银行业金融机构的资金,短短几年,在政策引导和鼓励下,小额贷款公司已经在全国遍地开花,受到了民间和地方政府的双方热捧。

现阶段最大的障碍在于贷款公司的行政许可。小额贷款公司的设立许可,无全国人大立法和国务院的行政法规规定,按银监会规定的行政许可,是由省级政府主管部门实施的。但各地的省级政府、省级政府主管部门、省会市、国务院规定的较大的市、其他设区市甚至县级政府对此相继出台文件,审批权规定不一:或者是因为省级政府或其主管部门为减轻本级政府和主管部门审批、监管、风险处置压力,下放了审批权;或者是由省会市、国务院规定的较大的市甚至其他设区市争得了审批权,结果是,省会市,较大的市甚至设区市都可以实施这一行政许可。小额贷款公司虽尚处于试点阶段,但有的一个市就有十来家小额贷款公司。

我们不能期望面对如此巨大的融资诱惑和金融资源,地方政府会有余暇顾及全国的金融秩序和风险,但是现行的法律法规并未统一规定"谁来监管、如何监管、违法经营的处罚措施、风险如何处置等"问题。如果是按规制法人的思路,即承认并明确各种放贷人的法律地位,那么应符合什么条件才能成为放贷人(符合不同条件的放贷人可以具有不同的权限)需要制定统一的标准,应如何设定各种风险监管指标,是现实中需要考虑的问题。

五、特殊的改制模式——农村信用社

以农村金融为例,民间金融服务需求的满足需要大量储蓄和贷款支持,但随着国有正式金融机构日益商业化,贷款权限从基层上收,极大地压缩了农村金融资金的供给。实际上,从 1999 年农村合作基金会被国务院清理取缔后，农村信用社在农村信贷市场上就占据了准垄断地位。① 然而，农村信用社在近几年经历了从民办到"官办"的性质转变，因而其越来越无法发挥"草根"民间互助组织所独具的信息和绩效上的优势。进言之，一个理想的合作社需要成员支付股金，通过社员大会或者社员代表大会选举、批评和罢免理事会，实行民主选举、民主决策、民主管理、民主监督，行使权利，履行义务。理事会和监事会的权力来自其成员通过社员大会或者社员代表大会表达的同意，而且受制于其成员、社员大会或者社员代表大会。这种结构若要成功运作，要求社会之间存在较大程度的信任和信息对称。这可能也意味着一个基层社的人员、地域规模不能太大，股权不能过于分散。② 但是，理论上的治理模式在信用社的现实运营中无法推行：就如同许多国有或集体企业一样，农村信用社的股权过于分散，社员、社员大会或社员代表大会对理事会和管理人员的控制很弱，民主选举、民主决策、民主管理和民主监督流于形式。据相关调查，很多地区的信用社都存在"内部人控制"和"股金存款化"的问题。③

为了避免以上不合理、不合规的操作方式，防范信用社经营风险，政府干脆越俎代庖，渗透农村信用社的运作，如由地方金融局和地方党委联合决定信用社主任和联社理事长及主任的任职资格，从政审和资质上对信用社进行广泛干预。进言之，农村信用社的"官办"色彩日益严重，已经使其愈发脱离最初生长的土壤。2003 年，我国在 8 个省市开始了第一轮的农村信用社试点改革，除了改制为农村合作银行和农村商业银行试点之外，还进行以县市级为单位的统一法人试点。根据国务院《关于印发深化农村信用社改革试点方案的通知》（国发［2003］15 号），这些试点改革适用于一批条件成

---

① 钟笑寒、汤荔：《信息模型：农村金融机构收缩影响的有效解释》，载《中国金融家》2004 年第 5 期。

② 参见冯兴元、何广文、杜志雄等：《中国乡镇企业融资与内生民间金融组织制度创新研究》，山西经济出版社 2006 年版，第 119—120 页。

③ 中国社会科学院 B 类重大课题《乡镇企业融资与内生民间金融组织制度创新研究》课题组在一些县市的实地调研发现，许多股金实际上是农村信用社从贷款申请人的贷款额中按一定比例扣除而来的。有些地方为了吸引贷款人持有股金，非明文承诺每年支付最低股息，即实行"保息"或者"股金存款化"。参见冯兴元：《中国的乡镇企业融资与内生民间金融组织制度创新——研究结论与改革思路》，载《中国集体经济》2008 年第 22 期；周脉伏、嵇景涛：《农村信用社合作制规范的博弈分析》，载《中国农村经济》2004 年第 5 期。

熟的地区;其他地区,可在完善合作制的基础上,继续实行乡镇信用社、县(市)联社各为法人的体制。此外,可采取有效措施,通过降格、合并等手段,加大对高风险信用社兼并和重组的步伐。对少数严重资不抵债、机构设置在城区或城郊、支农服务需求较少的信用社,可考虑按照《金融机构撤销条例》予以撤销(如图2)。

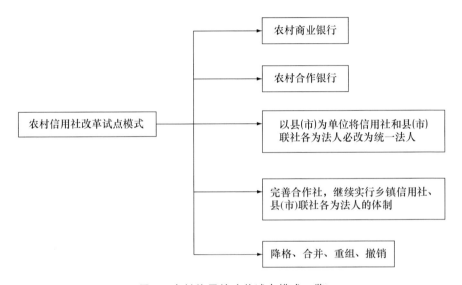

图2 农村信用社改革试点模式一览

2004年8月17日,国务院决定实行农村信用社改革扩大试点工作。这些试点的核心是强化政府对农村信用社的直接干预,扩大其在各地的垄断化势头,逐步排除民间互助组织所依托的"社员自制管理"的模式。这种组织制度的进化是外生的,是政府部门强加的。农村信用社对改制类型的自身选择空间非常小。鉴于社员/股东对农村信用社控制不足,"内部人控制"和"外部人控制"问题严重,这种农村信用社改革试点不可能代表社员/股东的需求,会存在严重的治理缺陷,从而倾向于导致整个金融机构运作的低效率。除了绩效因素之外,从局部知识的视角看,全国性商业银行和股份制商业银行由于是从上而下垂直控制其所有分支机构的,更多的是利用全局知识或者准全局知识来控制风险和决定放贷,其退出县域或者县域以下范围因而是可以理解的,其放贷权限的上收和仅对较大企业放贷也与其知识运用特点有关。较大企业的经营情况一般属于准全局知识或全局知识;即便是局部知识,银行也要在审贷过程中花费成本获得这方面的知识。反之,农村信用社的基层社一般设在乡镇一级,在一些村里还有代办点或者代办员。农村信用社在运用分散在当地的局部知识方面有着巨大的优势。但是,农村信用社的准垄断地位和所有权主体缺位问题可能导致其缺乏贴近农村中小企业,尤其是小型和微型企业以发现利用局部知识、提供更好的金融服务的激励。[①]

第二节 民间金融实践目前存在的风险和问题

在民间金融中,狭义的民间借贷、集资、贸易商放款和商业信用等都属于组织化程度较低的形态,而原生传统的私人钱庄、合会、典当行等具有较成熟的组织形态,组织化程度最高的当属小额贷款公司、民间借贷中介公司、农村内生却已被政府监管的资金合作组织(农村信用社),以及其他创新的民间担保机构。进言之,本书这一章节主要探讨的是民间金融中民间互助组织的发展现状和法律规制,它们实际上都属于非正规金融中组织化程度较高的形态,因而较其他民间金融有特殊的风险和规制难点。

首先,这些民间金融互助组织是历史沿袭的产物,体现了较大程度的历史合理性,满足了中小企业和农村农户的金融服务需求,保证了较低的实际违约率。但是,这类民间互助组织适合于熟人社会,依托社会网络关系、信任机制、信誉机制和社会排斥之类的非正式制裁机制,它们是嵌入到社会网络之中的。[②] 因而,民间互助组织的发展会受到社会条件、社会网络、社会规则的制约,会因为熟人社会的瓦解而不平稳。进言之,在现今的匿名社会,存在通过建立重复交易或者第三方的信用信息和信用增强服务建立非匿名关系的倾向,即再嵌入(re-embeddedness)情况,上市非正式机制仍然适用于这些再嵌入的企业行为,但是无论是这些再嵌入的企业行为还是去嵌入

[①] 陈蓉:《"三农"可持续发展的融资拓展:民间金融的法制化与监督框架的构建》,法律出版社2010年版,第74—76页。

[②] Mark Granovetter,"Economic Action and Social Structure: The Problem of Embeddedness",91(3) *American Journal of Sociology* 481 (1985).

(dis-embeddedness)的企业行为,其运作缺乏自我实施机制,因而需要依靠外部规则和第三方实施机制。随着我国各地总体人口流动程度和交换程度的日趋提高,适用于熟人关系的非正式机制的运作需要强有力的法治支持。因此,在新的社会背景下需要全国性政府、外地和本地政府以有效的法律实施为民间互助组织活动的继续有效运作保驾护航。这既包括以事后反欺诈、合同法为核心的普通民商事法律规范,也包括建立对于组织化程度较高的互助组织、资金合作组织的特殊监管(一旦建立,根据本书的定义,非正式金融就变成了正式金融)。

在这里举一个典型的案例。福建省福安市标会倒会案涉案人员在2004年12月14日被判刑,既涉及"集资诈骗罪",又涉及"非法吸收公众存款罪"。在2002年3月至2004年4月期间,其中一个"会头"王铃华以"民间互助会"为名,利用高息诱饵在福安城区内先后向雷某等191名"会脚"收取"会款"3599613元。除已经返还"会脚"林某等48人599936元之外,余款2999677元均被王铃华非法占为己有,其中部分款项用于购置房产、健身美容器械和高档化妆品等。此外,王铃华又参与了另一"会头"肖秋华组织的标会5场,并以高息"揽储"。法院认为被告人王铃华使用诈骗方法非法集资3566017元,挥霍集资款拒不返还,其行为已构成集资诈骗罪。另有三人被法院以非法吸收公众存款罪分别判处有期徒刑。这三人利用"经济互助会"开始组织多个标会,并且吸收不特定群众为会员,吸收公众存款,后造成巨额损失。福安市法院认定,上述三个被告人严重扰乱了"金融管理秩序",其行为已构成了"非法吸收公众存款罪"。[①] 这是一场非常典型的倒会风波,其反映了以民间互助性组织为代表的民间金融的发展所面临的法治困境。出于对类似倒会风波的金融风险的担忧,许多学者、央行官员、政府官员和媒体都曾对组织类的民间金融活动采取全盘否定态度。进言之,至少在2012年由温州民间借贷跑路事件引发的社会对于民间金融的集中关注之前,中央和地方政府没有明确承认任何民间金融互助组织的合法性,甚至在特定时期采取打压政策。典型的观点如中国人民银行金融稳定局谢平局长所说,农村民间信贷行为作为一种自然金融合约安排,是不可能消灭的;然

---

① 方萍、张宏、陈鑫:《非法吸收并挥霍公众存款 福安民间标会四名"会头"受严惩》,http://old.chinacourt.org/public/detail.php?id=143554,最后访问日期2016年2月12日。

而,它的某种自发行为对正式的金融安排有"破坏性"。① 不过,从 2004 年到 2012 年的中央一号文件都提出,鼓励有条件的地方,在严格监管、有效防范金融风险的前提下,通过吸收社会资本和外资,积极兴办直接为"三农"服务的多种所有制的金融组织。② 有关部门要抓紧制定农村新办多种所有制金融机构的准入条件和监管办法,在有效防范金融风险的前提下,逐步开展试点工作。

综上所述,在中央政府摇摆不定的政策背后,透露出的是对于非正规金融的规制失灵,尤其是对于民间互助组织发展所产生的系列风险束手无策。正如福安标会倒会案体现的那样,在金融互助组织和资金合作组织发展的萌芽阶段,它们的影响范围还局限于熟人社会,地方政府和司法部门应该以最基本的反欺诈和合同法规范为依据,保障意思自治,适用多元化、本土的纠纷解决和制裁机制,促进非正规金融发挥积极作用;反之,对于本案这类发展规模已经超越熟人社会,以获取资本收益为主要目标,组织影响涉及不特定公众,或者有投机、欺诈倾向的民间金融组织,则需要地方政府的特别监管。

此外,无论是普通民商事法律规范还是针对非正规金融的特殊监管措施,政府都是以外部规则影响原生的内部规则,二者关系的协调与否决定了民间互助组织能否发挥效率。如果由于法律本身或者法律实施机制的不当介入而导致非正式金融组织活动的有效性无法得到事中或事后维护,那么政府的干预必然是弊大于利的。比如,我国民间金融的习惯法系统内,民间金融债务的时效是永久性的,债务人及其家人承担无限责任。但是,作为外部规则的民法则认定诉讼时效有一定年限(两年)。我国的民法最初来自于习惯法和其他法院,但是对之部分继承,部分做了修正。前者和后者之间有时甚至形成了严重的对立关系。如果一概以法律规范为准,那么法律变可能成为背信弃义者的庇护伞,民间互助组织赖以生存的内部规则将被瓦解,更何谈发挥其金融效率的正向作用。进言之,法律规范的不当干预对非正

---

① 《中国人民银行谢平说标会 民间信贷不可能消灭》,http://finance.sina.com.cn/g/20040709/0405859546.shtml,最后访问日期 2015 年 10 月 21 日。

② 参见《2004 年以来中央一号文件》,http://business.sohu.com/20120202/n333462372.shtml,最后访问日期 2015 年 10 月 24 日。

规金融组织和内生正式金融组织的发展都起到负面作用：一方面，在金融抑制的政策大背景下，民间互助组织的创新稍有不慎就会被等同于非法活动而被取缔，非正式金融的发展和创新空间受到严重压制，虽然政府也承认它们在乡镇企业、中小企业融资中发挥了重要的、建设性的作用；另一方面，像农村信用社这一类准正式金融组织，其发展过程受到了过多外生的、行政化干预，造成所有者主体缺位，缺乏利益控制和经济激励。长期缺乏市场化环境，将不利于此类金融组织在治理结构和经营效率上的改进。

第三节 民间金融监管改进的可能对策

无论是民间金融还是官方、半官方金融，其供给都需要面向需求，其作用和效率首先视其在何等程度上反映偏好和满足需求而定。因此，对民间金融互助组织的改造对策应该是以实现其理论上的、本土性的优势，避免或减少其劣势与潜存的风险为依据，即实现其基于人缘、地缘、血缘和业缘等关系产生的信息优势，降低借贷成本，节约审查手续，降低借贷风险，扩大中小企业融资渠道；同时，考虑到当熟人社会走向半熟人和匿名社会时，民间金融互助组织松散的、非正式的运行和管理机制，以及征信系统需要正式化、在一定程度上合法化，其中非常重要的是非正式制裁机制需要逐步纳入法律控制的框架。当然，为了继续发挥民间金融互助组织的"草根"优势，政府需要为自己划定一个干预和规制的界限，改变滞后的金融抑制政策，令民间金融在合适的土壤有成长和创新空间。最终，我们需要建立一个机构多元化的竞争性金融体系和金融秩序，打破垄断格局。竞争能够带来效率，促进金融创新，扩大金融服务供给，促使金融机构按照服务产品的成本和风险实行风险定价。

一、差别化监管措施

无论中央还是地方政府都应该改变对民间非正式金融组织的歧视态度和观念，把农村非正式金融视为与正式金融和准正式金融同等重要的金融领域，把正式金融、非正式金融和准正式金融并列看作金融市场、金融秩序和金融系统的组成部分,建立一个较为宽松的法律框架和政策环境,相应减少《刑法》中"扰乱金融管理秩序罪"的适用范围;应该重新梳理20世纪90年代中期以来形成的许多行政规章,取消行政主导的做法,建立法治至上的理念,同等尊重正式法律规范和非正式金融的习惯法因素。固然,非正式金融本身存在一些局限性,而且有些形式的民间金融可能造成非常负面的社会后果。① 农村社区越是朝着匿名社会和流动性社会过渡,非正式金融的风险就会越大,越是需要民间内生非正式规则和正式规则相协调。对于一些可能带来负面社会后果的民间金融形式,需要采取分别对待的办法。具体而言,对于信贷服务,业务覆盖面的大小与以下因素相关:如果只为内部成员服务,业务覆盖面就小,比如狭义的民间借贷、单个合会和其他原始的民间内生的资金合作组织;反之,如果服务对象没有成员身份限制,那么组织程度越大,业务覆盖面倾向于越大,典型的如私人钱庄、典当行和其他发展的规模较大、较健全的民间内生金融组织(参考农村信用社的发展)。

对于第一类互助组织,它们当前绝大多数是以信任和声誉为基础,注重人缘、地缘和血缘关系,倚重社会排斥和债务追偿等非正式机制,因而安全性比较大,违约率比较低。民间非正式金融组织和活动的风险低于正式金融,即便出现金融风险,也是局部风险。而且,长期来看,民间非正式金融组织和活动的经营风险趋于降低,民间金融组织的众多参与者始终处于一个学习过程中,其防范风险的意识在增强。如前述福建省福安市于20世纪90年代初发生的大规模倒会事件,参加过当时标会的民众,多数没有涉足这之后其他的标会活动。因此,应该允许并培育这一类合作金融组织的发展,促进其向内生型、基层小型化、决策自主的方向发展。正如荷兰和德国的合作银行、美国的社区银行的成功案例,此类互助组织的地域和人员规模都不能

---

① 如一些学者所言,各地的民间非正式金融活动大多在金融管理当局监管之外进行,它不可避免地会产生"扰乱"当地金融秩序甚至引发地区金融危机的不良后果。参见江曙霞:《中国"地下金融"》,福建人民出版社2001年版,第102页。实际上,这样的观点是先入为主的误解,正式金融同样存在流动性、安全性和收益性的巨大问题和隐患。正如周小川曾撰文,如果按照严格的贷款分类,在亚洲金融风暴之后的两三年内,经政府改造后的农村信用社总体不良资产比例最高曾经达到50%左右。农村信用社作为一个整体,其净值是一个严重的负数,这个负值是过去农村信用社账面资本金的两三倍。参见周小川:《关于农村金融改革的几点思路》,载《经济学动态》2004年第8期。

过大,否则就会产生匿名社会信息不对称的问题,无法把握金融服务的运作和经理层的工作,破坏合作社的内部监督治理机制和制裁机制。①

对于第二类互助组织,它们具有人员和地域规模大、面向不特定群体的特征,如改造后的农村信用社、私人钱庄和典当行等。此类互助组织的未来改革方向较为复杂,涉及如何处理非正规金融"阳光化""正规化"监管的问题,将在本书第六章中具体展开。这里需要强调的是即使互助组织要走向正规化监管,地方政府也要避免干预过度,防止造成所有权缺位,效率低下。可以考虑的一个路径是通过核准制开放新的正式商业金融机构的市场准入,设置一定规模的最低资本要求,之后让市场来选择地域性信贷机构,而不是事先将创新扼杀在摇篮里。

二、改制民办银行

本书的基本判断是,民间互助组织或非正规金融并不是我国历史发展特定阶段的产物,它们将会伴随中国经济社会发展的全程。既然如此,将两类互助组织都逐步纳入到特殊监管中可能是一个趋势。因而,一些学者主张制定《民间金融法》或《放贷人条例》等法律法规,建立以市场准入为依托,以登记制为核心,事前预防、事后行为监督的一体化金融市场规范体系,削弱其政策风险。不过,基于监管的视角,一个更具有可操作性的进路,则是改革现有正式金融体系,促进现有民间金融的演进来实现对其的治理,特别是对"组织化"和"吸收公众存款"的主体,即在维持现有监管框架不变的情况下,鼓励和引导民间资本进入到银行业中予以规范。② 在具体分析规范路径之前,一个需要达成的基本共识,是利率市场化改革。③ 就民间金融而言,其之所以在这一时期突飞猛进、备受关注,其中一个重要原因就是在上一轮为控制通胀的紧缩过程中,央行不断地提高存款准备金率却有限度的加息,

---

① 这一方面可以借鉴台湾地区"农会信用部"的做法,即信用部只对本会会员授受信用业务,吸收非会员存款必须符合规定,不得发放非社员贷款;多以乡镇为主设立,规模小,具有很强的区域性和业务经营上的季节性,从而,社区储蓄也将主要留在本社区,用于本社区的农村企业和农户借贷。参见马忠富:《中国农村合作金融发展研究》,中国金融出版社2001年版,第53—60页。
② 参见余峰:《民间金融市场的监管逻辑及规范路径》,载《金融法苑》2012年第2期。
③ 有关其立论和研究已有很多,切入点各不相同。具体参见邵伏军:《利率市场化改革的风险分析》,载《金融研究》2004年第6期;王国松:《中国的利率管制与利率市场化》,载《经济研究》2001年第6期。

导致流动性趋紧而实际利率却是负的，结果把大量资金从正规金融体系赶到了非正规金融体系之中。因此，当务之急是赶紧推进利率市场化，否则即使降低民间资本入股银行的门槛，也无法从根本上解决问题。所以，鼓励和引导民间资本进入银行业，除了打破国有金融垄断，让民间资本分享利润外，一个需要关注的问题在于：伴随着利率市场化的推进，而不同时加强各类金融机构的财务约束，有可能会出现金融机构高息揽存、恶意竞争的现象，酝酿更大的风险。因此，在放开金融管制，利率逐步市场化的同时，更需要加强金融监管，将各类金融机构统一放入银行业加以规范。

民间资本进入银行业有两种路径，一种是从组织形式上直接改制成民办银行；另一种是个人或民营企业通过入股的形式参与村镇银行或社区银行的发起设立或增资扩股。就组织化形式的私人钱庄和小额贷款公司而言，一个可行的方案是按规定改制设立为村镇银行或社区银行，以符合资本充足率、存款准备金率和各项监管指标、工具的要求，强化资本约束机制，从而具备更高的资本吸收损失能力和更完善的流动性管理能力。对于较为复杂的合会组织，理论上，可参考台湾地区的做法，对民事法律所未规定者，依习惯，无习惯者，依法律。对于与地下经济金融相融合，异化为非法集资、金融诈骗类的合会则应坚决予以取缔；而对于一些组织较为完善，运作相对规范，资本实力较强的合会组织应加以引导，使其从"地下"走到"地上"，向规范化、组织化的小额信贷组织或民营中小银行发展，逐步纳入到国家金融监管当局的监管视野内，以避免其不规范而诱发的金融风险。而就典当业而言，则需要更多纳入到金融监管体制中来，与商务、税务部门等联合监管（典当业也存在一定非法避税、扭曲价格转移资产的违法行为），同时严格规范超越经营范围的行为，坚持通过实物的质押贷款方式，可以在一定程度上扩充其资金实力，即吸收银行业金融机构的资金，但严格控制其向公众吸收存款，避免影响公众资金安全。值得注意的是，当民间金融组织改制成为民办银行后，它们的比较优势和生存空间会受到压制，就如私人钱庄祛除自己存在的不良"黑色素"被"招安"后，也会丧失原先与正规金融竞争的优势。可行的方案是在改制后，仍给予此类民办银行更多的制度倾斜，特别是在灵活性和相对较高的风险承担性上。例如，中国银监会新近推出的"四单原则"（单列信贷计划、单独配置人力和财务资源、单独客户评定与信贷评审、单独会计核算),便可加大专营机构管理和资源配置力度,支持作为小型微型企业金融服务专业社区行或村镇分行的发展,充分发挥专业化经营优势。如果一味地只知道出台《民间金融法》,大量的民间资本可直接进入民间金融或借贷资金市场,金融行业短时间的高回报和相对较低的成本和风险(与实体经济相比较)会更加削弱中小民营企业创新和生产方式转变的动力,也不利于虚拟经济回归、服务实体经济的大方向。

三、地域性差别管理

任何一个看似简单的问题在中国都会变成一个复杂的问题。考虑到我国各地经济发展水平的差异和民间金融发展的现实因素,民间金融中的制度创新模式还应当坚持多元化的原则,结合我国区域经济发展和农村地区民间金融的发展水平来区别对待。[①] 具体而言,在经济发达地区可以考虑将民间金融逐步过渡到正规金融,将民间资本引入银行业,鼓励资本投入实业、服务实体经济。在浙江、福建等一些发达省份,民间金融的融资范围会逐步扩大且交易成本优势也在不断削弱,其信息成本和合约执行费用却会随之增加。同时,这些省份的民间金融互助组织的组织化程度较高,具有较好的利益驱动性和防止损失性,在经营中关注资金的偿还性、流动性、安全性和盈利性,已经基本具备了正规金融对资金定价与风险管理的经验,民间金融与正规金融之间的激烈竞争使得其与存款人和贷款人之间的利率更加接近于资金的真实成本和供求状况,也有动力引入更新的服务手段防范风险,固化服务对象和拓展服务。因此,经济发达省份的组织化民间金融已经具备了正规金融的主要特征,应主要采取改造方式,即按照一定的设立标准,鼓励符合条件的组织化程度较高的民间金融组织以行政区划或者经济区划为单位通过市场化改组为适合本地经济发展的中小型民营性质的社区型金融机构(如浙江省的银座信用社、泰隆信用社等城市信用社就是由钱庄发展而来的),远期可改造为社区银行。

反之,在经济欠发达地区或农村地区,由于商品经济不发达,竞争性的商业化金融的制度安排依然无法满足以小农经济为前提的农户融资需求,

---

① 何婧:《民间金融的规范与发展:基于二元化经济结构的视角》,载《海南金融》2006年第9期。

而民间金融试点的农村信用社改造为农村银行后也因为"一枝独秀"而加剧了融资瓶颈。因此,现阶段不适合将原有的民间互助组织改造为正规金融或其他银行形式,这样的制度安排是无效的。[①] 那些在农村中存在的、带有明显互助合作性质的、内生的合会、企业连接借贷等低级形式会继续保留下来。如2007年李锐、李超的调查结果表明,经济欠发达地区的农户私人借贷民间金融形式的比重高达93.12%;即使是在我国农村经济比较发达的温州地区,伴随着经济快速发展带来的生产费用大幅度降低,民间金融的交易成本优势仍然存在,在相当长的时间内仍然具有其生存的土壤。[②] 因此,若不顾这些地区的经济发展现实,过快推行民间金融的正规化,可能使正规化后的借贷机构因交易费用的增加而不具备可持续性,从"草根金融"变成了"盆景金融"。相反,在区分合法与非法的基础上,对大部分民间金融形式合法化,减少其不确定性,有利于降低其交易费用,并引导其从低级形式向高级形式逐步演变,反而有利于促进农村金融市场和农村经济的发展。

四、民间担保安排

无论是在目前的规制现状下,还是将来改制民间互助组织到银行业,除以上三大改革的策略之外,民间担保安排也是辅助信贷安全的重要一环。目前我国担保业存在三类担保机构:信用担保机构、互助担保机构和商业担保机构。其中,信用担保机构主要是政府参与组建的担保机构,这一部分占到全部担保机构的90%;它们主要是由地方政府同银行等部门共同组建,担保资金主要是地方政府预算拨款。互助担保机构是中小企业为缓解自身贷款难而自发组建的担保机构,它以自我出资、自我服务、独立法人、自担风险、不以盈利为主要目的为特征;此类占全部担保机构的5%左右。另外一类商业担保机构一般以企业、社会个人为出资力量,以独立法人、商业化运作、以盈利为目的和同时兼营投资等其他商业业务为特征,占全部担保机构的5%左右。

[①] 根据诺斯的制度变迁理论,制度的产生需具备一定的条件。只有当专业化程度发展到一定阶段,生产费用的降低大于交易费用的增加时,制度的安排才是有效的。参见[美]道格拉斯·C.诺斯:《制度、制度变迁与经济绩效》,杭行译,格致出版社2008年版,第53页。

[②] 李超、李锐:《农户借贷行为和偏好的计量分析》,载《中国农村经济》2007年第8期。

许多地方的民营企业目前相互合作,设立了民间担保机构,尤其是互助性担保组织。在上海,这些互助性担保机构包括小企业之间自主组建的会员制互助担保机构、行业协会牵头组建的互助担保机构和政府相关部门与其他出资人共同出资设立的、社会资金占资金总额30%以上的担保机构。[①] 如上所述,这些担保机构的资金来源主要有两种:一是以民间资本为主的社会互助性担保机构,由企业以会员制形式组建,通过会员缴纳风险贷款保证金,进行会员之间的互助担保,缓解资金短缺的困难。二是由区财政出资和会员缴纳保证金一块组建的区(县)担保中心;此类采用会员制,即符合条件的会员企业缴纳一定数额的担保保证金,按保证金比例获贷款担保,以"存一贷三或存一贷五"的形式运作;这种由政府资金扶持、小企业共同参与的互助担保机构,由于有相当比例的社会资金参与,放大了担保规模,分解了担保风险,已成为当地小企业信用担保的重要补充。[②] 值得注意的是,在一些"公司+农户"运作中,一些企业与农户订立收购合同,为农户提供信贷担保,并按市场价格从农户处收购产品。这种担保安排对农户的借贷提供了信用增强,效果比较好。比如天津中芬乳业公司,它为奶农提供信贷担保,并按市场价格从农户处收购鲜奶[③];又如广东省惠东县九华农贸有限公司,为向其供应马铃薯原料的农户提供农村信用社小额贷款担保,这些小额贷款以等额的投入品(种薯、肥料、农药等)即实物方式提供给农户,到收获马铃薯之后,公司扣除与贷款本金等额的货款代农户还贷,并为农户承担利息负担,由此九华农贸有限公司间接地满足了其融资需求(如图3所示)[④]。这样的设计可以兼顾农户和公司的局部知识,有效解决了农村信用社和农户之间的信息不对称问题,实现了三者的共赢。其中,相比农户,农村信用社对于公司的资产状况更易了解,因而会允许该公司为农户提供贷款担保;公

[①] 上海小企业发展研究课题组:《服务与发展——2001年上海市小企业发展报告》,http://www.1128.org/node2/node219/userobjectlai25620.html,最后访问日期2013年12月1日。

[②] 比如当地金老板(化名)以往一直以"财务咨询公司"的名义从事民间借贷业务,现在的身份是一家东莞的民营担保公司的老板,目前该公司的坏账率只有3%。参见陈智峰:《民间放贷老板期待冲出"灰色",四大途径走进阳光》,载《亚太经济时报》2004年6月18日。

[③] 《贷款做担保,收奶签合同——"中芬带富百家农户"》,http://news.enorth.com.cn/system/2002/07/04/000365485.shtml,最后访问日期2015年7月4日。

[④] 参见陈蓉:《"三农"可持续发展的融资拓展:民间金融的法制化与监管框架的构建》,法律出版社2010年版,第19页。

司从农村信用社处取得贷款并掌控资金使用,向农户直接发放生产资料,为今后从农户手中收购农产品和从农户销售额中扣还贷款本金打下基础。

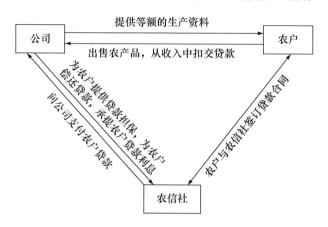

图3 "公司+农户"运作模式图

第六章 小微型金融机构创新与制度构建

由于信息不对称下信贷配给现象的存在,以传统正规银行系统来实现对于中小企业、小微企业以及三农问题的融资扶持事倍而功半,如何盘活民间资本实现金融制度的创新与扩张性发展,是一条需要深入挖掘的理论与实践路径。从制度供给的角度看,我国中小乃至小微型金融机构的构建在近年来逐步展开,小额贷款公司、村镇银行体制的制度性建立以及以"温州金改"为代表的区域性金融制度试点等均为非银行金融系统的制度建设提供了可行的思路。本章就将对以小额贷款公司为代表的非银行金融机构以及"温州金改"的政策进行分析,总结我国在非银行金融机构利用民间资本方面的制度逻辑和完善建议。

第一节 "温州金改"的制度逻辑与实践问题

2012年3月28日,国务院常务会议决定设立温州市金融综合改革试验区,批准实施《浙江省温州市金融综合改革试验区总体方案》(以下简称《总体方案》),从而拉动了温州金融制度综合改革试点利用民间资本的序幕。经浙江省第十二届人民代表大会常务委员会第六次会议审议通过的《温州市民间融资管理条例》(以下简称《管理条例》)奠定了本次改革的基础性法律框架与政策方向。根据该《管理条例》,"温州金改"主要设计了民间资金管理企业、民间融资信息服务企业以及民间融资公共服务机构三类主体作为改革的突破点,同时在业务内容上允许民间资金管理企业从事定向债券融资和定向资金两种募集融资方式。"温州金改"作为国务院实施金融制度改革的示范典型,承载了各界对于解决民间融资问题的广泛期待,"民间借贷阳光化""民间借贷合法化"等观点确实表述了公众对于改革的期望,但同时也反映了对于民间融资问题的认识错误。我们认为,以"温州金改"为代表的民间资本改革试点并没有突破法律制度的一般要求,只是通过规范模式的设定便利了民间资金的融通方式,优化了现有制度下可行的融资渠道,因此将其称为"民间融资便利化"可能更加合适。下文将根据"温州金改"的制度设计对改革设立的不同主体和融资模式进行分类分析。

根据在监管理论梳理部分对于融资模式的分析,间接融资与直接融资均存在结构性风险,对于存在结构性风险的交易模式必须施加特定的外部监管,而对于不存在结构性风险或风险相对可控范围内的交易模式,便可仅通过民事基本法律调整,无须特别监管与规制。"温州金改"实际上遵从了后一种思路,即未对现有特殊监管模式进行根本性突破,而是对不存在结构性风险的融资模式进行了整理,对其交易途径予以明确并提供尽可能的便利,突出对民间资金市场参与的鼓励态度。《管理条例》定性的三种融资模式与三类民间融资服务主体之间相辅相成,实际上提出了资金借贷、私募债和私募基金三种相对明确的融资模式,并对促进其发展提供了明确的制度指引。我们将针对这三类融资模式及其配套措施进行分析。

一、资金借贷模式及其配套制度

(一)借贷主体规定与企业间借贷

《管理条例》第三章所称的"民间借贷"便是狭义上的资金借贷行为,并且属于简单的基础借贷形式,并不存在金融中介的参与,因此属于民事基础法律制度的调整范围,本就合法,因此也不存在所谓的"民间借贷合法化"。《管理条例》第 12 条规定了两种借贷关系,第一种是"生产经营需要,自然人之间、自然人与非金融企业和其他组织之间进行借贷",第二种是"非金融企业之间进行临时调剂性借贷",前者属于简单借贷关系,而后者便是所谓的"企业间借贷"。企业间借贷在现行法律制度下仍然处于非法状态,其成因是一个复杂的问题,现行法律法规对企业借贷的限制源于1996年中国人民银行的《贷款通则》中的禁止性规定,最高人民法院也在《关于审理联营合同纠纷案件若干问题的解答》《关于企业相互借贷的合同出借方尚未取得约定利息人民法院应当如何裁决问题的解答》《关于对企业借贷合同借款方逾期不归还借款的应如何处理的批复》这三个文件中认为企业借贷合同违反有关金融法规,属于无效。这些时间较早的规定作为禁止企业间借贷的主要依据,长期导致企业间的借贷行为被认定为无效。但同时,由于社会需要的存在,企业间借贷广泛存在的事实是不能够不正视的,认定合同无效后如果不对当事人的权益进行相应的调整,便不能维护民事关系中的公平信用。在实践中,法院无论是否认定借贷合同无效,都倾向于在合理的利率范围内保护借贷合同的经济有效性,促成交易双方能够按照基本的诚实信用原则从事交易行为。在衡平利益的方式上,可以分为合同无效式和合同有效式两种:合同有效式往往引用最高人民法院在2013年全国民商事审判工作会议上传达的精神,认为如果企业并不是常业从事放贷,而又不违反其他金融管理制度,则企业之间的偶发性借贷合同可以认定为有效,同时在银行同期贷款利率四倍范围内予以保护;合同无效式是指认为借贷合同本身违反禁止性规定而无效,但是在合同无效的情况下,可以基于公平原则或者过错原则分配双方的责任,在返还借款本金的情况下,法院也可能会支持银行同期贷款利率四倍范围内的利息属于对贷款人合理的补偿。

  在本书第二章中我们已经分析到,企业间借贷虽然存在经济需求上的土壤,但是由于公司法人财产制的资金池结构以及公司吸收资金来源的天然公开性,导致其很容易变成变相的间接融资,放任企业突破规制的限制,在随意负债的同时从事企业间借贷,将可能导致审慎监管的范围界定失效。而在经济效益上,企业所得税的存在也将导致公司制企业从事常业放贷的成本过高。因此,普通企业常业从事放贷本身既无效率,又存在结构性风险,将其彻底合法化本身并没有经济与法理基础。根据最高人民法院传达的审判思路与精神,法院将保护非常业放贷行为一定的经济利益,这是基于民事行为中基本的经济公平原则和交易信用的维护,而不放任已经事实发生的经济关系完全归于无效,进而使借款者恶意获利。因此,企业间借贷行为部分合法化的范围仅限于非常业、临时性拆借,这能够将企业间借贷的结构性风险限制在较小的范围内。"温州金改"关于民间借贷的规定仍然符合这一司法政策,根据《温州市民间融资管理条例实施细则》(以下简称《实施细则》)第9条的规定,非金融企业之间临时调剂性借贷的借款期限不得超过3个月,其条件中既要求资金的属性是调剂性用途而不是投资收益用途,同时要求借款时间为3个月以内的临时拆借。因此,在目的用途与时间的双重限制下的非金融企业借贷的合法化并不代表企业间借贷的全面合法化。"温州金改"对企业间借贷的合法化范围予以明确,为司法保护的执行提供了相对统一的依据,客观上能够防止法院在保护借贷公平时执法强度的混乱。

上述司法裁判的原则和地区试点的创新反映了日常商业中的真实需要和金融规制原则的相互调和与妥协。企业在经营过程中在特定时间内将会掌握一定的空闲资金,而社会中需要融资的资金缺口也是客观存在的,如何在风险可控的范围内允许此种空闲资金得到有效利用呢?这仍然需要抓住资金的性质和用途。从资金的用途来看,企业的空闲资金之所以不能直接投入再生产或者进行其他投资,是因为该资金并不能直接投入长期项目以应对企业的其他经济需要。因此,对于企业对外借贷的限制最重要的是控制利用企业的法人实体形成资金池,将股东出资和其他介入债权转借给他人,从而形成公开集资—转贷出借的经营模式,将经营性企业转变为金融性企业。《最高人民法院关于审理民间借贷案件适用法律若干问题的规定》最终认可了企业借贷的合法性,也是与上述规制原则相符合。

(二)贷款登记管理制度

"温州金改"对于借贷行为的另一监管方式是特定贷款类型的登记制度,根据《管理条例》第14条的规定,单笔借款金额300万元以上的、借款余额1000万元以上的或者向30人以上特定对象借款的,借款人应当自合同签订之日起15日内,将合同副本报送地方金融管理部门或者其委托的民间融资公共服务机构备案。《管理条例》同时规定有关国家机关办理与民间借贷相关的案件时,应当依法将民间借贷备案材料视为证明力较高的证据和判断民间借贷合法性的重要依据,并且,金融机构应当将民间借贷当事人履行备案义务的情况作为重要信用信息予以采信;将按照合同约定履行还款义务的情况作为良好信用证明材料使用。

从备案内容与备案类型看,该项制度要求数额较高或者借贷对象较为复杂的资金借贷关系将具体的合同内容到管理部门登记备案,此种行为鼓励民间借贷行为的公开化、明确化,为金融管理部门监管此类容易出现风险、波及面较广的借贷行为提供一定的信息。民间借贷在司法裁判中多被认为是疑难案件,这主要是由于事实与证据认定、群体性集资两大问题。

首先是事实与证据问题,很多借贷类案件案情简单,但在争议焦点中往往存在借款性质和"高利"认定等问题,尤其是在民间借款关系的认定上仍存在事实认定与证据列举的基础性困难。这固然是由于民间借贷在程序与形式上的简单导致的证据缺失,但这种事实认定上的困难却很难以法律技术加以克服,可以说这是由借贷类案件固有的隐蔽性与非规范性所必然导致的。而在"高利"认定方面,看似简单的案情往往隐藏着复杂的背景关系,诉讼双方在事实陈述中往往均故意忽略借款关系可能涉及的高利贷、非法集资、赌资等非法行为,借贷关系中订立的字据、借条等也主动尽量回避实际的借贷内容以防止交易被法院认定为无效,从而导致在裁判中能够采信的证据常常并不充分,实务中大量存在各类伪装手段:(1)以多张借条掩盖利息,即将利益内容直接包装成另一笔借款;(2)在借款到期之后直接将利息和本金打包计入一张新的借条,掩盖原先的利息数额,导致前后多张借条可能包含有同一笔借款,造成数额认定困难;(3)"贴息"借款,在订立借款关系时直接将利息部分扣除,借出的金额小于借据记载的金额,或者直接在借据中将利息计入本金,隐藏较高的利息数额。这些较为隐蔽的手段均会对司法裁判的事实认定造成困难。

其次,一旦借贷类案件涉及群体性资金的聚集,就极有可能演变为非法吸收存款类集资转贷或者是非法集资类变相公开发行,形成事实上的间接融资、直接融资结构,从而产生结构性风险,这也是各类集资犯罪、群体性集资事件发生的典型模式,是打击广义上的"非法集资"行为的重点。因此,贷款登记制度能够帮助解决的问题包括:(1)为取证与事实认定困难的非规范私下借贷关系提供信息公证的机会,以固定本身极易出现争论的借贷条款与细节内容。(2)将数额较大或者借款对象较多的民间借贷纳入到监管部门的信息渠道中,提供进行提前预警与干预的机会。(3)防范高利贷行为,而《管理条例》将贷款登记的内容规定为国家机关可以采信的重要依据,无疑强化了登记的公示公信效果,将意思自治的契约行为通过登记手段上升为具有公共信用的认证形式,是建设社会整体信用体系的有效辅助手段。

但由于民间借贷行为长时间处于私下协商、意思自治的领域,参与者并没有进行登记的习惯,又由于民间借贷行为长期采用不规范的操作形式,并涉及企业借贷、高利贷、赌债等黑色、灰色领域,再加之媒体对于民间借贷非法性的不当宣传和渲染,可能导致参与者懒于、畏于参与借贷合同的登记。对此,《管理条例》提出"经依照本条例备案的民间借贷不得视为影响借款人信用等级的负面因素",可以看出规则制定者试图通过明确表明民间借贷行为绝不构成对当事人不利影响,以鼓励借贷双方尽可能地利用登记备案这一平台;但实际上此种鼓励措施仅仅是一种宣示性的解释,本身并不能为当事人提供经济上的激励与制度上的强制保障。民间借贷最为复杂且难以处理的部分便是在借贷目的或者利息水平上存在"灰色"成分的借款,而此类借款的参与者可能仍然会尽量避免进行信息的登记备案或者是其他任何公示公信行为。针对这一点,《管理条例》和《实施细则》规定了相应的鼓励措施和惩罚方式,其中《管理条例》第14条规定,"出借人有权督促借款人履行前两款规定的备案义务,也可以自愿履行",并且在借款并不属于必须登记范围时允许"借款人和出借人可以自愿报送备案",同时规定民间借贷的借款人不履行备案义务、书面报告义务或者提供虚假备案材料、报告材料时,经责令逾期不改正的,民间借贷的借款人为自然人的,可以处1万元以上5万元以下罚款;为企业、其他组织的,可以处3万元以上10万元以下罚款。但实际上无论是地方金融管理部门(在《实施细则》中明确指定为县级人民政府金融工作办公室)还是民间融资公共服务机构,均没有能力和精力来对事实发生的借贷关系进行有效查处,其只能依赖借款人和出借人自愿登记备案,处罚与强制登记的要求并不适应民间借贷的基本现实。因此,从经济效果上,备案登记制度并未做到激励相容,其出发点是为了解决民间借贷的非规范化、非公开化所带来的取证困境和管理困难,但却并未能提供解决信贷信息匮乏引起的监管困难这一根本问题的有效工具。换句话说,借贷登记是一种"防君子,不防小人"的制度手段,借贷目的非法、高利贷、非法集资等需要进行管制的民间借贷行为必然会逃避登记备案,致使此种监管模式的效率大打折扣。

(三) 借贷信息平台的建立与借贷关系 P2P 化

"温州金改"针对民间借贷行为的另一项制度设计是借贷信息平台的建立。无论是直接融资还是间接融资,其制度效果均是通过交易结构建立起简单借贷难以实现的融资渠道,从而集聚资金,促进产业发展。在传统的市场结构下,由于融资市场的信息不对称与信息缺乏,出借人、借款人都没有足够的信息来获知交易对象的存在,资金的供给与需求缺乏沟通与协商的渠道,出借人只有依赖银行等金融中介才能与资金剩余者建立联系,或者以公开市场发行的模式直接向不特定的公众进行宣传,从而在整个投资者公众群体里募集资金,但这将产生结构性风险。信息的成本作为一种市场摩擦阻碍了简单借贷在相对宽泛的时空条件下进行发展,而只能以社区信用、合作信用等特定信赖模式维持。因此,如果能够通过一定的途径削减资金需求方和资金供给方之间的信息不对称,促成双方在市场中的直接接触,并以简单借贷的形式融通资金,那么在不存在结构性风险的情况下,也一样能够实现资金的有效利用和顺利流转。

现代信息技术为减少信息成本、促进简单借贷提供了可能性。通过互联网,资金的需求和供给能够在更大的时空范围内传播,也能够实现信息的便捷登记和公示,因此,信息技术能为在借贷关系发生之前促成供需双方相互沟通,在信贷关系发生后实现信息备案和登记提供方便;并且,如果建立统一的信息处理平台,便可以在借贷关系成立之时同步完成借贷关系细节的记录,也同时在第三方实现信息的完整备案。根据证券业发展的历史经验,以交易平台吸引交易者的参与,能促进信息的集中和统一进而实现交易的繁荣,且强化价值发现的效应。对于借贷市场来说,如果关于资金的需求与供给的数量和价格能够在相对统一的平台实现一定程度的融合,那么经过平台撮合的贷款利率(资金的使用价格)便能够更有效地反映市场中的真实利率,促进利率市场化的深化变革,在源头上减少高利贷现象发生的可能性。这种通过信息平台直接联系借贷双方的交易方式,便是在互联网金融中实现的 P2P 模式,同时也是"温州金改"所欲建设的制度。温州此次改革,将信息平台的功能赋予给民间融资公共服务机构和民间融资信息服务企业,其中,民间融资公共服务机构可以接受地方金融管理部门委托从事收集、统计民间融资信息工作,而民间信息服务企业能够提供信贷服务中介、资金撮合的业务,这为借贷信息平台的构建提供了制度基础。

实际上,无论是民间融资公共服务机构还是民间资金信息服务机构,其能够实现的 P2P 贷款结构都是一致的。根据《管理条例》第 8 条的规定,"在温州市行政区域内设立的民间融资公共服务机构,可以从事民间融资见证、从业人员培训、理财咨询、权益转让服务等活动,并应当为公证处、担保公司、律师事务所、会计师事务所等民间融资配套服务机构入驻提供便利条件",也可以接受地方金融管理部门委托,从事:"(一)发布民间融资综合利率指数等相关信息;(二)收集、统计民间融资信息,对民间融资进行风险监测、评估;(三)建立民间融资信用档案,跟踪分析民间融资的资金使用和履约情况;(四)受理本条例规定的民间借贷备案;(五)地方金融管理部门委托的其他事项。"例如,在温州市鹿城区成立的温州民间借贷服务中心,是经市区两级政府批准,由鹿城区工商联牵头组建成立的一家企业化运作的有限公司,注册资金 600 万元,经营范围涉及信息登记、信息咨询、信息公布、融资对接服务等,主要为民间资金借贷交易双方提供登记服务。① 登录其运营的温州民间借贷服务网,可以看到,其主要提供的服务包括"我要借入""我要借出""我要备案"三个快捷选项,其中备案服务为借贷合同登记备案,而借入和借出登记便是信息集中和撮合的服务。在该网站提供的信息服务区,可以查询到出借人登记的借款意向,包括利率、期限、担保要求等内容,而借款人的借款意向也会进行公示,这样借贷双方在根据自身的需要进行查询之后,便能够选定试图交易的对象,进行一一对应的简单借贷关系。从借出信息的查询来看,借贷的数额从数万元上至数千万元,借贷双方以温州本地人为主,但同时也有全国各地的资金参与,涉及面较广。该网站同时对温州地区的民间 P2P 业务服务企业,也就是民间资金信息服务类企业的业务进行收集和整理,并按月对借出人、成交量等关键信息进行公示,备案累积贷款金额可达数亿元之多,可见即使是简单借贷也能够实现大量资金的流动和集中。

P2P 借贷服务是一种去中介化的过程,以新型信息技术以及交流手段

---

① 参见温州民间服务借贷网:http://www.wzmjjddj.com/,最后访问日期 2015 年 12 月 15 日。

作为渠道,减少了借贷双方对于金融中介或者是公开性资本市场的全面依赖,为以简单借贷的方式提供信贷资源提供了可供操作的新思路。"温州金改"无疑是顺应和鼓励了去中介化的发展方向,这种公开性强、利率市场化程度高、不存在结构性风险的借贷模式,能够在相当程度上克服传统民间借贷的逻辑困境,对资金的范围流动起到促进作用。

二、以私募债、私募基金实现的非公开发行融资结构

"温州金改"从制度上设计了定向债券融资和定向集合资金融资两种融资模式,而从交易结构上来看其实际上分别属于私募债和私募基金,并在投资门槛上进行了一定的放宽。

(一) 定向债券融资与私募债

定向债券融资是"温州金改"着重提出的新型融资模式之一,其规定温州市行政区域区内注册登记、具有法人资格的企业可以非公开发行方式向合格投资者募集定向集合资金,对特定的生产经营项目进行投资。每期定向债券融资的合格投资者不得超过 200 人。

从投资者限定人数规模来看,定向债券融资是一种典型的私募行为。从概念定义上看,定向发行似乎包含向特定对象发行的限制,但是实际上其募资对象的限制是有限数量的合格投资者,而其发行对象实际在合格投资者中仍然是不特定的。《管理条例》规定,"具备相应风险识别和承担能力,且自有金融资产 30 万元以上的自然人或者净资产 100 万元以上的企业和其他组织,为定向债券融资和定向集合资金的合格投资者"。这个合格投资者的标准实际上门槛比较低,根据《公司债券发行与交易管理办法》,非公开发行公司债的合格投资者的标准为:除了金融机构及其发行的各类金融工具以外,个人投资者的金融资产标准为不低于人民币 300 万元,而企事业单位法人、合伙企业的净资产不得低于人民币 1000 万元。温州允许参与定向债券融资的合格投资者资产标准仅有一般私募债要求的 1/10。而在发行程序上,根据《温州市定向债券融资操作指引》(征求意见稿)的规定,温州市规定债券发行前,定向债券融资的企业将登记材料报送注册地金融办,由注册地金融办转报市金融办,材料完备的,于 30 个工作日内完成登记,即可出具《定向债券登记通知书》;温州监管部门对定向债券融资的监管为备案制,并不对发行主体进行实质性审核,这也符合私募债发行便利化、市场化、低门槛的要求。

在发行和转让方式上,根据《公司债券发行与交易管理办法》规定,非公开发行公司债券的,承销机构或自行销售的发行人应当在每次发行完成后5个工作日内向中国证券业协会备案;并且明确规定备案不代表中国证券业协会实行合规性审查,不构成市场准入,也不豁免相关主体的违规责任,遵循了备案登记制的方法,并不对私募债的实质条件进行过多的直接监督。《管理条例》则规定民间融资不得通过报刊、电台、电视台、网络等公众传播媒体或者讲座、报告会、传单、手机短信等方式,向不特定对象宣传推介,因而属于向合格投资者的非公开发行,禁止任何向不特定对象的公开宣传推介,从而防止不具有投资经验和经济基础的一般人参与风险较大的私募型债券融资模式。同时,根据《温州市定向债券融资操作指引》(征求意见稿),温州股权营运中心可以作为定向债券的发行与转让服务平台,今后视情况可增设若干发行与转让服务平台,且也可通过承销机构进行转让,通过承销机构转让的,应向发行与转让服务平台申报,经确认后生效。其中前者为交易所集中转让,后者为柜台转让,这为私募债券提供了流动性,提高了投资价值,从而提高私募发行的认购积极性,为私募债券融资的参与者提供了获利交易的机会。定向债券集资的转让方式同样在《公司债券发行与交易管理办法》关于私募债的规制框架之内,该办法规定"非公开发行公司债券,可以申请在证券交易所、全国中小企业股份转让系统、机构间私募产品报价与服务系统、证券公司柜台转让",而温州方面的做法是将私募交易的集中交易场所限定为温州当地的温州股权运营中心。

从发行审核方式、发行对象限制以及登记交易模式的分析来看,温州的定向债券融资模式无疑属于典型的私募债券,并在投资和融资主体的准入两方面放开了标准,融资者仅需向温州当地金融办申请登记即可,无须向证券业协会进行登记注册;而在合格投资者标准方面,和普通的私募债相比,资产金额的数额要求还要低得多。在经济准入门槛较低的情况下,温州方面限定发行主体仅为温州本地企业,交易场所也暂时仅限定于温州本地的交易所,这一是限于金融改革的试点范围仅及于温州,不能随意扩大试点的对象;另一原因也是从地域联系上强化了对于投资者、融资者、交易所以及监管者之间的相互了解与非正式信用接触,从而在一定程度上共同防范风险的发生。除此之外,"温州金改"形式的私募债比一般私募债限制更为严格的是要求定向债券发行企业应当在募集说明书中承诺,在完全偿还本金与利息之前,股东不得分配利润,这项强制限制股东分配的要求在资本制度上防止了公司股东以过度分配、转移财产的方式侵害债权人利益,不但要求了利息当期优先支付,而且规定了本金偿还之前绝对禁止股东进行分配。应该说,这确实能够在很大程度上限制股东的机会主义行为,但却不能够解决投资本身的风险性,因此,规则制定者更加担忧并且试图防范的仍然是以定向债券募集为名义的非法集资。

(二) 定向集合资金与私募基金

定向集合资金是指民间资金管理企业可以以非公开方式向合格投资者募集定向集合资金对特定的生产经营项目进行投资。由于主体限定为不超过 200 人的合格投资者,所以其本质上为公司制私募基金。

定向集合资金的融资方式为:由具有一定资产水平的发起人发起设立民间资金管理企业,同时募集吸收合格投资者的资金,投资用于募集时确定的生产经营项目。从经营结构上分析,定向集合资金与一般的私募基金主要的区别有:

(1) 强制资金管理企业参与出资。《管理条例》规定,除募集合同另有约定外,民间资金管理企业在其募集的每期资金中的出资比例不得低于 10%。根据中国证监会颁布的《私募投资基金监督管理办法》,其第 23 条规定私募基金管理人、私募基金托管人、私募基金销售机构及其他私募服务机构及其从业人员从事私募基金业务,不得将其固有财产或者他人财产混同于基金财产从事投资活动,这主要是为了防范私募基金管理人等可能存在的利益冲突,维护投资者的利益。定向集合资金强制要求资金管理企业出资,与信托关系中信义义务的基本设计相违背,其可能仍然是考虑到定向集合基金在温州地区的试点并不具有先进的、正规的投资理念和融资规划,更可能出现的情况可能仍是熟人社会下的关系借贷、关系投资,对于资金的科学化管理程度不高,因而很可能蜕变为变相的集资模式,从而导致非法集资以资金管理企业的名义"借壳上市"、"空手套白狼"骗取公众资金。而在强制出资比例的情况下,资金管理企业必须具有充足的经济能力和真实的投资目的,在一定程度上防范了集资诈骗发生的可能性。但这种方式混同了资金管理企业的自由资产和募资的资金,又凸显了管理企业在资金运用上的控制地位,可能导致此种企业违法侵占投资者权益的现象出现,导致"定向集合资金及其收益应当独立于民间资金管理企业的自有财产"的规定失去实际的意义。

(2)募集资金倍数限制。除了强制要求每次投资的出资比例外,温州还规定了民间资金管理企业募集的资金总额不得超过其净资产的八倍的募资总资产倍数限制。这同样是为了约束资金管理企业过量利用募集资金,而将投资利益与资金管理企业的经济利益实施紧密绑定。对募集规模与自有资金的比例关系进行限制的方式常见于银行业对于资本充足率的要求,本质上是对于高负债业务风险防范能力的考量,但用于控制资金管理企业的募集规模似乎并不完全恰当:资金管理企业募集资金用于约定的经营项目,并非是资金管理企业对资金提供者的负债,其仅具有管理资金和共同投资的义务,与其他投资者并没有债权债务关系,以资产数额和负债比例作为规制的标准,容易扭曲公众对于投资关系的误解;在规制目的上也缺乏正当性,因为资金管理企业并不能对募集资金承担兜底和担保的责任,负债倍数的标准延续了出资比例限制的逻辑,仍然是防范集资诈骗目的下的产物,并不符合私募基金的投资与管理方式。

(3)准入标准的放宽。根据《私募投资基金监督管理办法》,私募型投资基金的投资方式已经大幅放宽,无论是投资基金本身,还是私募基金管理人,均采取注册制的方式进行准入,不再有过多的实质审查门槛,温州定向集合资金也一样,仅需事先向温州市地方金融管理部门申请登记,相对于私募基金需向基金业协会进行登记,仍然相对简便和宽松。定向集合资金的合格投资者标准与定向债券的合格投资者标准一样,远低于私募基金(净资产不低于 1000 万元的单位,金融资产不低于 300 万元或者最近三年个人年均收入不低于 50 万元的个人)的标准,且没有单笔投资数额下限(投资于单只私募基金的金额不低于 100 万元)的要求,可以说极为宽松。

综合分析上述三种融资模式,我们能够发现,温州金改提出的融资结构在现有的金融法制度中都已经有了相应的规定,并未在融资方式上有根本性的突破,更多的是以不存在结构性风险的融资方式便利地区资金的流通。

第二节　小微型金融机构的制度

不同的金融机构给不同规模的企业提供金融服务的成本和效率是不一样的,大力发展和完善中小金融机构是应对中小企业融资目标的有效形式[①],规模较小的融资形式结合地缘等关系,能够较好地供给不同层次的资金需要。民间融资主要的服务对象便是由于经济法规与信用水平的限制而无法在正规银行系统中获得贷款融资的中小企业与农村、城镇的个人借款者,而以小微型金融机构制度建设作为切入点,便是体现了层层对应、规模对应的融资政策导向。合理构建小微型金融机构以及规模适当的融资模式,以对口支援中小型经济体,在现有的制度供给下存在如下问题:

一、私募型融资的合格投资者标准

"温州金改"从制度上为民间借贷、私募债券和私募基金提供了一定的指引,但随着近两年建立多层次资本市场政策导向的逐步推进,私募型融资的门槛日趋宽松,注册备案制、非实质审核与多种流通方式已经成为私募债券、私募投资型基金普遍采用的监管模式,可以说"温州金改"并未在融资模式上实现特别的突破,更多的是在既有模式下对一些制度细节进行了明确。最明显的制度改进则是大幅降低了合格投资者的门槛,投资者持有资产标准的下降和不设单笔投资下限的安排,将投资的门槛基本下降到了寻常投资者所能承受的范围内,使普通的市民均有能力参与私募型融资交易。同时,以此类方式形成的融资实体的经济规模和融资金额规模均大幅度缩小。此种小型化的私募融资模式确实适应了市场的需求,但是私募市场中最为关键和重要的合格投资者制度的大幅放宽必然伴随着风险的攀升。温州模式的逻辑是强制资金管理企业以自有资金参与投资,捆绑资金管理者和资金提供者的共同利益,以防止恶意欺诈募集资金,但这实际上模糊了投资的

---

① 林毅夫、李永军:《中小金融机构发展与中小企业融资》,载《经济研究》2001年第1期。

风险性与交易的法律性质,可能会造成公众对于法律关系与风险承担的误解,并不利于私募型投资的健康发展,也无助于提高资金管理企业的科学化、效率化。在私募融资普遍开放的趋势下,设置高准入门槛、限制融资比例均非合适的规制手段。针对区域市场的小范围私募形式,"伞状规制体系"或许是更为有效的监督方式,即发动地方金融监管部门、区域交易所以及承销商、公共信息部门等相关主体结成结构性、体系性的关联关系,将市场化的私募交易尽量限制在关系融资的范围内,在有限的区域内进行融资与流通才能允许合格投资者标准的监管放松。

二、私募投资者的穿透性认识

私募交易必须限制在数量有限的交易者范围内,这是与公开型融资的关键区别。但在现实中,由于机构投资者、法人投资者等复合主体参与投资,真正出资的投资者人数可能会超过投资者限制的标准。"温州金改"并没有在这方面进行具体的规定,而其后继者无疑注意到了这一点。山东省发布的《关于进一步规范发展民间融资机构的意见》中也规定允许设立私募型的"民间资本管理机构",股东人数不超过 15 人,公司经批准开展私募融资,其合格投资者不超过 35 人,股东和私募融资合格投资者向公司投入的资金,必须为自有合法资金,并应出具承诺书;不得以委托资金、债务资金等非自有资金作为出资;严禁非法集资;严禁资金集合、信托理财计划等"一带多"类型的出资;严禁银行信贷资金进入;股东应对彼此资金来源进行必要的合法性调查,公司应对私募融资合格投资者资金来源进行必要的合法性调查,运用"穿透原则"核查确认股东和私募融资合格投资者是否为最终出资人。[①] 而《私募投资基金监督管理办法》也规定"以合伙企业、契约等非法人形式,通过汇集多数投资者的资金直接或者间接投资于私募基金的,私募基金管理人或者私募基金销售机构应当穿透核查最终投资者是否为合格投资者,并合并计算投资者人数"。穿透计算合格投资者数量的规定十分重要,不然合格投资者与非公开发行的规制就失去了现实意义。

[①] 参见山东省人民政府办公厅《关于进一步规范发展民间融资机构的意见》(鲁政办发[2013] 33 号)。

三、小微型金融机构的规模控制

除了私募类型融资以外，更为传统的借贷融资提供者同样是小微型融资市场的重要参与者，其中中小型银行与小额贷款公司是最重要的两种类型。

前文已经论及，在制度上，我国允许吸收存款的银行类金融机构是梯度分布的，民间资本不能参与投资银行是一种误解。实际上，号称"小微银行"的腾讯微众银行、阿里巴巴银行等在《商业银行法》中均属于中国银监会审批之下、注册资本 10 亿元人民币以上的"大银行"，其"小微"性仅体现在与"四大行"这样的巨型银行企业的对比上。真正的中小银行实际上是注册资本 1 亿元的城市商业银行和 5000 万的农村商业银行，以及规模更小的农村信用合作联社、村镇银行，但这几种金融机构主体均要求由合作社改制、合并而成，村镇银行也要求由一家银行类金融机构牵头参与组建，因此，中小型银行类金融机构是不允许民间资本以发起的方式直接设立的，仅允许历史沿革上的改制、转制型成立方式，这极大制约了民间资金参与银行业务。从监督管理的角度看，经济规模的扩大似乎确实能导致经营的规范化，但是规模较大的银行必然面临业务经营上的信贷配给选择，一旦"赶鸭子上架"，一切以规模化经营为既定目标，便会丧失在组织结构、交易关系上的灵活性以及信息获取、关系借贷方面的天然优势，陷入"高不成低不就"的尴尬境地，无法服务于基层以及中小规模借贷者。服务基层、服务"三农"、服务中小企业以及服务小型借贷消费者便是中小银行类金融机构需要完成的制度任务，也只有维持合理的经营规模与经营成本才能保证中小、小微金融企业的经营效率和分层次市场适应性。

同样的问题也出现在小额贷款公司身上，小额贷款公司定位于非吸收存款类金融企业，其资金来源本来就相对有限，为了控制风险，防范其变成变相的间接融资模式，各地金融监管部门往往还制定规则限制其负债的总量和负债对象的数量。在资金来源相对匮乏的情况下，各地出于对风险防控的考虑，将设立小额贷款公司的最低资本标准设计得极为高昂，甚至足以与农村商业银行的标准并驾齐驱，这扭曲了小额贷款公司的设立意义。作为禁止一般企业进行常业放贷的限制的替代品，小额贷款公司是我国主要的非吸储类贷款主体，从合理利用社会闲散资金的角度考虑，只要禁止其吸收存款、防范其任意增加公众股东，便杜绝了其演变为变相间接融资的可能性，并不存在相应的结构性风险。允许注册资本较小的企业成为常业借贷的小额贷款公司，才能够有效实现转变小额贷款公司的制度定位，使其能够作为一般化的"放贷人"满足市场的真实需求。在监管方式上，以我国香港特区以及日本的放贷人条例为代表的非吸储类中小型借贷法律制度一般都不对放贷者的资本金标准做高要求，因为借贷交易的风险集中于吸储环节，而不是借贷环节，没有结构性风险的借贷关系仅需要考虑禁止高利贷关系即可。我国在进一步扩宽经济体自主放贷的方式上，可以以小额贷款公司为模板，将小额放贷视为可以任意参与的经营项目，但是要求将放贷资金以股权形式投入特定小额贷款公司实体，与其他资金来源隔离，防止外部资金大量参与的可能。由于如今实际注册公司的门槛极低，这样可以促进社会资金参与放贷交易的积极性。而在交易内容的规制上，可以仿照我国香港特区的放贷人制度，要求任何放贷人参与的借贷交易均必须进行登记，未进行登记的借贷不具有法律效力，这样可以防治高利贷等非法借贷内容的交易产生。

四、小型金融机构的类型转变

无论是小额贷款公司还是中小型金融机构，其业务虽然以资助中小企业发展、援助基层、服务"三农"为政策目标，但其构成资本具有逐利性是毋庸置疑的，换句话说，为了鼓励社会资金参与此类兼具有扶困含义型金融事业，政策上应该允许投资者获得经济上的鼓励和回报。金融机构通过盈利扩大自有资本、经营规模，便很可能具有新的经营基础和服务空间，以我国的现状为例，从最基础的农村合作社、村镇银行、联社起，到农村商业银行、城市商业银行，在组织体系上存在改制、转化关系。这首先是由于历史原因，我国在逐渐开放发展银行业的同时，逐步清理制度上遗留下来的合作社、信用社制度，采取了合并、整合、转制的策略，鼓励经济能力、管理水平较好的转变为城市商业银行、农村商业银行或者农村合作银行，这是银行业正规化的一个趋势。其次，出于对经营风险的管控，法律尚未允许任何属性的资本直接出资设立中小银行，无论是国资还是民资，这是因为银行业务负债高、流动风险大,管理、内控的规范水平要求确实较高,由毫无相关业务经验的主体直接开办银行可能存在风险。可以直接出资设立的仅有最小型的农村信用社,即使规模仅稍大的村镇银行,便已经要求"发起人或出资人中应至少有1家银行业金融机构"①,《村镇银行管理暂行规定》(现已失效)第25条还要求:村镇银行最大股东或唯一股东必须是银行业金融机构;最大银行业金融机构股东持股比例不得低于村镇银行股本总额的20%,单个自然人股东及关联方持股比例不得超过村镇银行股本总额的10%,单一非银行金融机构或单一非金融机构企业法人及其关联方持股比例不得超过村镇银行股本总额的10%;并且任何单位或个人持有村镇银行股本总额5%以上的,应当事前报经银监分局或所在城市银监局审批。由于村镇银行的注册资本最低仅要求100万(乡镇)/300万(县市)人民币,要求银行业金融机构作为大股东方能出资设立的规定,一是希望银行金融机构能够以大股东的身份进行业务指导,实现一定的监督功能;二是防止个人出资者把持村镇银行的经营,从而使银行性间接融资业务实际变成了私人控制下的集资工具。

从制度严格和规范经营的角度出发,鼓励银行业金融机构在业务发展的同时及时转变经营结构,不仅能因地制宜地适用监管规范,也有利于鼓励其自身正规发展、改善经营。各类主体改制中,以小额贷款公司改制为银行最为重要。在各地现行的小额贷款公司监管规范中,对于资本金的要求都较高,在客观上促成了一批具有经济实力的小额贷款公司有能力转变为银行类金融机构。2009年中国银监会颁布《小额贷款公司改制设立村镇银行暂行规定》,允许符合条件的小额贷款公司转制为村镇银行,但该改制过程仍然要求"已确定符合条件的银行业金融机构拟作为主发起人",和村镇银行发起设立的要求相一致,这忽略了小额贷款公司的经营经验,以银行为主体的改制丧失了小额贷款公司经营的主体性,挫伤了转制的积极性。并且,小额贷款公司的设立规模与村镇银行并不匹配,根据各地金融管理部门的规定,注册小额贷款公司的资本要求普遍为3000万至5000万元人民币,仅贵州、新疆、内蒙古等经济水平相对欠发达地区允许以500万元成立有限责任公司制小额贷款公司,山东、浙江、北京等地有限责任制小额贷款公司的

---

① 见《村镇银行管理暂行规定》(已失效)第8条规定。

注册资本就要求 5000 万元，四川甚至要求达到 1 亿元，这在制度上已经达到了开设农村商业银行、城市商业银行的要求，和村镇银行的制度定位完全不对应。希望逐利的大型资本直接参与普惠型的融资支持业务，这显然是一种制度上的误解。究其原因，还在于对于小额贷款公司本身定位认识的错误，误将"小额贷款"业务当作了"不允许吸储以控制风险的银行业务"来对待，是政策上过于警惕的原因，忽略了小额放贷及其服务对象上的特殊性。小型金融机构的发展应该遵循"上下适当"的原则，在底层发展上，允许金额较小的资金直接从事借贷，即允许成立没有注册资本下限，或者下限极低的小额贷款公司；而在上行通道上，允许具有一定经济规模的小额贷款公司及时转制为小型银行类金融机构，参与村镇银行、农村商业银行的建设，为其经营规模、业务范围的扩大提供适当的机会。

第七章　民间票据融资与民间证券融资

随着经济和金融需求的扩张,民间融资的发展不仅体现为多种新的组织形式的产生,也体现为融资方式的创新。其中,民间票据融资与民间证券融资两种民间融资方式的规模日渐显著,但确实存在一些问题。

第一节　民间票据融资问题研究

一、票据的融资功能及其限制

一般而言,票据是指出票人依票据法签发的,由本人或委托他人在见票时或在票载日期无条件支付确定的金额给收款人或持票人的一种有价证券。[1] 而在不同的国家,"票据"一词又指代不同的外延。[2] 票据历史悠久,并在发展的过程中取得了汇兑、支付、信用、流通、融资等多种功能。其中,融资功能作为票据的最新功能,正发挥着越来越重要的作用。[3]

票据的融资功能主要依赖发行融资性票据和票据贴

---

[1] 王小能主编:《中国票据法律制度研究》,北京大学出版社1999年版,第11页。
[2] 我国《票据法》规定的票据包括汇票、本票和支票三种。本章讨论的是企业融资相关的票据,因此支票、即期汇票、银行汇票、银行本票等一般不作为企业融资工具的票据不在本章讨论的主要范围内。
[3] 王玉兴、滕越、张雨豪、刘雨馨:《我国发展融资性票据的探讨》,载《上海金融学院学报》2013年第2期。

现来实现。从历史演变来看,最早产生的票据是以真实商品交易为背景,为某一项贸易活动提供汇兑或支付功能的交易性票据。而随着经济的发展,脱离真实交易基础的融资性票据开始出现并占据重要地位。在西方国家,融资性票据所占的比例逐年上升,甚至达到了70%—80%[1],并建立了规范的一、二级市场,在专业化票据中介机构的协助下,成为短期融资的重要货币市场工具。而即便是传统的交易性票据,融资功能也是其应有之义,因为无论是融资性票据还是交易性票据,票据作为企业自己创造的信用工具,其赖以存在的基础在于反映并满足工商企业的短期资金不足。交易性票据的融资功能是通过票据贴现来实现的。在当今发达国家和地区,票据市场已成为拥有多样化交易工具、多种类参与主体的子金融市场,在短期融资与国际贸易结算领域占据重要地位。此外,票据市场也是各国中央银行实施公开市场操作的场所,即中央银行通过票据市场买卖各种票据,吞吐基础货币,调控货币供应量,实现特定的宏观调控目标。

然而在我国,尽管票据作为支付手段的功能已经得到了相对充分的运用,但其融资功能却被严格限制。我国《票据法》制定之时,囿于市场中的经济主体信用状态尚不理想,采取了较为保守的立法方式,没有确立票据的"无因性"原则,而将票据关系与其基础关系结合在一起。[2] 我国《票据法》第10条明确规定,"票据的签发、取得和转让,应当遵循诚实信用的原则,具有真实的交易关系和债权债务关系。票据的取得,必须给付对价,即应当给付票据双方当事人认可的相对应的代价。"显然,法律禁止纯粹的融资性票据的发行。我国法律没有规定"商业本票",企业所能够发行的具有融资功能的票据有银行承兑汇票与商业承兑汇票这两种商业汇票。对商业汇票的贴现,《商业汇票承兑、贴现与再贴现管理暂行办法》沿袭《票据法》的思路,规定持票人"与出票人或其前手之间具有真实的商品交易关系",并将贴现机构限定于法律授权的特定金融机构(商业银行、政策性银行与信用社)。此外,针对实践中出现的非法票据买卖行为,2009年我国《刑法修正案(七)》增加了"非法从事资金支付结算业务"的内容,对其进行刑事打击。

---

[1] 李国莉:《融资性票据市场亟待解决的问题及对策》,载《中国乡镇企业会计》2008年第8期。

[2] 林毅:《对〈票据法〉第十条的一点意见》,载《中国法学》1996年第3期。

综上,与发达国家建立和发展票据市场不同,我国法律将票据的融资功能仅限缩于银行承兑汇票和商业承兑汇票在银行系统内进行的贴现活动。而由于种种原因,我国的商业承兑汇票远未达到与银行承兑汇票同等的规模和接受度,银行承兑汇票为我国票据融资的主要工具。①

二、民间票据融资现象

民间票据融资行为是指超越法律界限的或处于灰色地带的、未受到金融监管机构监管的票据融资行为。既然我国法律将票据的融资功能限制于具有真实交易背景的商业票据在银行系统内的贴现行为,那么一切超越了这个范围的票据融资行为,即为民间票据融资行为。

种种迹象表明,我国的民间票据融资行为不仅客观存在,并且规模已然相当之大。以"非法"行为产生的环节进行区分,主要包含"非真实、合法交易基础"票据的签发和民间票据贴现两种模式。②

(一)"非真实、合法交易基础"票据的签发

我国法律明确禁止"非真实、合法交易基础"票据的签发,然而各类研究和数据表明③,我国票据市场中,此类票据已经占据相当高的比例。

企业签发"非真实、合法交易基础"的票据有以下几种途径:(1)商业银行分支机构采取开新票还旧票的方式,对没有真实交易背景的出票人滚动签发银行承兑汇票;(2)为无效商品交易合同签发银行承兑汇票;(3)超商品交易金额签发银行承兑汇票;(4)银行承兑汇票的出票人、贴现申请人为非贸易合同的签订人;(5)为贸易合同不真实或无贸易合同和增值税发票的承兑汇票办理贴现;(6)为同一号码增值税发票办理多笔贴现;等等。④其中为关联企业之间虚拟交易合同签发票据最为普遍。

企业甘冒法律之不韪,发行"非真实、合法交易基础"的票据,有其现实

---

① 张志强:《当前商业承兑汇票业务发展缓慢的原因与对策》,载《华商》2007年第Z2期。
② "非真实、合法交易基础"票据的签发发生于票据的签发环节,而民间贴现发生于票据的贴现环节。这两种模式并非相互独立,实践中有很多企业首先签发"非真实、合法交易基础"票据,进而寻找民间票据贴现机构进行"民间贴现"。
③ 赵慈拉、赵广斌:《融资性票据是流动性过剩"元凶"之一》,载《金融时报》2006年7月29日。
④ 严文兵、阚方平、夏洪涛:《开放融资性票据业务已成必然之势》,载《武汉金融高等专科学校学报》2002年第4期。

原因。发行这类票据的企业,多为资产实力较弱、融资存在困难的中小企业,其往往因资本金规模不够,或无法找到合适的担保人而难以从正规融资渠道获得资金支持,而票据贴现无须担保、不受资产规模限制,并且手续极为简便。① 此外,与贷款利率相较,票据融资利率要明显偏低,有利于降低融资成本。

(二) 民间票据贴现

民间票据贴现(俗称"炒票""倒票")是指持票人将持有的未到期的商业票据以折现的方式出售给具有法定贴现权限的机构之外的企业或个人(民间票据贴现人②)的一种融资方式。后者再将从不同渠道买进的票据转出贴现以牟取利差。民间票据贴现的规模之巨,从屡屡曝出的非法买卖票据大案的涉案金额可见一斑。③

民间票据贴现之所以能够形成如此巨大的灰色产业,缘于其对贴现双方都十分有利。民间票据贴现利率与商业银行贴现利率相比较低,贴现双方均可获利。④ 并且,当商业银行收紧贴现规模、无法满足企业的贴现需求时,企业只能转向民间票据市场。同时,民间票据贴现手续便捷,多数情况下既不需要提供商业购销合同,也不需要提供增值税发票,而仅凭中间人的介绍和银行承兑汇票查询书就可以进行现票交易。⑤ 这种手续上的便捷也为"非真实、合法交易基础"票据的贴现提供了便利。

(三) 民间票据融资的合理性

民间票据融资行为显然是于法不合的,然而不可否认的是,在我国目前的现实背景下,民间票据融资具备一定的合理性:

---

① 一般只需带上相应的票据到银行办理有关手续即可,通常在 3 个营业日内就能办妥。
② 据调查,这些不享有法定贴现权力的法人、组织或个人,初期多为金融机构工作人员,而目前逐步扩大到企业业主、金融机构工作人员及亲属以及与银行往来的财会人员及亲属和其他关系人,炒票群体渐成规模。
③ 赵东东、杨烨:《山西忻州现数亿票据大案,银行员工充当资金掮客》,载《经济参考报》2012 年 5 月 11 日。
④ 民间贴现利率与商业银行贴现利率相比较低,例如,某票据所载金额为 1000 万元,银行的贴现利率为 3.6‰,而当地民间贴现利率为 3‰,若选择民间贴现,企业需付贴息 3 万元,比在银行贴现节省 0.6 万元,而民间贴现人如将 1000 万元存入银行 6 个月,仅生利息 1.32 万元,办理民间贴现比存款可多得利 1.68 万元。
⑤ 毛金明:《对山西省民间票据融资状况的研究与思考》,载《中国金融》2006 年第 6 期。

1. 民间票据融资有助于缓解中小企业的融资困境

改革开放以来,我国中小企业在增加国家 GDP、提供就业方面发挥了重要贡献,但其在正规渠道融资困难是不争的事实。具体而言,在间接融资领域,出于自身的经营策略考量,商业银行对向中小企业发放贷款的积极性较低;在直接融资领域,国内企业债和股票融资方式的条件更为苛刻,绝大部分中小企业被排除在发行企业债和股票的大门之外。[①] 2005 年,国家允许发行短期融资券,其相当于一种无担保的融资性"商业本票",但由于短期融资券发行门槛较高,其对解决中小企业的融资难题也无甚重大帮助。同时,我国《合同法》又明令禁止企业间的借款行为。于是,在这种金融抑制的大背景下,在制度的缝隙间产生了众多处于灰色地带的"民间融资"行为[②],民间票据融资便是其中的一种。民间票据融资是广大中小企业在从正规渠道无法获得满足其正常生产经营的资金需求的情况下,由市场内部自发产生的融资方式,与正规融资相比,其具备易获得、低成本、高效率、简单便捷等明显优势。也因为如此,民间票据融资才与众多其他民间融资方式一样,具备旺盛的生命力。

2. 民间票据融资有利于票据中介机构的培育与票据市场的发展

在成熟的票据市场中,处于市场核心地位的参与者并非商业银行,而是各类不同的票据中介机构。这些票据中介机构除了专门从事票据承兑、贴现的票据专营机构之外,还包括票据经纪机构、为商业票据发行进行评级的专业评级机构,以及信用担保机构等。这些中介机构起到了沟通信息、筛选监督、价格发现、增加流动性、稳定市场等作用,共同构建高效运转的票据市场。

在我国民间票据融资自我发展的过程中,除了形形色色的"民间贴现人"之外,一些专业化的新型的票据中介机构横空出世,以上海普兰金融服务公司[③]为例,其从事"票据经纪"服务,为持票人与银行提供信息中介服

---

① 仅喜峰、赵睿:《浅析我国融资性票据的发展路径》,载《时代金融》2014 年第 5 期。
② 例如地下钱庄、和会、非法集资、互联网金融等。
③ 上海普兰金融服务有限公司网站,http://www.purang.com/index/,最后访问日期 2015 年 10 月 12 日。

务,赚取手续费和银行的佣金,而本身并不参与票据买卖和自融业务。这类票据中介机构的产生和发展,对我国票据市场的改革与长远发展意义重大。

3. 民间票据融资有利于贴现利率市场化的形成

在利率市场化的国家和地区,由于票据资产兼具资金产品和信贷产品的双重属性,票据利率是反映实体经济资金融通需求和金融机构货币信贷供给的重要价格。由于我国利率市场化改革尚未完成,正规渠道的票据融资无法完全真实反映这种资金关系;而民间票据融资因其市场性特质,反而能反映出相应资金关系,有利于票据贴现利率市场化,其贴现利率也越来越受到重视。

(四) 民间票据融资存在的风险

第一,系统风险。从 2009 年温州民间借贷危机中就可看出,基层银行网点存在大量"以票引存""连环套开"等回避监管的方式,不但影响了存款数据的真实性,造成信用虚增,而且使得大量银行授信通过表外借贷的形式流出,金融监管部门无法对其进行监测,这部分资金长期游离在金融体系之外,不利于国家的宏观调控,容易引发系统性风险。

第二,操作风险和信用风险。"非真实、合法交易基础"票据的签发,从银行角度看,其基层网点工作人员违规操作,存在较大的操作风险;而从企业角度看,企业利用虚假合同套取票据额度,又存在很大的信用风险。[1] 而民间贴现通常情况下采取现票交易模式,手续极其简单,一些不法人员或企业可能会持虚假票据参与民间票据贴现;在遇到有瑕疵的票据、假票、克隆票时,因为民间贴现不受法律保护,相关法律纠纷更难以解决,致使成本上升。[2]

第三,洗钱风险。由于民间票据贴现多为"地下"市场,且其手续简单,基本无查验程序,它的兴起为洗钱等犯罪活动提供了很好的繁殖温床,增大了反洗钱的难度。

---

[1] 王勇:《巨额票据融资存在三大隐患》,载《上海证券报》2009 年 2 月 17 日。
[2] 柏华丽、焦婵:《我国民间票据贴现发展动因及风险分析》,载《现代商贸工业》2012 年第 18 期。

第二节 民间证券化融资问题研究

一、民间证券化融资的定义与特征

证券化融资,即资金盈余单位和赤字单位之间以有价证券为媒介实现资金融通的金融活动。所谓有价证券,是指具有一定票面金额并能给其持有者带来一定收益的财产所有权凭证或债权凭证,主要包括股票和债券。证券融资是资金需求者通过发行各种有价证券(包括股票、债券等),直接向公众筹集资金的融资方式。传统上从银行借款的公司已经越来越依赖于通过在金融市场上出售证券来融资,而不再通过中介,融资方式由间接融资转变为直接融资。①

这种金融活动的基本形式是:资金赤字单位在市场上向资金盈余单位发售有价证券,募得资金,资金盈余单位购入有价证券,获得有价证券所代表的财产所有权、收益权或债权。证券持有者若要收回投资,可以通过市场将证券转让给其他投资者。证券可以不断地转让流通,使投资者的资金得以灵活周转。

证券融资的特点如下:

第一,证券融资是一种直接融资,去中介化。

第二,证券融资是一种强市场性的金融活动。所谓强市场性是相对于商业票据融资、银行信贷等以双边协议形式完成资金交易的弱市场性而言的。证券融资一般是在一个公开和广泛的市场范围内由众多资金交易者通过对有价证券的公开自由竞价买卖来实现的。

第三,证券融资是在由各种中介机构组成的证券中介服务体系的支持下完成的。证券融资是在非常广泛的市场领域进行的金融活动,赤字单位若想成功发行证券,达到预期的筹资目的,往往需要诸如投资银行、证券公司那样的专业化证券中介机构为其分析、确定发行方式、发行时间、发行价

---

① 简夏:《论中国证券化的选择——是资产证券化还是融资证券化》,载《广东财经职业学院学报》2003年第5期。

格、筹资期限、利率、偿还方式并提供其他服务。证券中介服务体系通过建立证券集中交易组织（如证券交易所），形成了筹资单位竞争上市公司资格的优胜劣汰机制，使证券融资活动更具竞争活力。而上市公司是指股票获准在证券交易所进行交易的股份有限公司。

二、我国民间证券化融资现象

在我国，上市是一种稀缺资源，企业发展到一定阶段，符合一定的规定，自然可以在国家设立的证券交易所上市。然而，民间资金的主要流向是中小企业。中国的中小企业在融资（主要是外源性融资）方面存在严重的困难，和大企业相比，在银行资金可得性方面存在更大困难；此外，中小企业直接通过股票进行权益融资也十分困难。中小企业融资在较大程度上面临市场失效问题。

公开在国家的证券市场上发行债券受阻，一些企业便转而利用法律的灰色地带，如非公开发行证券；还有甚者甚至不惜触犯法律，进行"非法集资"。关于"私募"融资的相关内容，在本书的第八章已有详细论述，因此，本部分着重对带有"公开性质"的非法集资进行讨论。

现行非法集资大多与广义的证券发行投资相关，证券化趋势明显。这可以从现阶段非法集资的类型与特点之中观察得到。所谓非法集资是指单位或个人未依照法定程序，经有关部门批准，以发行股票、债券、彩票、投资基金、证券或其他债权凭证的方式向社会公众筹集资金，并承诺在一定期限内以货币、实物及其他方式向出资人还本付息或给予回报的行为。学者将非法集资的特点概括为：第一，未经有关部门依法批准，包括没有批准权限的部门批准的集资以及有审批权限的部门超越权限批准的集资；第二，承诺在一定期限内给出资人还本付息，还本付息的形式除以货币形式为主外，还包括以实物形式或其他行为；第三，向社会不特定对象即社会公众筹集资金；第四，以合法形式掩盖非法集资的性质。① 而根据最高人民法院《关于审理非法集资刑事案件具体应用法律若干问题的解释》的规定，非法集资通常具备非法性、公开性、利诱性、社会性的特征，即第一，未经有关部门依法批

---

① 李有星：《中国证券非公开发行融资制度研究》，浙江大学出版社2008年版，第67页。

准或者借用合法经营的形式吸收资金;第二,通过媒体、推介会、传单、手机短信等途径,向社会公开宣传;第三,承诺在一定期限内以货币、实物、股权等方式还本付息或者给付回报;第四,向社会公众即社会不特定对象吸收资金。可见,非法集资的现象在相当程度上具有证券化的特点,这当然与社会化集合资金的模式有关。

非法集资的证券化方式十分明显,最高人民法院《关于审理非法集资刑事案件具体应用法律若干问题的解释》中列举的11类非法吸收资金的形态都不是传统概念上的民间资金借贷关系,而是具有广义证券性质的权利性、证券融资关系,是一种发展中的民间融资、集资模式。具体讲是集资工具的多样化,如:(1)不具有房产销售的真实内容或者不以房产销售为主要目的,以返本销售、售后包租、约定回购、销售房产份额等方式非法吸收资金的;(2)以转让林权并代为管护等方式非法吸收资金的;(3)以代种植(养殖)、租种植(养殖)、联合种植(养殖)等方式非法吸收资金的;(4)不具有销售商品、提供服务的真实内容或者不以销售商品、提供服务为主要目的,以商品回购、寄存代售等方式非法吸收资金的;(5)不具有发行股票、债券的真实内容,以虚假转让股权、发售虚构债券等方式非法吸收资金的;(6)不具有募集资金的真实内容,以假借境外基金、发售虚构基金等方式非法吸收资金的;(7)不具有销售保险的真实内容,以假冒保险公司伪造保险单据等方式非法吸收资金的;(8)以投资入股的方式非法吸收资金的;(9)以委托理财的方式非法吸收资金的;(10)利用民间"会""社"等组织非法吸收资金的;(11)其他非法吸收资金的行为。

三、我国现有法律制度调整民间证券化融资问题的缺陷

我国调整非法集资的制度规范可归纳为非刑法规范与刑法规范两方面,但事实上是以刑法调整为主且缺陷明显。

1. 规制非法集资的非刑法规范

(1)《公司法》的规定

2005年《公司法》修订之前,第210条曾规定[①],未经本法规定的有关主

---

① 我国2005年修订的《公司法》已经删除这方面的规定,与此对应的条款是2005年修订的《证券法》第188条,现行《证券法》第188条仍有相应规定。

管部门的批准,擅自发行股票或者公司债券的,责令停止发行,退还所募资金及其利息,处以非法所募集资金金额1%以上5%以下的罚款;构成犯罪的,依法追究刑事责任。

(2)《证券法》的规定

我国《证券法》第188条规定,未经法定机关核准,擅自公开或者变相公开发行证券的,责令停止发行,退还所募资金并加算银行同期存款利息,处以非法所募资金金额1%以上5%以下的罚款;对擅自公开或者变相公开发行证券设立的公司,由依法履行监督管理职责的机构或者部门会同县级以上地方人民政府予以取缔。对直接负责的主管人员和其他直接责任人员给予警告,并处以3万元以上30万元以下的罚款。

(3)《商业银行法》的规定

我国《商业银行法》第81条规定,未经国务院银行业监督管理机构批准,擅自设立商业银行,或者非法吸收公众存款、变相吸收公众存款,构成犯罪的,依法追究刑事责任;并由国务院银行业监督管理机构予以取缔。伪造、变造、转让商业银行经营许可证,构成犯罪的,依法追究刑事责任。该法第83条规定,有本法第81条规定的行为,尚不构成犯罪的,由国务院银行业监督管理机构没收违法所得,违法所得50万元以上的,并处违法所得1倍以上5倍以下罚款;没有违法所得或者违法所得不足50万元的,处50万元以上200万元以下罚款。

(4)《贷款通则》的规定

1996年6月28日中国人民银行颁布的《贷款通则》第61条规定,各级行政部门和企事业单位、供销合作社等合作经济组织、农村合作基金会和其他基金会,不得经营存贷款等金融业务;企业之间不得违反国家规定办理借贷或者变相借贷融资业务。该《通则》第73条规定,行政部门、企事业单位、股份合作经济组织、供销合作社、农村合作基金会和其他基金会擅自发放贷款的,企业之间擅自办理借贷或者变相借贷的,由中国人民银行对出借方按违规收入处以1倍以上至5倍以下罚款,并由中国人民银行予以取缔。

(5)国务院《非法金融机构和非法金融业务活动取缔办法》的规定

该《办法》第4条规定,非法金融业务活动,是指未经中国人民银行批准,擅自从事非法吸收公众存款或者变相吸收公众存款;未经依法批准,以任何名义向社会不特定对象进行的非法集资等行为。非法吸收公众存款，是指未经中国人民银行批准，向社会不特定对象吸收资金，出具凭证，承诺在一定期限内还本付息的活动。变相吸收公众存款，是指未经中国人民银行批准，不以吸收公众存款的名义，向社会不特定对象吸收资金，但承诺履行的义务与吸收公众存款性质相同的活动。

2. 规制非法集资的刑法规范

我国《刑法》中与集资有关的犯罪有 5 个罪名，包括《刑法》第 160 条的欺诈发行股票、债券罪，第 176 条的非法吸收公众存款罪，第 179 条的擅自发行股票、公司、企业债券罪，第 192 条的集资诈骗罪和第 225 条规定的非法经营罪。

3. 调整非法集资行为的制度规范的缺陷

我国调整非法集资行为的法律规范的不足和缺陷较明显，说非法集资是制度性问题不过分。① 我国调整非法集资行为事实上主要依赖于《刑法》的打击，其中集资诈骗罪、非法吸收公众存款或者变相吸收公众存款罪为主要罪名。集资诈骗罪因"以非法占有为目的"的行为解释的宽泛性和不确定性导致此罪认定的弹性较大。非法吸收公众存款或者变相吸收公众存款罪的构成要件本身是个大口袋，标准不规范。该罪行为人主体是一般主体，包括行为人不具有吸收存款的主体资格而吸收公众存款、破坏金融秩序的情况。行为人在主观上应具有非法吸收公众存款或者变相吸收公众存款的故意——存款人是不特定的群体的存款才是公众存款。无论其采用什么办法，只要其行为具有吸收公众存款的性质，即符合该罪规定的条件。从我国《刑法》第 176 条规定本身来看，非法吸收公众存款或变相吸收公众存款的关键是何为存款②，对此法律没有明确界定。存款是一个金融概念，对应的是贷款，没有贷款也就无所谓存款。尤其是目前出现的公司企业融资以用于企业自身发展但具有违规性的行为，若不加区分地一律认定为非法吸收公众存款或者变相吸收公众存款会引起巨大争议。另外，对于大量集资活

---

① 李有星：《中国证券非公开发行融资制度研究》，浙江大学出版社 2008 年版，第 67 页。

② 《中国大百科全书》对"存款"的解释是，存款人在保留所有权的条件下，把使用权暂时转让给银行的资金或货币，是银行最重要的信贷资金来源。参见中国大百科全书总编辑委员会《财政税收金融》编辑委员会编：《中国大百科全书：财政税收金融价格》，中国大百科全书出版社 1993 年版，第 137 页。

动,特别是公司经营式的集资活动,其是属集资诈骗罪还是非法吸收公众存款罪,自由裁决的界限弹性很大,而集资诈骗罪与非法吸收公众存款罪的法律后果区别巨大。同样是非法集资数亿元,两者的定罪后果截然不同。刑法规定,非法吸收公众存款罪的最高刑为 10 年有期徒刑;而集资诈骗罪则最高可判死刑。如浙江同时期出现的东阳吴英案①与丽水杜益敏案②就是典型例子。此后,从民间融资开始集资到最后集资诈骗而被判处死刑的案例有:2009 年 8 月 23 日,温州市中级人民法院一审以集资诈骗罪判处温州乐清女子郑存芬死刑;2009 年 3 月 20 日,乐清农妇高秋荷因集资诈骗被温州市中级人民法院一审判处死刑;2010 年 2 月 23 日,台州女子王菊凤因集资诈骗被台州中级人民法院一审判处死刑。由于缺乏制度保障,民间融资这种本来是出借人与借款人之间的借贷关系,也可以说是因无法律的规范、无行政监管机构和政府的依法干预而误入集资诈骗的领域,最终以断送集资者的生命为代价。为挽救在民间融资领域中行动的人们的宝贵生命,国家也应该早点对该领域作出有效的法律规范,以使人们遵守。特别需要提及的是最高人民法院《关于审理非法集资刑事案件具体应用法律若干问题的解释》,虽然其对于处理非法集资引起的犯罪打击提供了具体标准,同时也对民间吸收特定人的资金提供了一定的安全港规则,提供了非法吸收公众存款罪的构成标准;但其没有正面提供集资的合法化途径,缺乏对非法集资的预防、对民间集资的规范引导。所以,当下我国非法集资的现象不会从根本上得到改变,因集资而构成集资诈骗罪的案例还会大量出现。

---

① 吴英原是浙江本色控股集团有限公司的法定代表人。自 2006 年 4 月成立该公司至 2007 年 2 月,吴英在不具备吸收公众存款业务资格的情况下,向不特定对象变相吸收资金共计 7.2 亿余元。到案发时尚有 5.3 亿余元本金没有归还。吴英被控涉嫌非法吸收公众存款犯罪,但后来改为集资诈骗罪起诉,2009 年 12 月 18 日,浙江省金华市中级人民法院对吴英非法集资案依法作出一审判决,以集资诈骗罪,判处被告人吴英死刑,剥夺政治权利终身,并处没收其个人全部财产。参见(2009)浙金刑二初字第 1 号。

② 杜益敏原为浙江溢城投资管理有限公司董事长,在丽水市莲都区成立公司,以个人名义、公司担保,设点向社会公众集资,并计非法集资人民币 7 亿余元,至案发尚有 1.2 亿余元未归还。2008 年 3 月 21 日,一审法院以杜益敏犯集资诈骗罪,判处死刑,剥夺政治权利终身,并处没收个人全部财产。2009 年 8 月 5 日,杜益敏被执行死刑。参见(2007)丽中刑初字第 35 号。

第三节 民间证券化融资的正规化路径——从非法集资向规制到发展多层次资本市场的转变

根据民间融资或者说非法集资的证券化形态,同时考虑对民间集资行为的有效引导和规范,有必要探讨或者用证券法来调整这种证券化的集资行为。坦率而言,我国的专业金融领域的规范与监管是成功的,如银行、证券、保险、信托等专业金融领域均有专门立法和专门的专业监督机构;但是对民间融资或者说民间金融行为的规范和监管是欠缺的,集资行为人无法创新融资工具,集资合法化的尝试也没有规定程序可以供其采用。从监管机构看,中国人民银行、中国银监会、中国证监会、中国保监会显然不承担民间融资的专业监管职能,这种非专业金融监管任务就落到政府的监督管理范围内。但基于人民政府金融工作办公室管理民间融资问题缺少有效的法律规范,政府要干预私权领域的金钱借贷活动难度极大。除了国家下决心强化政府对民间融资的监督立法,以完善政府对民间融资的绝对监管外,另一种监管思路就是以证券法视角解决。通过修改《证券法》,扩大证券的实质定义,从而以证券融资监管角度解决,即变民间集资、民间融资为民间证券融资,通过调整证券融资的法律规范调整民间融资的行为,用是否违反《证券法》作为判断民间融资行为的标准。

非法集资现象是同一个国家的证券概念相关的,证券包含的范围越小,非法集资的调节越困难,反之亦然。例如,在美国,因为证券的概念涵盖面极大,几乎所有金融商品或凭证均可被视为证券——只要证券交易委员会和法院有共识。美国著名证券法教程中提到了这样一段话:下列事物的共同性是什么:苏格兰威尔士、自行改善的跑道、化妆品、蚯蚓、河狸、麝鼠、兔子、灰鼠、渔船、真空吸尘器……灌制原版唱片合同,动物饲养计划,诉讼共同基金和果树?答案是它们都被判决认定为美国联邦或州证券法意义上的证券。[①] 证券法覆盖下的这些非常规投资范围之所以如此巨大,可归因于

---

① 〔美〕托马斯·李·哈森:《证券法》,张学安等译,中国政法大学出版社2003年版,第23页。

"证券"广泛的法定概念。同样的融资行为,在美国是视为证券发行行为而受证券法的制约和调整,在中国就是非法集资或是非法吸收公众存款。目前我国认定的许多非法集资,其实就是"美国式投资合同"。投资合同是利用一种类似股票的投资份额或权益分享的特殊证券融资问题。① 投资合同基本的鉴定标准被表述为"一个人将他的钱投入到普通企业并期望从发起人或第三人的努力中获得利润"②。这一标准由如下一些因素构成:一是要有金钱投入;二是投入普通企业;三是利润期望;四是纯粹是由他人作出的努力,即由他人经营管理。这种证券的特点是行为人通过向社会不特定的对象融资,签发期待的权益凭证,投资者因出钱投资于一项共同的风险事业而取得主要通过他人的努力而赢利的权益(凭证)。在我国,对以发行该种凭证而融资的行为通常以非法集资来处理。学者朱伟一认为,美国法官决定投资合同是否为证券时,考虑的因素之一是《证券法》之外是否还有其他法律制约该凭证。这种做法背后的理念是不能有法律空白和盲点。③ 我国做法正好相反,《证券法》规定的证券范围很小,遇到类似投资合同等新型融资行为没有既有制度和规范处理时,统统收入非法集资的大口袋,由证券监管部门以外的政府部门去处理。非法集资这口袋大得吓人,但其概念或定义比证券的概念定义还要模糊。结果是,许多融资做法既没有被非法集资制约也没有被证券法制约,给融资者扰乱金融秩序留下逍遥的空间。所谓非法集资经常具备了证券的特点,实际上也是融资的发行人为规避证券监管而自觉不自觉地推出的变通产物。

证券在现代金融市场中呈现出一种扩张的趋势,证券种类也在不断增多,一切能够给投资者带来资本性收益,使筹资者可以用来直接筹集资金的工具都应被视作证券,而由证券法调整,如地产投资券、产权式酒店收益权证、集合资金信托权证等。在 2004 年 1 月 13 日美国证监会诉爱德华兹案(SEC v. Edwards)中,美国最高法院维持了它在 58 年前的见解。④ 被告公司出售一种经营方案,声称只要投资者花 7000 美元投资一部投币电话,被

---

① 美国1933年《证券法》规定投资合同也是证券,法律没有对投资合同的含义作出规定或说明,是根据法院解释来理解。
② 施天涛:《商法学》,法律出版社2003年版,第290页。
③ 朱伟一:《美国证券法判例解析》,中国法制出版社2002年版,第22页。
④ 汤欣:《修法可以从证券开始》,载《法人杂志》2004年第1期。

告公司就负责向投资者租回这部电话,进行日常经营管理并每月向投资者返还 82 美元的租金,投资者相当于每年获得 14% 的投资回报。被告公司还向投资者承诺,在 5 年租期届满后或者在投资者发出终止合同的指令 180 天后,会向投资者返还其全部的投资本金。结果有 1 万人参加了这个经营方案,使被告公司获得了 3 亿美元的资金。但是,由于不能满足所有投资者回收本金的要求,被告公司在 2000 年 9 月请求破产保护,受到损失的投资者立即向该公司的总裁及首席执行官提起索赔诉讼。经过三审,美国最高法院的大法官以少见的一致意见形成最终判决,认为投币电话方案虽然向投资者承诺固定而非可变的投资回报,但仍属于投资合同,属于证券投资由《证券法》调整。显而易见,《证券法》规定的证券范围宜宽不宜窄,只有《证券法》的适用范围宽广,证券投资的多种性、多层次性才能有效运行。因此,证券范围应当规范确定且有余地,尤其是在出现证券非公开发行的新形势下①,包括公司股权、表决权、认购权、信托权证书等,宜列入证券的范围;否则,无法理解和处理证券非公开发行融资过程中的实际问题。在金融市场发达的国家,非法集资的情况非常少见,在我国却屡禁不止。金融体系结构的不合理是一个不容忽视的主要原因,非法集资引发的犯罪的一再重现,正是这种时代背景下发生的制度性悲剧。②

在我国,目前现有的制度规范难以解决非法集资问题。因为企业集资是一种常态,在没有正确认识证券的范围或应当有的范围的情况下,国家无法真正提供合法与违法边界界定标准,只有用非法集资和非法证券活动的大口袋管制打击。要有效解决制度性的非法集资问题,必须确立证券非公开发行融资制度标准,扩张合法融资途径,将公司企业的经营性、证券投融资行为归于《证券法》调整。国家应设立证券发行的豁免制度,如小额发行和证券非公开发行豁免制度,为社会提供一种集资行为的"安全港",在"安

---

① 证券非公开发行是与公开发行相对应的直接融资方式,可以满足发行人不同的筹资需求。它是针对特定对象、采取特定方式、接受特定制度规范调整的企业融资模式。向特定对象发行股票后股东累计不超过 200 人的,为非公开发行。但这是针对股份公司而言的。

② 董碧水:《非法集资:刀尖上的资本之舞》,载《中国青年报》2008 年 4 月 18 日。

全港"内的集资行为不受追究。① 如最高人民法院《关于审理非法集资刑事案件具体应用法律若干问题的解释》规定的"未向社会公开宣传,在亲友或者单位内部针对特定对象吸收资金的,不属于非法吸收或者变相吸收公众存款",就属于民间融资的"安全港"规则。美国在《证券法》中就规定了私募(即不涉及公开发行)的融资制度,也规定了小额融资与豁免制度,因此,我们看到的是有违反《证券法》的违法犯罪行为,但不用非法集资概念。我国香港特别行政区的《放债人条例》第23条规定"除非放债人领有牌照否则不得追讨贷款等"制度,使民间借贷、民间融资放债人风险增大,为求交易安全,通常放债人会在取得资格执照后放贷,因此,类似中国内地的巨额的民间地下融资活动较少。② 我国在承认民间融资合法化和打击非法集资的同时,十分需要明确的、合理的、规范的合法融资制度,界定融资边界,唯此,才能保证我国的金融安全和金融稳定并有效遏制非法集资。③ 严格规制与限制民间证券性集资行为与市场的需要背道而驰,打击"非法集资"的法律路径急需纠正与改变,如何正确、合理地发展正规化、合法化的证券性直接融资渠道,将是"变堵为疏"的有效路径,而多层次资本市场的发展便是应有之意。

一、多层次资本制度下的场内场外市场、公募私募市场

(一) 概念与定义

1. 场内市场、场外市场的概念

场内市场(Exchange Market)的定义相对简单和统一。所谓场内交易

---

① 如浙江省高级人民法院 2010 年 5 月 27 日出台《关于为中小企业创业创新发展提供司法保障的指导意见》明确,中小企业之间自有资金的临时调剂行为,可不作为无效借款合同处理。以投资公司、咨询公司等名义进行非法资金拆解活动的,仍要依法制裁。具体实践中,借贷利率、规模、如何界定自有资金、临时调剂等成为新问题。该《意见》明确规定:未经社会公开宣传,在单位职工或亲友内部针对特定对象筹集资金的,一般不作为非法集资;资金主要用于生产经营及相关活动,行为人有还款意愿,能够及时清退集资款项,情节轻微,社会危害不大的,可以免予刑事处罚或者不作犯罪处理。

② 除非放债人交出牌照或以其他方法令法庭信纳在贷款之日、订立协议之日或取得保证之日(视属何情况而定),他领有牌照,否则他无权在任何法庭追讨由他贷出的款项或该笔款项的利息,亦无权强制执行他所订立的协议或强制执行就其贷出款项而取得的保证。但如放债人由于未能令法庭信纳他在有关时间领有牌照,以致无权追讨该笔款项或利息,或无权强制执行该协议或保证,在所有情况下均不公平者,则该法庭可命令该放债人有权追讨该笔款项或利息,或强制执行该协议或保证,但范围以该法庭认为公平者为限,并受该法庭认为公平的修改或例外规定所规限。

③ 李有星:《论非法集资的证券化趋势与新调整方案》,载《政法论丛》2011 年第 2 期。

市场,即证券交易所市场或集中交易市场,是指由证券交易所组织的集中交易市场,一般有固定的交易场所和交易活动时间。而随着电子技术的发展和互联网的普及,场外市场(OTC Market)也早已超越了柜台市场的范畴,泛指所有证券交易所以外的进行证券交易的市场。国际证券管理委员会(IOSCO)将场外市场定义为是一个分散化的市场,其中交易通过交易商以电话或其他电子途径达成,通过高定制化或结构化的产品来满足不同风险偏好的投资者或交易商的投资需求。[1]

2. 公募市场、私募市场的概念

2014年5月9日,国务院发布的《关于进一步促进资本市场健康发展的若干意见》("新国九条")明确提出"培育私募市场",包括"建立健全私募发行制度"和"发展私募投资基金"。在我国,由于现行法律制度中没有直接规定证券私募制度,所以我国学界对证券私募并没有一个标准的定义。《中国证券百科全书》解释为:"私募,亦称为私募发行、内部发行或不公开发行。面向少数特定投资者的发行方式。这种发行方式仅以与证券发行者具有某种密切关系者为认购对象。"[2]相似地,《证券知识读本》中对私募定义为:"私募又称为不公开发行或内部发行,是指面向少数特定的投资人发行证券的方式。私募发行的对象大致有两类,一类是个人投资者,例如公司老股东或发行机构自己的员工;另一类是机构投资者,如大的金融机构或与发行人有密切往来关系的企业等。"[3]因此,相对场外、场内市场以交易场所来区分,私募和公募市场的概念是以发行的对象、人数、发行方式和产品类型来进行区分的。

我国《证券法》第10条规定:"公开发行证券,必须符合法律、行政法规规定的条件,并依法报经国务院证券监督管理机构或者国务院授权的部门核准;未经依法核准,任何单位和个人不得公开发行证券。"其中"向不特定对象发行证券的""向特定对象发行证券累计超过200人的""法律、行政法

---

[1] 参见国际证监会组织(OICV-IOSCO)的新兴市场委员会(Emerging Markets Committee)的报告 OTC Markets and Derivatives Trading in Emerging Markets Final Report (2010),其中第二章第9页写道:OTC markets are usually defined as decentralized markets where trading is done by market actors using telephone or other electronic means which provide the opportunity for investors/dealers who have different risk appetites and needs to engage in highly tailored/structured transactions.

[2] 黄达、项怀诚、郭振乾主编:《中国证券百科全书》,经济管理出版社1993年版,第63页。

[3] 周正庆主编:《证券知识读本》,中国金融出版社2006年版,第145页。

规规定的其他发行行为"均属于公募市场的发行方式,而私募市场不得采用广告、公开劝诱和变相公开方式。

3. 区别和联系

通过对国内已有的相关文献的研究和考察,我们发现,场内市场、场外市场中关于"场"的概念和内涵并没有清晰的表述,以致很难使用一个可靠且明确的标准来界定一个给定的市场属于场内市场还是场外市场。特别是随着电子技术的发展、互联网的普及以及交易结算制度的创新,交易所市场和场外市场的界限已经越来越模糊,两者之间的区别在逐渐缩小。首先,场内市场无形席位的出现,投资者的买卖指令能够直接进入交易所的电脑主机,使传统的"有形市场"和"红马甲"的定义发生了变化;其次,场外业务场内化是当代场外交易市场发展演进过程中一个非常重要的特征和趋势,最为典型的例子莫过于美国 NASDAQ 证券交易所。

尽管关于"场"的定义比较模糊,但从传统意义上来看,场外市场与场内市场还是存在比较明显的区别,如表 1 所示。

表 1 场外市场和场内市场的主要区别

市场类型	交易场所	投资人	产品标准化	交易机制	交易对手	信息透明度	监管力度	交易后处理
场内市场	证券交易所	公众	高	竞价为主,兼有做市商、大宗交易	匿名	高	严	集中统一
场外市场	证券交易所以外	机构	低	做市商、大宗交易为主	确定	低	松	双边自行结算

其中,关于价格和持仓情况等信息透明度的高低被国际证券管理委员会认为是场内、场外市场最显著的差异。在交易机制方面,场外市场以做市商报价和大宗交易为主,而交易所市场主要以集中竞价交易为主,不过目前很多交易所也同时提供做市商双边报价、大宗交易等多种交易机制。在监管方面,交易所市场由交易所执行一线监管的职能,并接受监管机构、行业协会等严格监管,已经形成了一套十分完善的金融风险管理体系;而场外市场的监管就要放松许多,主要依靠市场自身的约束。但是,两者在监管制度和结算服务上的差异也在趋同。比如一些场外市场引入中央对手方制度安

排,多边电子交易系统的兴起使得传统分散的场外市场变为集中,许多交易所也推出了场外产品交易系统以满足交易所参与者不同层次的交易需求。

德意志交易所在《全球衍生品市场白皮书(2009.9)》中就场内和场外市场产品在不同类型投资者的分布提供了如下示意图。总体来看,除集中于机构投资者之间较为复杂和个性化的结构性信用产品外,从产品类型的角度,场内市场几乎已经覆盖所有现货和衍生产品,这也说明场内市场已有能力支持所有类型产品的交易。德意志交易所发布这篇白皮书的主要目的也是希望能从后次贷时代的场外衍生品市场重新整合过程中分一杯羹,扩大自身的产品版图和市场份额。

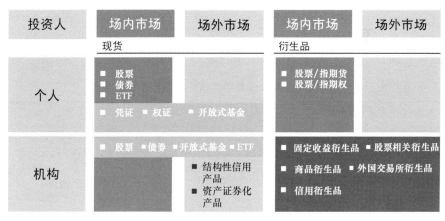

图1 金融产品分布图

资料来源:德意志交易所《全球衍生品市场白皮书(2009.9)》。

4. 场内与场外市场共同构建"正金字塔形"的多层次资本市场

从顶层设计的角度,我国可以形成交易所、全国性股权转让市场(简称"新三板")、区域市场、报价系统和券商柜台市场几个层次,其中区域市场、报价系统和券商柜台市场都属于场外市场,它们共同服务于多元化国民经济发展需求和多层次投资者投资需求。三者的挂牌或上市企业准入门槛、投资者资质管理、信息披露要求、流动性、交易方式和监管方式等有所不同,但基本原则应该一致,即"书同文、车同轨"。这三个层次市场的发展将最终形成"正金字塔形"的多层次资本市场体系。在此之下的是已经近万家的私募股权投资(PE)、风险投资(VC)机构以及越来越多的天使投资者,它们将与多层次资本市场体系形成良性互动。

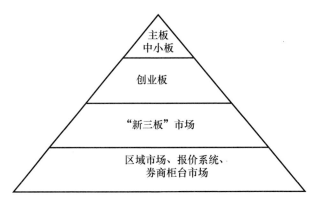

图 2　多层次资本市场

(二) 各国主要场外市场的发展状况

表 2　发达国家及地区场外市场发展状况

市场	地区	成立时间	交易制度	简要发展历程
NASDAQ	美国	1971 年 2 月	做市与竞价混合交易制度	1971 年由美国券商协会(即今天的美国金融监管局,FINRA)创建,2006 年在美国证券交易委员会注册成为全国性交易所,不再是场外(OTC)市场。
美国场外柜台交易系统(OTCBB)	美国	1990 年 6 月	做市商制度	1990 年由美国券商协会建立,1999 年美国证券交易委员会要求 OTCBB 挂牌企业都要定期报告财务信息,导致很多企业转到粉单市场,目前仍然由美国金融监管局监管,占美国市场份额已经很小。
OTC Markets	美国	1913 年 10 月	做市商制度	前身为 1913 年成立的私人公司美国报价局,因为将股票信息印在粉红色纸上得名"粉单市场",1999 年引入实时报价的电子系统,2000 年改名 Pink Sheets LLC,2010 年改名 OTC Markets Group,目前是美国最重要的场外市场,份额已经远远超过 OTCBB。

(续表)

市场	地区	成立时间	交易制度	简要发展历程
替代投资市场(AIM)	英国	1995年6月	做市与竞价混合交易制度	创建于1995年,由伦敦证券交易所负责监管和运营,后来又陆续开设了意大利AIM市场、东京AIM市场等,没有规模、经营年限和公众持股量等要求,采取"终身保荐人制度",只要有保荐人同意推荐上市即可。
证券期货交易所(ISDX)	英国	1995年10月	做市与竞价混合交易制度	前身为JP Jenkins运营的未上市证券市场(OFEX),2004年改名为Plus市场并由Plus Market Group运营,2012年Plus-Stock Exchange被ICAP公司收购,改名为ICAP Securities & Derivatives Exchange (ISDX)。
JASDAQ	日本	1983年11月	做市与竞价混合交易制度	1983年由日本证券业协会设立,2004年获准成为证券交易所,2010年大阪证券交易所合并JASDAQ,2013年随大阪交易所并入东京交易所。与日本各家证券交易所的创业板相比,新JASDAQ规模最大,上市企业遥遥领先。
绿单市场	日本	1997年7月	做市商制度	1997年由日本证券业协会设立,2003年获准成为个人交易系统(Proprietary Trading System),挂牌公司很少。
KOSDAQ	韩国	1996年7月	开盘后集合竞价,后转入指令驱动交易制度	前身为韩国场外市场,1996年,韩国券商协会(现为韩国金融投资协会,KOFIA)在场外市场中引入KOSDAQ自动化交易系统,同年4月推出KOSDAQ股价指数,1999年6月正式更名为KOSDAQ证券市场股份有限公司,2005年,韩国证券交易所(KSE)、韩国期货交易所(KOFEX)和KOSDAQ合并成韩国交易所(KRX),韩国KOSDAQ比较成功。

(续表)

市场	地区	成立时间	交易制度	简要发展历程
K-OTC Market	韩国	2000年	竞价交易	2000年韩国券商协会(现为韩国金融投资协会,KOFIA)为了完善KOSDAQ功能设立了韩国场外交易市场(the Korean Over-the-Counter Bulletin Board),之后发展不佳,2005年改名自由板市场(Free board Market),2014年8月升级为K-OTC Market,目前包括约104家企业。
兴柜市场	中国台湾	2002年1月	做市商制度	1994年,台湾柜台买卖中心成立,1995年公布柜台指数,柜台市场快速发展,2002年建立兴柜股票市场,将未上市及未上柜的股票纳入交易范围,2003年开始,拟上市(柜)股票必须在兴柜市场交易满3个月,2006年,这一期限延长至6个月。
创业板	中国香港	1999年11月	竞价制度	1999年成立,2000—2001年发展迅速,而后发展平淡,2008年开始,香港联交所对上市规则做了较大的修订,提高了上市门槛,目前创业板主要定位为企业转板的踏板。
HKOTC	中国香港	2012年	非公开交易	2012年建立,目前挂牌企业很少。

1. 美国场外市场

美国的场外市场包含批发市场、外汇/金融衍生品市场和零售市场三个层次。零售市场包括NASDAQ市场和分值股票市场；其中,分值股票市场包含柜台公告板市场OTCBB和粉单市场(OTC Markets)。批发市场包括第三市场及私募证券转让市场,私募证券转让市场由地方柜台市场和私募(PORTAL)市场组成。如此扎实稳固的场外市场,为创业板及主板市场不断孵化培育优质企业,同时也承接着从上述板块淘汰的企业,并给予这些企业以重整的平台。为了有效地促进这些场外市场的规范化,美国粉单市场通过对订阅用户定期制作刊物、发布场外交易的各种证券的报价信息、在每天交易结束后向所有客户提供证券报价,使证券经纪商能够方便地获取市场报价信息,并由此将分散在全国的做市商联系起来。这一举措有效提高了市场效率,解决了长期困扰小额股票市场的信息分散问题。

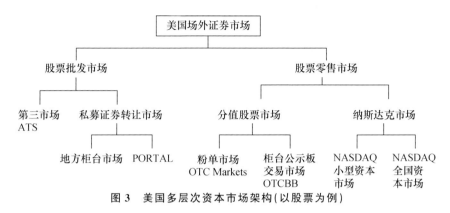

图 3　美国多层次资本市场架构(以股票为例)

表 3　OTCBB 市场概况　　　　　　　　　单位:只

年份	日均证券总数	本国证券	外国证券	ADR	做市商总数
2004	3293	3130	155	7	233
2005	3283	3119	158	7	223
2006	3328	3169	153	5	222
2007	3516	3346	166	4	216
2008	3694	3506	183	6	199
2009	3535	3354	176	4	160
2010	3136	2978	156	3	131
2011	2456	2341	112	3	106
2012.7	1770	1709	60	2	89

注:根据 OTCBB 网站提供的原始数据整理而成。

表 4　OTC 市场集团不同市场层级报价证券数量　　单位:只

市场层级	2009 年	2010 年	2011 年
OTCQX	78	159	314
仅在 OTCQB 市场报价	0	991	1284
仅在 OTCBB 市场报价	69	22	14
在 OTCQB 与 OTCBB 市场同时报价	3321	2860	2341
OTC 粉单市场	5879	5954	6227
合计	9347	9986	10180

资料来源:根据 OTC 市场集团网站提供的年报数据整理而成。

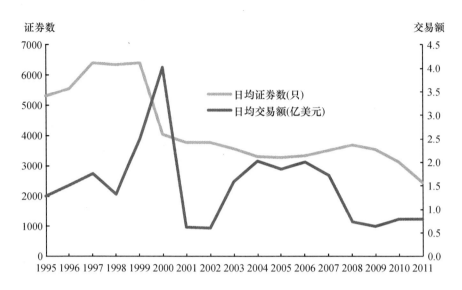

图 4　OTCBB 市场挂牌证券数与交易额概况

注：根据 OTCBB 网站提供的原始数据整理而成。

2. 日本场外市场

日本主要的柜台市场是绿单市场，该市场按照信息披露要求严格程度从高到低将市场细分为新兴部、普通部、投资信托/特殊目的公司部和退市公司部。在内部差异化登记挂牌要求的影响下，各子市场从并行发展变为内部竞争。1997 年至 2004 年间，新兴部规模不断扩大，挂牌企业从 22 家增长到 70 家。2004 年后，随着普通部成立，中小企业更倾向于选择在信息披露要求更加宽松的普通部挂牌，普通部的建立给新兴部带来了重大的负面影响，普通部挂牌企业数从 2005 年的 14 家增长到 2010 年年末的 39 家，而新兴部挂牌企业数则下降到 20 家，在 2006 年至 2013 年间，新兴部没有新增企业上市。也正基于此，绿单市场近年来发展滞缓，日本是发达国家中场外市场较为弱小的地区之一。

3. 韩国场外市场

韩国资本市场目前分为三个层次，第一层是韩国证券交易所的主板市场，第二层是证券交易所的创业板—科斯达克，第三层是场外交易市场—自由板市场。

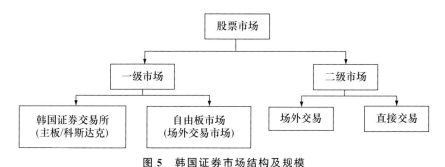

图5 韩国证券市场结构及规模

表5 自由板挂牌公司数量统计 （单位：家）

	2000	2001	2002	2003	2004	2005	2006	2007	2008	2009	2010	2011
挂牌公司总数	132	176	183	107	69	62	56	54	70	66	71	63
新增挂牌公司	134	55	30	11	2	11	8	7	25	6	18	11
摘牌公司	2	11	23	87	40	18	14	9	—	14	13	19
申请挂牌公司	—	—	—	—	—	—	—	—	8	76	116	73

数据来源：韩国自由板市场网站：http://www.freeboard.or.kr.

表6 自由板股票交易量统计

	2000	2001	2002	2003	2004	2005	2006	2007	2008	2009	2010	2011
每日平均交易量（亿韩元）	6.74	3.41	2.41	0.7	0.41	0.75	0.77	1.71	1.28	0.61	2.31	2.02
累计交易量（亿韩元）	1227	841	584	172	102	187	190	420	318	155	581	496
市值（万亿韩元）	1.03	1.29	1.37	1.08	0.38	0.44	0.42	0.46	5.74	0.74	0.81	0.85

数据来源：韩国自由板市场网站：http://www.freeboard.or.kr.

表7 科斯达克上市公司情况统计

	2004	2005	2006	2007	2008	2009	2010	2011
上市公司总数（家）	889	917	963	1022	1036	1028	1029	1031
股票数（百万股）	12172	14045	16602	19515	22303	21695	23370	21440
市值（万亿韩元）	31	70.8	72.1	99.8	46.1	86.1	97.9	105.9

数据来源：韩国证券交易所网站：http://eng.krx.co.kr.

自由板市场建立的目的在于支持创新型中小企业融资，特别是支持初创期公司和创新型企业，满足这种企业的流动性需求，给投资者提供风险资本退出的渠道,鼓励投资者进一步投资。韩国自由板市场挂牌公司数量在 2002 年达到顶峰,共有 183 家公司。但是,随着创业热潮消退,截至 2011 年 12 月底,挂牌公司已跌至 63 家。与自由板市场挂牌公司家数较少,交易不活跃,挂牌公司市值较低形成鲜明对比的是,韩国创业板市场科斯达克挂牌公司持续上升,交易较为活跃。

4. 我国台湾地区的场外市场

台湾地区的场外交易市场分为柜台市场和盘商市场两层次。柜台市场主要指的是证券柜台买卖中心管理下的上柜市场和兴柜市场。上柜市场的交易以竞价制度为主,做市商制度为辅。兴柜市场采用传统的做市商制度,经纪或自营议价成交。处于较低层次的盘商市场是非公开的私人股权交易市场,以盘商为中介进行。台湾地区的场外市场登记挂牌,以便于各类品种的上市、转让、交易为宗旨,目前其上柜的品种分为登记、管理、第二类股和兴柜股票四类股票,以及公债、金融债、公司债和外国债券等各类债券。截至 2011 年 12 月 31 日,台湾兴柜市场共有 277 家挂牌公司,2011 年的成交额达到 2022 亿元新台币(2011 年上市股票市场的交易量为 39930 亿元新台币)。

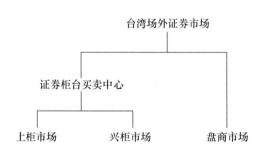

图 6　我国台湾地区的多层次资本市场架构

(三) 各国场外市场的共同特点

1. 监管政策决定场外市场的发展情况

如今,美国粉单市场已经成为全美最重要的场外市场,监管政策的转变直接导致了这一发展结果。粉单市场作为民办的场外交易平台,一度在 NASDAQ 和 OTCBB 的竞争压力下衰落。但是自《OTCBB 报价资格规则》(OTCBB Eligibility Rule)颁布实施之后,粉单市场就成为美国境内唯一不要求报价证券提交财务报告的公开交易市场。超过2600只证券选择退出OTCBB市场,而转到粉单市场进行交易,其中包括很多不愿向SEC提交财务报告的境内外优质公司。① 美国粉单市场逐渐成为美国公开证券交易市场的"污水排污口"。正像水往低处流一样,商业将从受监管市场向不受监管市场流动。

表8 美国场外市场分层结构一览表

市场名称	所属层级	财务标准
OTCQX	最高层:满足最严格的财务标准,而且接受定性评估	有定性标准和财务要求
OTCQB	中间层:向证券交易委员会/银行业或保险业监管机构提交报告	无条件
OTC Pink	底层:投机交易市场	无条件
共同义务	公司重大经营事项的报告义务——所有OTCQX、OTCQB和OTC PinK交易的公司若发生派息、分股、反向分割、名称变更、合并、收购、解散、破产或清算等公司经营事项的重大变更,挂牌公司应于该事项发生前10天及时通知FINRA,挂牌公司若未在规定期限内报告上述公司重大经营事项,该公司可能被处以高达5000美元的罚款。	

表9 OTC市场规模

	OTCBB市场	粉单市场
证券数量	677只	9858只
证券经纪交易商数量	50家	130家
成交金额	16.7亿美元	2010亿美元

资料来源:OTCBB官方网站:http://www.otcmarkets.com/home,最后访问日期2015年12月1日。

2. 场外市场同样需要多层次的结构

以美国为例,信息披露是整个金融市场的核心制度之一,对于粉单市场当然也不例外。OTC市场集团根据挂牌公司所披露信息的不同层次,将该

---

① 美国首席财务官执行委员会报告,转引自刘鹏:《资本的涅槃——美国场外市场发展与我国新三板启示》,中国金融出版社2013年版,第37页。

市场分为三个层级:OTCQX,OTCQB 和 OTC Pink。三个市场所需的信息披露程度依次递减。

从挂牌证券的数量上看,OTC Pink 挂牌证券数量最多,而 OTCQX"少而精",为美国境内外的优质公司提供理想的交易场所,也是 OTC 市场集团所重点培育和发展的市场。不同的市场层级对应着不同信息披露程度的标准,满足了不同企业融资的需求。

3. 场外市场需要和场内市场形成"进可攻、退可守"的转板机制

美国强大、多层次的场外市场以及不同市场间相同的交易制度使其基层板块间的转板相对活跃。从转板规模来看,近年来美国在 OTCBB 市场与 NASDAQ 市场之间转板的企业年均超过 300 余家,其中从 OTCBB 升板至 NASDAQ 的约有 100 余家,约占 OTCBB 市场企业总数的 5%。

我国台湾地区市场的转板表现为兴柜市场与上柜市场及台湾证券交易所三者之间的相互转换。兴柜市场、上柜市场已成为台湾上市公司成功的孵化器。在灵活的转板机制下,从 2000 年至 2013 年 7 月,柜台买卖中心上柜企业家数、股票成交量与总市值上涨趋势显著,上柜企业家数从 300 家增长到 646 家,总市值从 10505 亿元新台币增长到 20190 亿元新台币,其中共有 308 家上柜公司转到主板,反映出上柜市场对投融资者有较大的吸引力。同时,兴柜市场截至 2012 年底也累计挂牌超过 1200 家公司。台湾全市场的转板为主板提供了大量企业资源。

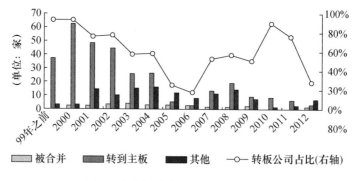

图 7　台湾场外市场发展与转板情况

4. 成熟资本市场的场外市场发展迅猛

从国外成熟市场的发展经验出发,场外业务是证券公司的主导业务之

一。首先,在市场规模上,以美国为代表的场外市场规模远高于场内市场,2011年美国场外公告板市场非上市证券有2376家,证券价值高达10亿美元;其次,在参与主体上,场外市场的参与主体数量多于场内市场,主体的多元化程度也更高;最后,在收入贡献上,以佣金收入为例,尽管在绝对收入规模上,场内市场的佣金收入远高于场外市场,但是在变动趋势上,近年来美国场外市场的佣金收入规模呈现出直线上升的趋势,从2001年不足20亿美元的水平直线上升至2008年金融危机前约60亿美元的水平。

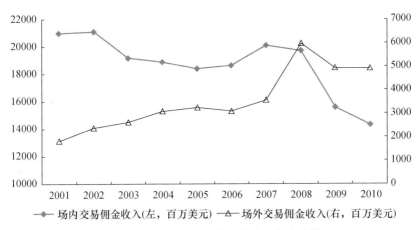

图8 美国证券业场内与场外市场佣金比较

二、我国场外市场目前的法律政策背景与监管现状

(一) 证券公司柜台市场发展的法律政策背景与监管现状

1. 证券公司柜台市场发展的法律政策背景

自2012年5月召开的证券公司创新发展座谈会提出"拓展证券公司基础功能,发展证券公司柜台业务"的改革措施以来,部分证券公司开始积极探索建立面向自己客户的柜台交易市场。2012年10月,海通证券等9家证券公司向证券业协会提交了柜台市场建设实施方案。同年11月2日,于北京召开的证券公司柜台市场座谈会上,证券公司发表了两种对柜台市场内涵的理解:第一种是以国信证券、海通证券、国泰君安等为代表的"准交易所市场"概念,主要在其柜台市场销售理财产品、私募债券等金融产品;第二种理解是以高盛高华等为代表的"券商与客户之间销售交易的市场"概念,主

要参照国际同行的业务实践,将柜台交易理解为券商根据客户的需求,借助各种金融工具,为客户量身定制产品,并销售给客户。

2012年12月21日,证券业协会向市场发布《证券公司柜台交易业务规范》,截至2014年12月16日,共有29家证券公司(国信、广发、兴业、申银万国、国泰君安、海通、中信建投、东兴、国金、华龙、江海、东北、西部、恒泰、中原、华林、财通、财富、东吴、长城、第一创业证券等证券公司)获批启动试点工作。2014年8月15日,证券业协会向市场发布了《证券公司柜台市场管理办法(试行)》和《机构间私募产品报价与服务系统管理办法(试行)》。

2. 证券公司柜台市场的监管现状

《机构间私募产品报价与服务系统管理办法(试行)》发布实施后,除金融监管部门明确规定必须事前审批、备案的私募产品外,证券公司在报价系统报价、发行、转让的私募产品直接实行事后备案,无须向中国证券业协会申请创新业务(产品)专业评价。而《证券公司柜台市场管理办法(试行)》在总结证券公司柜台业务试点经验后,从私募产品发行销售转让、登记托管结算、自律管理等方面对证券公司柜台市场业务做了进一步规范,其中明确,中国证券业协会对证券公司开展柜台市场业务实施自律管理,证券业协会委托中证资本市场发展监测中心有限责任公司建立机构间私募产品报价与服务系统,为柜台市场提供互联互通服务。

《证券公司柜台市场管理办法(试行)》明确了登记结算业务监管的三点原则:第一,柜台市场私募产品的登记、结算可以由证券公司自行办理,也可以由中国证监会认可的其他机构办理。无论采取何种方式,柜台市场产品账户应当与中国结算统一的全国投资者证券账户建立关联关系。第二,为柜台市场提供登记、结算服务的机构应当按照证券业协会的规定报送柜台市场交易、登记、结算数据。证券业协会与中国结算应当建立交易、登记、结算数据集中存储和共享机制。第三,柜台市场交易、登记、结算应当遵守或者优先采用中国证监会、协会、证券交易所、中国结算及其他有权机构制定的业务技术规范。

(二) 区域市场发展的法律政策背景与监管主体

1. 区域市场发展的法律政策背景

自2008年以来,为了破解中小微企业融资难题,各地陆续设立了一批区域市场。2011年11月和2012年7月,针对地方各类交易场所出现的违法违规行为和暴露出的风险,国务院和国务院办公厅先后出台《关于清理整顿各类交易场所切实防范金融风险的决定》和《关于清理整顿各类交易场所的实施意见》,决定对包括区域市场在内的各类交易场所进行清理整顿,并明确了各类交易场所运行的底线要求。

2012年5月,中国证监会下发了《关于规范区域性股权交易市场的指导意见(征求意见稿)》,从政策层面首次确认中国场外市场包括四个层次:沪深主板为一板,深市创业板为二板,"新三板"为三板,区域性股权交易市场为四板。2012年8月底,中国证监会《关于规范证券公司参与区域性股权交易市场的指导意见(试行)》,明确了区域市场的定位,规定证券公司以两种方式参与:一是以区域性股权交易市场会员的身份开展相关业务;二是在会员基础上,可入股区域性股权交易市场。2013年3月,证券业协会发布了《证券公司参与区域性股权交易市场业务规范》,从规范证券公司参与区域市场的角度,对市场发展间接提出了规范要求。在这些规定的引导下,区域市场逐步走上了规范发展的道路。2013年8月,国务院办公厅出台《关于金融支持小微企业发展的实施意见》,首次提出,要在清理整顿各类交易场所基础上,将区域市场纳入多层次资本市场体系,促进小微企业改制、挂牌、定向转让股份和融资,支持证券公司通过区域市场为小微企业提供挂牌公司推荐、股权代理买卖等服务。2013年11月,中共中央《关于全面深化改革若干重大问题的决定》提出了健全多层次资本市场体系,多渠道推动股权融资的要求。

2014年2月至11月,中国证监会主席肖钢先后前往广州股权交易中心、浙江股权交易中心、石家庄股权交易所进行了调研,肖钢强调指出,区域性股权交易市场是多层次资本市场的组成部分,大力发展区域性股权交易市场,对健全我国多层次资本市场体系具有重要意义;区域性股权交易市场应在规范运营和做好风险防范基础上,根据中小企业发展特点和融资需求,大胆创新,不断研究开发新产品、新服务,促进企业利用多层次资本市场更好发展。同年12月,肖钢在广西南宁主持召开了"民族地区股权市场规范发展座谈会",邀请内蒙古、广西、西藏、宁夏和新疆五个少数民族自治区的金融办、区域股权市场负责人进行座谈。在本次会议上,肖钢提出了四项要求:一是区域性股权市场发展的业务范围应以属地化为原则,不要跨省区发展;二是区域性股权市场要转变观念,创新思路,不要追求企业挂牌展示的数量和股权交易的活跃程度,不走过去办交易所的老路,而要着力增强资本市场中介服务功能,提高竞争力;三是证监会系统要大力支持民族地区区域股权市场发展,包括建立健全沟通交流机制,增强中介服务功能,支持证券公司等专业机构参与区域股权市场建设,推动完善小微企业股权登记托管办法,提高小微企业股权质押融资效率,落实好民族地区资本市场培训基金;四是全国中小企业股份转让系统应加大对民族地区的支持力度,具体落实措施包括减免民族地区企业挂牌费、年费等费用,建立民族地区企业即报即审的快速审核通道,提高审核效率,提高民族地区企业在"新三板"市场融资功能。

2. 区域市场的监管现状

在有关区域市场的法律规范中,明确了几个方面的监管底线:一是基于区域市场为私募证券市场的定位,规定不得采用公开或者变相公开方式发行证券,单只证券的持有人数量不得超过法律规定的私募证券持有人数上限;二是考虑到私募证券市场的风险较大,规定市场投资者应当是合格投资者,不得向不具备法律和中国证监会规定标准的投资者发行或转让证券;三是对交易场所的交易方式和时间间隔做了限制性规定;四是从维护市场秩序、保护投资者利益出发,强调了禁止内幕交易、操纵市场、欺诈误导等证券市场应当坚守的底线要求。

在区域市场的监管主体方面,2014年2月,中央机构编制委员会办公室批准证监会有关部门"三定方案",明确证监会打非局负责制定区域市场的监管规则和实施细则。同年8月,国务院出台了关于界定中央和地方金融监管职责和风险处置责任的文件,规定省级人民政府对区域市场实施监管,中央金融监管部门制定区域市场的监管规则,并对跨区域市场实施备案管理。根据以上一系列文件的精神和要求,证监会制定了《区域性股权市场规范发展指导意见(草案)》,具体明确了区域市场的基本地位、监管体制、监管底线、市场规则与支持措施。

在具体监管分工方面,区域市场应当由省级人民政府按照国务院规定批准设立的机构进行运营管理;在区域市场进行私募证券的发行、转让及相关活动,应当接受运营机构所在地省级人民政府及其指定的监管部门的监督管理;运营机构对区域市场相关参与者违反法律法规及业务规则的行为,应当视性质轻重或根据监管要求,向所在地政府监管部门和中国证监会派出机构报告;政府监管部门依法对区域市场的违法违规行为采取监管措施或进行处罚的,应当在5个工作日内通报中国证监会派出机构。除此之外,中国证券业协会对证券公司控股、参股运营机构和参与区域市场有关业务活动的行为实行自律管理,运营机构可以特别会员方式加入中国证券业协会,接受中国证券业协会的自律管理。

3. 我国多层次资本市场的发展现状

(1) 区域性股权交易市场发展近况

按照目前的政策规定,区域性股权交易市场是指由地方政府扶持建设的,以本地非上市非公众公司股权交易为主的场外市场,投资者也主要限于当地。随着各省市区按照国务院规定,对地方交易场所清理整顿的工作逐步进入尾声,区域性股权交易市场建设进入了新的阶段。对于当地已成立区域性股权交易市场的,有的地方正积极通过增资扩股等方式拓展市场发展空间;对于当地尚未成立区域性股权交易市场的,有的地方也正积极组织协调相关各方进行筹建。从证券行业相关机构参与区域性市场的具体进展来看,为加快区域性股权交易市场的建设进程,地方政府正积极与部分证券公司、沪深交易所等单位接触,引入战略性股东,有的区域性股权交易市场已实现了由证券公司、沪深交易所参股甚至控股。目前,部分区域性市场已正式开展业务,其他区域性市场仍处于宣传推介阶段,尚未实际开展业务。

(2) 区域性股权交易市场的前景展望

较之境外区域性市场发展情况,我国区域性股权交易市场因所处的经济发展阶段、挂牌企业资源、投融资条件、政策支持等环境差异,尤其是在我国普遍存在"民间资本多投资难,中小企业多融资难"的问题、地方政府行政导向力量强大的背景下,在市场建设、发展上都将会呈现不同的特点。

分析未来我国区域性市场的发展走向,初期可能难以避免各地"一哄而上"争相建立各自的区域性市场的状况;但随着时间的推移,大部分区域性市场由于当地经济发展水平、挂牌企业资源等自身基础条件不占优势等原因最终可能会被关闭或被并购,少数几家区域性市场由于优势突出,经过竞争、联合、并购等行为,未来将有可能发展壮大,甚至不排除随着政策限制上对交易方式、挂牌企业范围等的放宽,最后有可能形成少数几家覆盖多个地区的真正的区域性股权交易市场乃至全国性的股权交易市场。

表10 部分区域性股权交易市场基本情况表

序号	区域性股权交易市场	挂牌企业分布区域	证券机构参与情况	运营状态	基本数据
1	天津股权交易所	全国	国有企业	已正式开展业务	累计挂牌企业256家,覆盖26省市,总市值235.76亿元,市场累计直接融资47.05亿元,平均市盈率8.05倍(截至2013年1月31日)
2	浙江股权交易中心	浙江省	上证所信息网络公司、浙商证券和财通证券控股	已正式开展业务	挂牌企业66家,挂牌企业总股本53亿元,总市值179亿元,平均每股收益0.31元(截至2013年1月31日)
3	重庆股份转让中心	重庆市	西南证券控股	已正式开展业务	挂牌企业65家(截至2013年1月31日)
4	上海股权托管交易中心	主要为上海企业	上证所信息网络公司为第二大股东	已正式开展业务	挂牌公司48家,其中22家挂牌公司可进行股份转让,后续储备企业200余家,累计成交438家,成交金额共1.45亿元,成交股数3649万股(截至2013年1月31日)
5	湖南股权交易所	限于湖南省	尚未有证券机构参与,主要股东为湖南省联合产权交易所、株洲市国有资产投资控股集团	已正式开展业务	挂牌企业6家,挂牌企业6家,私募融资1.13亿元(截至2013年3月5日)
6	安徽省股权交易所	限于安徽省	尚未有证券机构参与,主要股东为合肥兴泰控股集团、合肥市产权交易中心及安徽省投资集团	已正式开展业务	已托管企业80家(截至2013年3月5日)

（续表）

序号	区域性股权交易市场	挂牌企业分布区域	证券机构参与情况	运营状态	基本数据
7	广州股权交易中心	限于广东省	尚未有证券机构参与，由广州国际控股集团有限公司等国有控股集团公司发起设立	已正式开展业务	挂牌企业162家,实现融资交易总额7.584亿元（截至2013年3月5日）
8	武汉股权托管交易中心	限于湖北省	尚未有证券机构参与，由武汉光谷联合产权交易所有限公司发起设立	已正式开展业务	托管企业202家,托管总股本117亿股；挂牌交易企业31家,挂牌总股本7.95亿股；挂牌股权累计成交3133.32万股,成交总金额1.73亿元（截至2013年1月31日）
9	齐鲁股权托管交易中心	主要为山东企业	尚未有证券机构参与，事业单位	已正式开展业务	挂牌企业136家,托管企业234家（截至2013年3月5日）
10	深圳前海股权交易中心（深圳）有限公司	主要为广东企业	中信证券、国信证券、安信证券、深圳证券信息公司、深圳联合产权交易所控股	正在宣传推介阶段，尚未实际开展业务	/
11	江苏股权交易中心有限责任公司（暂定）	尚在建设中	华泰证券拟控股，东吴证券、国联证券、东海证券及南京证券等5家券商拟参股	正在宣传推介阶段，尚未实际开展业务	/
12	大连股权交易中心	拟限于大连市	大通证券拟参股，拟邀请深交所、中国结算入股	正在宣传推介阶段，尚未实际开展业务	/

(续表)

序号	区域性股权交易市场	挂牌企业分布区域	证券机构参与情况	运营状态	基本数据
13	北京股权交易中心	拟限于北京市	深交所、北京产权交易所并列为第二股东,中信建设、银河证券、首创证券参股	正在宣传推介阶段,尚未实际开展业务	/
14	沈阳区域性股权交易市场(筹备中)	/	/	/	/
15	新疆股权交易中心(筹备中)	/	/	/	/

(三)众筹融资互联网平台的分类与监管现状

1. 众筹融资互联网平台的概念与分类

根据国际证监会组织对众筹融资的定义,众筹融资是指通过互联网平台,从大量的个人或组织处获得较少的资金来满足项目、企业或个人资金需求的活动。众筹融资对于拓宽中小微企业直接融资渠道、支持实体经济发展、完善多层次资本市场体系建设具有重要意义,受到社会各界的高度关注。互联网技术的运用使众筹现在可以克服成本高昂的门槛,有了普遍适用的可能性。但由于缺乏必要的管理规范,众筹融资活动在快速发展过程中也积累了一些不容忽视的问题和风险:一是法律地位不明确,参与各方的合法权益得不到有效保障;二是业务边界模糊,容易演化为非法集资等违法犯罪活动;三是众筹平台良莠不齐,潜在的资金欺诈等风险不容忽视。

鉴于通过互联网平台向公众筹集资金所带来的一系列风险,法律对此予以特别规定。众筹基本上可以划分为四种模式:捐赠型众筹、预购型众筹(回报型众筹)、借贷型众筹和股权型众筹。其中捐赠型众筹由慈善法规制。预购型众筹以公众预付货款购买产品为模式汇集资金,不具有投资者,只受合同法和产品质量法、消费者权益保护法等法律规制。借贷型众筹中投资者以借贷形式提供资金,目的是获得利息回报;股权型众筹中,投资者更是直接以股权作为投资形式,希望未来获得股权的增值,这两种众筹模式中,资金提供者均以获得投资收益为目的提供资金,在理论上都属于证券法的管辖范围。不过,由于借贷型众筹的典型——P2P 网贷(peer to peer lending)在中国变型,多数从纯粹信息中介转化为信用中介,甚至进行了期限转换、流动性转换,将其纳入金融中介机构范围监管更为合理。

2. 股权众筹互联网平台的监管现状

对于股权众筹,由于我国《证券法》存在对股票公开发行的限制,因此股权众筹只能通过私募众筹的方式来保证其合法性。我国《证券法》第 10 条规定:"公开发行证券,必须符合法律、行政法规规定的条件,并依法报经国务院证券监督管理机构或者国务院授权的部门核准;未经依法核准,任何单位和个人不得公开发行证券。有下列情形之一的,为公开发行:(一)向不特定对象发行证券的;(二)向特定对象发行证券累计超过 200 人的;(三)法律、行政法规规定的其他发行行为。非公开发行证券,不得采用广告、公开劝诱和变相公开方式。"除此之外,我国《证券法》并未规定小额豁免的情况,因此 200 人限制就成了股权众筹融资平台的重要监管红线。至于何为特定对象,法律没有明确规定,一般认为包括三类人:(1)与发行人有特殊关系,足以保护自己的人;(2)有丰富投资经验,足以保护自己的人;(3)有足够财产,能够保护自己的人。实践中,各国一般都采用第三个标准——财富标准——来界定非公开发行的对象,比如我国的合格投资者标准。

综上所述,目前股权众筹融资互联网平台有两大监管标准:(1)股东必须为特定对象;(2)股东人数不能超过 200 人。2014 年 12 月 18 日,中国证券业协会发布了《私募股权众筹融资管理办法(试行)(征求意见稿)》,在该《征求意见稿》中明确了中国证券业协会依照有关法律法规及本《办法》对股权众筹融资行业进行自律管理;证券业协会委托中证资本市场监测中心有限责任公司对股权众筹融资业务备案和后续监测进行日常管理;股权众筹平台应当在证券业协会备案登记,并申请成为证券业协会会员。除此之外,该《办法》明确列出各参与主体的禁止行为,划定业务"红线",防止风险累积,鼓励行业创新和自由竞争。比如在股权众筹平台的经营业务范围方面,为避免风险跨行业外溢,规定股权众筹平台不得兼营个人网络借贷(即 P2P 网络借贷)或网络小额贷款业务。

第八章 互联网金融及其法律问题

互联网金融是金融与互联网技术结合后产生的一种新型金融业务模式。与传统金融的集中化、管制性等特点相比,互联网金融具有极强的分散化、民间性等特点。在当前互联网技术和商业模式强势影响经济的背景下,互联网金融在近几年得以迅速发展,并成为民间金融的重要表现形式。由于立法的滞后以及对互联网金融的运作规律还缺乏全面和深入的理解,互联网金融及其蕴含的潜在风险正在对传统金融监管体制和规则形成极大挑战。目前,对于互联网金融的主流认识是,应持一种积极态度,促进其向有利于改善金融行业生态环境、提高经济效益、造福金融消费者的方向健康发展。本章通过全面观察和透视互联网金融现象特别是商业模式,从法律和监管等多视角对其进行分析,并在此基础上提出政策建议。

第一节 互联网金融的历史发展

尽管互联网金融的概念已经在相关研究与实践中被广泛使用,但是,对此概念的界定还缺乏理论上的共识。如果从概念的文义上进行解释,互联网金融应该是一个比较宽泛的概念,以互联网和移动通信网络为载体或平台而实现的资金融通活动,都可称之为互联网金融。基于这一广义理解,互联网金融的定义可以较为严谨地表达为:传统金融机构或非金融商业机构借助现代互联网络和移动通信网络,实现金融服务在互联网上的延伸这一现象的总称。互联网金融现象有其产生和发展过程,了解这一过程,对于理解互联网金融的本质和规律具有十分重要的意义。

一、互联网金融历史发展的时间轴

早在 20 世纪 80 年代,金融就开始"触网",但是,金融和互联网二者的交集也仅表现为金融机构利用网络传递、散播金融服务或产品信息。[①] 消费者可以通过浏览页面的方式获取金融服务或产品的信息,这显然要比传统条件下的金融信息传播与交流要节省成本。此时,互联网仅是作为金融产品和服务信息的交通渠道,实际的金融行为仍然发生于线下。1995 年,世界上第一家网络银行的创立,标志着"互联网金融"的诞生。20 年来,互联网金融在信息技术的催动下,伴随着经济与社会的进步,不断深化发展,至今方兴未艾。

有研究将自 1995 年以降二十年来的互联网金融发展史分为三个阶段[②]:

(一) 第一阶段:1995—2003 年

此阶段以网络银行、网络证券和网络保险等形式的网上金融现象的出现为标志。1995 年,世界第一家网络银行——美国安全第一网络银行诞生。此后,以网上银行为主的互联网金融形式在全球迅速发展。截至目前,全球能提供网上银行服务的银行和金融机构已超过 5000 家。与初期通过互联网发布金融产品信息这种简单的"金融触网"相比,网上银行显然更接近互联网金融的本质。

(二) 第二阶段:2001—2012 年

此阶段,传统金融机构不断利用互联网技术拓展金融业务,同时,互联网企业则利用先天优势涉足金融业。它们利用电子商务、社交网络、移动支

[①] See MU Yibin, "E-Banking: Status, Trends, Challenges and Policy Issues", paper presented at CBRC Seminar, The Development and Supervision of E-banking Shanghai, Nov.24—26, 2003.

[②] 刘英、罗明雄:《互联网金融模式及风险监管思考》,载《中国市场》2013 年第 43 期。以下的阶段划分在时间上或有重叠,遵循原文,未作修改。

付、大数据、云计算、搜索引擎等新技术形式将其业务范围渗透到金融领域。

（三）第三阶段：2012年至今

这一阶段，互联网金融蓬勃发展，相关产业开始全面布局互联网金融。随着电子商务的急速发展，包括移动支付在内的第三方支付、P2P、众筹平台、大数据金融等互联网金融模式不断涌现。无论是传统金融企业还是互联网企业都开始涉足互联网金融并将其提升为企业的发展战略。互联网金融正成为企业抢占未来金融业制高点的关键。

二、互联网金融的嬗变：从网络银行到网络金融

二十年来，互联网金融的发展不仅表现为规模的膨胀和内容的丰富，而且还经历了以银行等金融机构为主导的"网络银行"到以互联网企业为主导的"网络金融"的质的嬗变。

（一）网络银行向网络金融的跨越

早期的互联网金融主要表现为传统金融服务通过互联网得以延伸，如金融机构利用网络提供更为便捷的金融客户服务，最常见的即所谓网络银行。[1] 通过网络银行，原来必须到银行柜台现场办理的业务，可以通过互联网在线完成。这实质上是传统银行服务借助互联网得以延伸。

随着云计算、大数据和移动互联等信息技术的进步，互联网金融进入到高级阶段。在此阶段，占据主导地位的不再是银行，而是互联网企业。互联网企业凭借网络平台和基础用户，在相当大的程度上替代了银行作为金融媒介的排他性地位。用户可以通过互联网或移动通信网络自主开展支付、投资和信用消费等金融活动。

（二）互联网对金融的重塑

在互联网金融发展的初级阶段，互联网仅充当了媒介的作用，只是为传统金融产品或服务提供了更为便捷的途径或方式，并未对传统金融业务形成根本性冲击；但到了高级阶段，互联网则开始扮演重塑金融的角色。具体而言，首先，在互联网金融初级阶段，互联网本身还仅仅停留在工具意义上，

---

[1] See MU Yibin, "E-Banking: Status, Trends, Challenges and Policy Issues", paper presented at CBRC Seminar, The Development and Supervision of E-banking Shanghai, Nov.24—26, 2003.

作为独立主体的互联网平台还没有出现,或者虽然出现但没有实质参与金融法律关系。但是,到了互联网金融的高级阶段,互联网平台企业作为独立主体参与金融法律关系,而且还成为核心法律关系中的重要主体。如在以P2P和众筹平台为代表的互联网平台上,互联网金融平台提供商成为"居间人",与出资方和用款方共同构成金融法律关系的三方主体。其次,在互联网金融发展的初级阶段,由于互联网未对金融进行质的改造,传统金融业务并未因些许互联网因素的渗入而改变自己的服务条件和门槛,因此,金融消费者的结构并没有发生变化。但是,到了高级阶段,互联网强势介入金融关系,充分利用在资金聚集方面的信息、效率和规模优势,大大降低了金融消费的门槛,大大提升了金融的普惠性和可及性。因此,此阶段的互联网金融的参与者大为扩大,从而成为一种更为民主化,而非少数专业精英控制的金融模式。① 最后,银行或其他传统金融机构的角色被弱化,不仅减少了金融行为的交易成本,市场信息不对称的程度也相对降低。在互联网金融的高级阶段,"金融脱媒"渐成趋势。互联网的介入,使金融的供需双方的信息鸿沟得以消弭,从而架空了银行等传统金融媒体。

三、互联网金融的意义

互联网金融的蓬勃发展,对传统金融业提出了强劲挑战。特别是对于我国的传统银行业而言,长期依靠不合理的存贷利息差盈利的业务模式受到了冲击。各界对于互联网金融的发展有不同的态度。我们认为,互联网金融的发展对于我国金融业的整体进步是不可忽视的"正能量"。不应因其打破了现有的行业利益格局,就对其怀有成见,甚至通过政策游说打压其正常的发展。互联网金融的发展对我国金融业健康发展的积极意义有如下几个方面:

一是实现"金融脱媒",降低金融交易成本。所谓"金融脱媒",是指金融活动的去中介化。互联网使金融实现了"脱媒",资金的供需双方通过网络平台直接对接,减少了中间环节,大大降低了交易成本,并最终使金融消费者受益。尽管有研究者将互联网金融定位为直接融资与间接融资之外的第

---

① 谢平、邹传伟、刘海二:《互联网金融模式研究》,中国金融40人论坛课题报告,2012年8月。

三种融资形式①但其实互联网金融具有直接融资的特征,属于减少中间环节、降低交易成本的资金直供模式。

二是发展普惠金融,实现金融民主。"普惠金融"的概念首次在官方文件中出现,是党的十八届三中全会所做的《关于全面深化改革若干重大问题的决定》。它要求金融增强包容性,进而有效地为社会所有阶层和人群提供服务,而不是仅为富人或精英阶层服务。互联网金融具有低成本、便捷性等特点,这使普通个体比在传统线下金融环境下拥有更多的享受现代金融服务的机会和通道,尤其是对解决小微企业和个人融资难问题具有意义。因此,可以说互联网金融提升了金融的普惠性和民主化。

三是打破金融垄断,提高行业效率。由于长期以来在市场准入以及利率水平等方面的严格政府管制,我国金融业(尤其是银行业)的市场竞争不充分,几大国有控股金融机构形成的行业寡头具有相当的市场控制力②,在存贷款市场及银行中介业务市场存在价格垄断行为。而互联网企业借助网络的力量,绕过传统金融业的壁垒,为其注入了强有力的竞争机制。在互联网金融带来的竞争压力下,传统金融业必须努力提高管理水平和市场适应能力,不断提高效率,否则就可能被市场淘汰。

第二节 互联网金融的界定

互联网金融不是一个法律概念。从互联网金融的发展过程来看,其概念的内涵和外延也在不断变化。当前,理论研究中,对互联网金融的界定还没有形成共识,也缺乏逻辑周延、表述严谨的定义。在法学上探讨互联网金融这一新兴金融现象,主要是为了应对其对传统金融下形成的监管和规制体系的挑战,因此,本书探讨的互联网金融应当主要集中于高级阶段的互联网金融行为,即狭义的互联网金融的内涵、外延及其与传统金融的异同。

---

① 谢平、邹传伟、刘海二:《互联网金融模式研究》,中国金融40人论坛课题报告,2012年8月。
② 郭建龙:《支付宝是金融垄断的照妖镜》,http://tech.163.com/11/0517/08/7489BUH700094IR6.html,最后访问日期2014年2月21日。

一、互联网金融的内涵

考察互联网金融的发展过程,结合研究目的,本书所称"互联网金融"是指一种借助互联网和移动通信网络在线实现资金支付、投融资、信用消费等行为的新兴金融中间业务。

理解这一概念,应注意以下几点:一是互联网金融应以互联网技术的应用为依托。互联网的应用需要通信技术、计算机软硬件等技术支持,因此,互联网金融的具体实现要依赖网络通信和计算机及其他终端设备的开发和利用。当下,互联网正在由固定终端向移动终端发展,智能手机等移动终端使互联网金融的商业模式更为丰富和便捷。二是互联网金融业务在线实现,互联网在其实现过程中承担主要角色。这一点主要是区别于在互联网金融初级阶段的业务形式中互联网应用仅承担简单、次要角色的情况。仅将互联网作为一种金融产品信息发布渠道,或者仅作为传统银行业务的延伸渠道,不是严格意义上的互联网金融。三是互联网金融的业务范围包括支付、投融资和信用消费等内容。四是对于互联网服务提供商而言,这些金融业务属于中间业务,互联网服务提供商并不实质参与金融行为。

二、互联网金融的外延

互联网金融的外延,主要是指互联网金融业务的态样,它取决于对互联网金融内涵的界定。我们认为,互联网金融的外延或者说业务形态主要包括:第三方网络支付结算、互联网投资理财、互联网借贷、互联网众筹等互联网金融业务。

(一)第三方网络支付结算

所谓支付结算,是指货币给付及资金清算。在广义上,支付结算包括现金结算和银行结算两类;在狭义上,支付结算一般仅指银行结算。在传统金融环境下,支付结算业务主要通过银行实现,是银行最主要的中间业务之一。所谓第三方网络支付结算,是指非银行机构通过互联网或移动通信网络提供的支付结算服务。非银行机构实现支付结算所依赖的网络系统,也被称为第三方支付平台。第三方支付平台一般要依托于终端用户的网银账户,但是,当第三方支付账户具有现金管理功能时,也可以脱离网络银行账户存在。

目前,我国出现的第三方支付平台既有独立运作的,也有附属于其他互联网业务平台运作的。前者如支付宝,后者如微信支付。在互联网金融的几种典型形态中,第三方支付平台是最早出现的,其他业态大都可以视为第三方支付平台的衍生形态,其运作也多以第三方支付平台为基础。因此,第三方支付平台可以被视为互联网金融中的"基础设施"。[①] 2011 年,中国人民银行根据《非金融机构支付服务管理办法》开始发放第三方支付牌照。这被认为是我国互联网金融业发展的一个标志性事件。[②]

(二)互联网投资理财

基于成本等因素的考虑,传统金融机构在为客户提供金融理财服务时,通常有资金门槛要求。金融机构还会收取相应的资产管理费用或中介费用。互联网投资理财,是指通过互联网或移动通信网络,在第三方网络支付结算平台或其他网络平台上销售投资理财产品的业务。目前,阿里"余额宝"、腾讯"理财通"等就是典型的互联网理财产品。其实,互联网投资理财产品本质上与传统金融理财产品并无二致,都是由客户将一定的资金委托于特定受托机构进行管理,区别则在于前者购买途径绕过了银行和其他金融机构等传统销售渠道,通过互联网平台甚至是移动互联网平台进行销售,因此,对于客户而言,投资便捷、成本低廉且无资金门槛,凸显了普惠金融的特质。

余额宝和理财通均属于与第三方支付平台配合的网络直销货币基金。由于赎回方便、无任何投资门槛、回报率较高等特点,在我国迅速发展。截至 2016 年 1 月,余额宝的规模已接近 6000 亿,理财通也接近 1000 亿。

(三)互联网借贷

互联网借贷是民间借贷的一种重要形式。民间借贷的出借人有经政府批准的非金融机构,如小额贷款公司,也有个人作为出借人的借贷。互联网借贷,简单来说就是资金出借人通过网络平台,将资金出借给有资金需求的

[①] 郑联盛:《美国互联网金融为什么没有产生"颠覆性"》,载《证券日报》2014 年 1 月 27 日。
[②] 该《办法》第 2 条规定,"本办法所称非金融机构支付服务,是指非金融机构在收付款人之间作为中介机构提供下列部分或全部货币资金转移服务:(一)网络支付;(二)预付卡的发行与受理;(三)银行卡收单;(四)中国人民银行确定的其他支付服务。"此处的非金融机构支付服务就涵盖了第三方网络支付结算。

借款人。互联网介入民间借贷之后,能有效克服出借人和用款人之间的信息不对称,而且还能发挥互联网的低成本集资优势,满足用款人和小额出借人的金融服务需求,是解决我国小微企业融资难的重要途径。

目前,我国的互联网借贷业务模式主要分三种情况。一是经典 P2P 模式。P2P 即点对点(peer-to-peer)的意思,是指从终端到终端、从个人到个人的贷款。在经典模式下,出借方与用款方通过 P2P 网络平台发布自己的出借或用款信息,并直接达成借贷交易。我国采用类似模式的企业有"拍拍贷"。在此模式下,借贷平台通常仅承担比较消极的平台或中介服务,不负责撮合成交以及贷后资金管理,不承担借款人违约带来的损失,对出借人不承担担保责任。二是 P2P 平台介入模式。在这种模式下,P2P 平台服务商除了提供信息中介服务外,还通过债权转让等方式实质参与到交易中来。如"宜信模式"下,P2P 平台先将自有资金出借给用款人,之后再将债权拆细、转让给小额贷款人。这种模式能在一定程度上控制借款人的信用问题,但也产生了金融合规风险。三是电商模式。与其他互联网借贷平台不同,电商模式是一种封闭性业务,即其出借人为电商平台,而借款人为电商平台的经营者(卖家)或消费者(买家)。出借给经营者,可满足其流动资金的需求;出借给消费者,则为消费信贷。

(四) 互联网众筹

众筹(crowdfunding),顾名思义,就是通过互联网向公众筹集资金。实践中,众筹多借助社交网络实现。[1] "其基本模式是筹资者在集资平台上发布融资请求,说明融资用途和使用方案,感兴趣的投资者自愿提供资金,并根据融资请求获得相应的物质或精神回报。"[2] 根据资金的投入方式,众筹可分为股权众筹和债权众筹。所谓股权众筹,通过众筹筹集的资金是用来购买创业筹资者的股权的;而债权众筹中,筹资者与投资者之间则为债权关系,前者需要偿本付息。债权众筹与 P2P 十分接近,所不同的是,前者主要是"一对多"筹资,后者既有"一对多",又有"一对一"。除了社交网络可以作

---

[1] See Joan MacLeod Heminway & Shelden Ryan Hoffman, "Proceed at Your Peril: Crowdfunding and the Securities Act of 1933", 78 *Tennessee Law Review* 879, 881 (2011).

[2] 袁康:《互联网时代公众小额集资的构造与监管——以美国 JOBS 法案为借鉴》,载《证券市场导报》2013 年第 6 期。

为众筹的平台外,近几年,专门的互联网众筹平台也不断涌现,如美国的Kickstarter和IndieGoGo。当筹资人通过这些专业性众筹平台成功融资后,需要按融资总额的一定比例向平台交纳"手续费"。

在我国,较早的著名众筹案例是2011年通过豆瓣网发起的"很多人的咖啡馆"项目。当时,一个网名"蚊二妞"的人在豆瓣网"吃喝玩乐在北京"小组(社交网络)上号召网友一起凑钱开家咖啡馆,名字就叫"很多人的咖啡馆"。2011年9月10日,"很多人的咖啡馆"在北京开业。目前,国内也出现了一些专门的众筹平台,比较知名的如"众筹网"。但是,由于金融管制等原因,这些平台基本不接受股权型融资和债权型融资,而是一种产品"预购"。例如,电影制片方通过众筹平台募集拍摄经费,募集成功并发行电影后,以赠送电影票的形式来回报出资人。

与众筹密切联系的一个概念是网络IPO,又称网上直接公开发行,是指股份公司通过网络直接向投资者发行股份的融资模式。[①] 网络IPO无须通过承销机构,节省发行成本,还能自行掌控发行进度,对于小规模公司具有明显优势。股权众筹与网络IPO的区别主要在于两点:一是众筹一般通过网络众筹平台实现,而网络IPO则往往是利用发行人自己的网站完成;二是众筹具有较强的微金融属性,相比于动辄数百万美元融资额的网上直接公开发行而言,其融资规模较小。[②] 由于我国证券法律制度要求,除极个别的情况外,公开发行须采用承销的间接发行方式,因此,网络IPO在我国仍然有法律障碍。

三、互联网金融的基本特征

互联网金融是计算机与通讯技术及互联网与金融结合的产物,它是传统金融的有益的、重要的补充。一方面,互联网金融业具有金融的一般特征,如融通资金的功能、风险创造性等;另一方面,它在业务运作机制、法律关系等方面又有个性化特征。

[①] See William K. Sjostrom, Jr., "Going Public Through an Internet Direct Public Offering: A Sensible Alternative for Small Companies?", 53 *Florida Law Review* 529, 531 (2001).

[②] 袁康:《互联网时代公众小额集资的构造与监管——以美国JOBS法案为借鉴》,载《证券市场导报》2013年第6期。

(一) 金融的直接化和脱媒化

在传统金融业务中,银行等金融机构作为中间媒介,承担着重要的角色。但是,在互联网金融中,互联网技术手段的介入,使资金供需双方的信息更为对称,信息沟通的成本更为低廉,这样,交易双方可以直接成交,抛开了银行、券商等金融媒介。传统金融中介在互联网金融背景下的角色淡出,减少了交易环节,节约了交易成本,从而使金融更倾向于普惠化。

(二) 金融的小微化和普惠化

传统金融模式下,金融机构的不可或缺性及其造成的巨大经营成本,使得金融必须是一定程度上的规模经济,零散的、小额的金融交易必然被拒之门外。这样,大量小微金融消费者对金融服务的需求得不到充分满足。在互联网金融模式下,资金供求双方可以通过网络平台自行完成信息甄别、匹配、定价和交易,无传统中介、无交易成本、无垄断利润。一方面,金融机构可以避免开设营业网点的资金投入和运营成本;另一方面,消费者可以在开放透明的平台上快速找到适合自己的金融产品,削弱了信息不对称程度,更省时省力。互联网使金融业务的投资额度及期限更为灵活,小额的、零散的资金也可以通过低交易成本的互联网平台获得投资机会。由于单笔融资金额的小微化以及互联网在征信信息充分提供方面的巨大优势,互联网金融条件下的资金需求方甚至无须提供任何担保,即可实现融资需求。总之,互联网金融使金融这一原比较属于富人或精英阶层的投资活动变为广大的寻常百姓可以接受的消费活动,真正实现了金融的普惠制。

(三) 金融监管宽松化

从世界范围来看,互联网金融的监管一般要比传统金融宽松。也正因为如此,互联网金融才得以蓬勃发展。互联网金融监管宽松化的原因主要有:一是互联网金融是一种民间金融方式,具有非正规、私人化、分散化、小额化、信息问题不突出的特征。因此,相应的风险主要靠"买者自愿、卖者有责"的民事法律规则调整和控制。这与传统金融中的大额化、社会化融资所带来的风险属性完全不同。二是出于活跃民间金融、丰富金融业态、实现金融普惠化的政策考虑。互联网金融能够丰富金融业态,便利小微金融。这些优势能够与传统金融形成互补,进而优化金融生态,促进经济健康发展。

第三节　作为民间融资手段的几种主要互联网金融产品及其法律分析

当今互联网金融的主要业务类型大致包括第三方网络支付结算、互联网投资理财、互联网借贷及互联网众筹等。其中，互联网投资理财、互联网借贷、互联网股权众筹三种业务形态均可视为民间融资手段。深入了解它们的商业模式并分析其法律关系，对于评估类似业务的法律风险、明确监管政策以及正确处理相关法律纠纷，具有十分重要的意义。

一、互联网投资理财产品

互联网投资理财产品是当前对传统银行冲击最大的新型金融业务。由于此类产品的实际收益率高且可随时赎回，对传统的银行存款业务形成有力竞争。目前，此类产品的典型代表是阿里的"余额宝"和腾讯的"理财通"。实际上，余额宝和理财通分别是第三方支付平台支付宝和微信支付的衍生产品。以余额宝为例，用户的支付宝账户可能产生资金余额，这部分余额由支付宝公司免费保管，在余额宝出现之前也不产生利息。而余额宝为支付宝的资金余额开辟了投资通道，使这部分闲置资金也能为用户产生收益。

（一）互联网投资理财产品的运作机制：基金的网络直销

就余额宝和理财通的情况来看，虽然两者在操作模式上略有不同，但是其本质一样，即均为基金产品的网络直销。互联网公司需与基金管理公司合作，由后者专门设计一款低风险货币基金产品进行网络销售，其投资门槛以及赎回条件比传统渠道销售的基金产品更为灵活，具有强烈的小微和普惠金融性质。

1. 余额宝

余额宝可以看做是阿里移动支付平台上，与支付宝平行的另外一个产品。支付宝用户开通余额宝后，用户在支付宝上的资金余额会自动转入余额宝。用户也可以通过网络银行直接向余额宝划入资金（充值）。资金一旦进入余额宝账户，就被认定是购买了基金产品。所以，余额宝其实就是披着互联网外衣的基金产品。目前,余额宝的基金合作产品是天弘基金的一款货币基金。由于阿里的第三方支付平台在移动端也有相应的应用软件,因此,余额宝既可以在PC端使用,也可以在手机等移动端使用。

与线下销售的基金产品不同,余额宝不设投资门槛,且实现了T+0交易,即用户随时可以赎回,将余额宝内的资金划回自己的银行卡或进行消费支付。用户资金一旦进入余额宝账户,就由特定的基金公司管理,并由特定的商业银行进行资金托管,机制与线下销售的基金相同。但是,由于基金可以随时赎回,为防止大规模的集中赎回导致支付问题,需要有备付金制度。余额宝的收益分配机制也与T+0机制相匹配,采取按日计付收益,而不是像线下基金产品那样按月计付。

2. 理财通

腾讯的理财通是其第三方支付平台微信支付中的一项增值服务。与余额宝不同的是,它只在手机等移动端运作。在产品呈现方式上,其"基金网络销售"的属性披露得更为充分和显性,不像余额宝因为"过度包装"而掩盖了产品的真实属性。余额宝的用户体验更像是将资金"存入"余额宝账户后,即产生高利率"利息",而微信用户进入理财通界面后,即有明显"购买""赎回"操作按钮,并标注购买的产品是某基金产品和相应的投资风险警示。另外,目前,理财通的合作基金公司不止一家,有两款基金产品可供用户选择。

购买理财通项下的基金产品,必须关联银行卡。但是,为了控制风险,被关联的用于购买基金的银行卡,只能用于购买和赎回基金的资金收付,不能用于其他支付活动。

总体来讲,从产品表现形式上看,在产品属性、风险提示等方面,理财通比余额宝对投资者的信息揭示更为明确。购买理财通,每一笔都使投资者知道自己是在购买基金,且有风险警示;而余额宝只是在开通时有提示,之后,就不再提示行为的性质及其风险。

(二)互联网投资理财产品的盈利模式

作为"T+0"赎回货币基金,余额宝和理财通等产品所承诺的年化收益率远远高于一般的同类基金的水平和储蓄利率。目前普遍存在的一个疑问是,基金管理公司是如何将收益率做到如此之高的?互联网公司的盈利模式是什么？

第一，互联网元素的注入，使基金的销售成本大幅下降，进而使基金的整体利润空间上升。通过互联网平台，基金销售不再依赖于银行等传统渠道，而是实现了网络直销。以传统银行为销售渠道所必须承担的场地、人工等费用被节省下来。这部分被节省的销售费用可以让利给投资者及互联网公司。第二，互联网独有的"长尾效应"，极大降低了基金投资门槛，因此，使基金规模得以在短时间内积聚至"天量"，进而进一步摊薄了销售和管理成本。第三，互联网投资理财产品选择的投资品种是货币基金，资金最终是以大额存单的形式销售给银行。对于任何银行而言，在面对几千亿资金的诱惑时，都不得不让利或在其他方面给予优惠政策。长期以来，我国的商业银行事实上在通过不合理的"低买高卖"差价赚取利润，活期存款的利率低得几乎可以忽略不计，定期存款的利率也大大低于银行间的资金拆解市场的利率——后者的基本水平在6%左右，在个别情况下还可能达到15%的高利率水平。但是，由于互联网货币基金的体量巨大，对于接收银行而言也可以在次级市场上实现一定的规模效益，因此，银行以同业拆解市场的价格从互联网货币基金购买资金是有合理动机的。第五，从余额宝的具体操作来看，还有一部分利润也不应被忽视，即其公布收益和兑现收益之间有一定的时间差；投资者购买基金时如不是基金交易时间，则要等到下一个交易时间才能计收益。对于一个"天量"的资金额度而言，众多的看似微小的"期限利益"积累起来也相当可观。

综上，互联网投资理财产品的高收益率是现实、可能的。在向投资者支付较高收益后，基金管理公司和互联网第三方支付平台企业仍可能实现一定的管理费用和渠道费用。

(三) 互联网投资理财产品涉及的法律关系

如上所述，以余额宝为代表的互联网投资产品的本质是一种基金产品的网络销售活动。在此种行为中，主要涉及三方当事人，即基金管理公司、互联网支付平台企业及投资者。厘定互联网投资理财产品中有关当事人之间的法律关系，有助于明确各方权利义务和责任。

其实，对于传统的开放式基金销售模式中销售企业、基金管理公司与投资者之间的法律关系及权利义务内容，各界存在不同认识。根据我国《证券投资基金销售管理办法》第 4 条规定:"基金销售机构从事基金销售活动,应当遵守基金合同、基金销售协议的约定,遵循公开、公平、公正的原则,诚实守信,勤勉尽责,恪守职业道德和行为规范。"可见基金管理公司与销售企业之间存在一个委托合同关系,这是毫无疑问的;但是对于二者之间的"代销"行为是否构成委托代理关系,抑或行纪关系或其他非典型合同关系,却存在不同观点。这些观点主要是建立在对不同的销售协议的具体内容进行分析的基础上的。但是,以《证券投资基金销售管理办法》相关规定的文义为基础的通说认为,双方之间是委托代理关系。① 也就是说,在基金代销关系中,基金管理人是本人,销售企业是代理人,投资者是第三人。当然,如果具体的代销协议中有其他约定,可以按实际情况分析处理。

具体到互联网投资理财产品的销售活动,情况又有所不同。目前,基金管理公司与互联网支付平台企业之间的基本交易安排是:基金公司以互联网支付平台为渠道直销基金产品。也就是说,在此种销售活动中,支付平台并没有实质参与基金销售活动,而只是为销售活动提供了一个支付工具,不存在"代销"行为。② 资金和资产的所有权在转移流动过程中不会转移给支付平台公司。③ 从基金销售资格的法律规制角度看,支付平台公司也未按有关法律要求取得基金销售代销业务资格。

二、网络借贷业务产品

借贷是一种重要的债权型融资形式。传统的借贷主要包括银行借贷、非银行金融机构(如小额贷款公司等)和民间借贷三种。其中,前两种多为担保借贷,交易门槛高;第三种通常为信用借贷,但是往往每笔借款的金额又十分有限。互联网借贷,是指出借人通过网络平台将资金借给有资金需求的借款者。相对于传统借贷而言,互联网借贷也可以称为线上借贷,它较

---

① 陈玉梅、贺梅花:《开放式基金代理销售中的法律问题分析》,载《重庆理工大学学报(社会科学版)》2010 年第 7 期。
② 根据《余额宝服务协议》的有关条款,余额宝服务是指本公司为投资者提供的可以通过本公司系统与合作金融机构(包括但不限于保险公司、银行、基金公司、证券公司等)系统相连,通过合作金融机构系统在本公司的网上直销自助前台系统进行相关理财产品(包括但不限于保险、基金、股票、债券等)交易资金的划转、支付及在线进行理财产品交易、信息查询等服务。
③ 赵莉:《以余额宝为视角浅谈互联网金融的法律规制》,http://news.chinaventure.com.cn/11/172/1378264519.shtml,最后访问日期 2015 年 8 月 20 日。

线下借贷的优势在于：其通过互联网平台和大数据技术克服了资金供求信息及借款人征信信息的不对称问题，进而可以实现额度较传统民间借贷更大的信用借贷。

(一) 当前网络借贷的主要产品模式

1. 经典 P2P 模式

经典 P2P 模式，是指网络借贷平台提供借贷信息需求发布、征信评估及网络签约等服务的平台模式。在这种模式下，网络借贷平台的角色较为"消极"，主要是确认借款人的身份和个人信息，并对借款人进行一定的信用评级或提供一定的网络征信服务。在征信服务方面，在以美国为代表的成熟市场经济国家，征信系统成熟而发达，网络借贷平台通过与网络征信系统合作，可使用户比较容易而完整地了解到借款人的实际征信情况；在我国，由于个人征信信息的收集及信息化程度不高，网络借贷平台大多只能通过与一些特定的数据中心合作，并辅以考察借款人在网络上可以收集到的数据，以此为贷款人提供一定的参考。在这些信息服务的基础上，借贷双方可以通过网络签约达成交易。在经典模式下，平台不负责贷后资金管理，更不对借款人违约承担责任。在国外，采取经典 P2P 模式的典型是美国的 Prosper[①]，我国的典型企业是"拍拍贷"[②]。

2. 平台介入模式

所谓平台介入模式，是指网络借贷平台不仅局限于信息服务和签约平台的角色，而是实质参与借贷交易，并发生法律关系。我国大部分 P2P 平台采取的是介入模式。介入模式产生的原因在于：在缺乏担保且征信问题不能得到很好的解决的情况下，借贷双方仅凭在网络平台上的短暂相识，无法建立信任，因此也就不可能授予信用；平台的介入是为了增加信任，填补信用。我国介入模式的典型是"宜信"[③]。宜信是一家"介入式 P2P"网络借贷平台，它的主要商业模式是：平台先将资金借给贷款者，再把获得的债权进行金额和期限上的拆分组合，即额度上拆细、期限上拆短，然后打包成类固

---

① Prosper(www.prosper.com)成立于 2006 年，它开创了借款需求信息发布、贷款人在网上浏览贷款信息并构建贷款组合、建立贷款的二级交易平台等商业模式。

② 参见拍拍贷网站：http://www.ppdai.com，最后访问日期 2015 年 10 月 1 日。

③ 参见宜信网站：http://www.creditease.cn，最后访问日期 2015 年 10 月 1 日。

定收益的理财产品,最后通过销售队伍将其销售给投资理财客户。此时,理财客户(事实上的出借方)承担理财产品收益未能达预期的风险,而宜信平台承担放贷业务的风险。

3. 电商模式

电商模式,是指电子商务运营平台通过互联网向在其平台上的运营企业、商户或消费者提供的借款。以阿里巴巴的"小额贷款"项目为例:作为电商平台的阿里巴巴为支持在其平台上从事经营活动的"卖家",可向卖家提供流动资金贷款。其中既有纯粹的信用借款,也有所谓"订单贷款"。订单贷款,是指卖家凭借"卖家已发货"的订单,就可以在订单的销售额范围内向电商平台申请短期借款。一般来说,卖家发货后,需要经过物流到达买家手中,买家确认收货后,其在"支付宝"的预付款才能获得释放,卖家才能收到货款。"订单贷款"可以使卖家凭订单获得一定信用,从而能通过承诺支付一定的利息来加速获得货款,提高资金的周转效率。[①] 除了"订单贷款"外,卖家还可以直接申请纯粹的信用贷款。电商平台之所以有信心向本平台上的运营商提供信用借款,主要是基于其通过云计算和大数据占有的相关企业和商户的经营信息(如成交量、违约率、好评率等),以及其通过平台对商户经营活动的监控能力(如对经营者的营业正常性、连续性的监控)。这样,它可以对借款人实现程度较高的信用评估,对借款实现较高程度的风险管理。

电商模式中还有一种面向消费者的消费信贷产品,比如"京东白条"。"京东白条"是针对京东网上商城的消费者发放的消费信贷,主要采取延期、分期付款方式。"京东白条"发放的依据也是电商平台所掌握的有关消费者征信信息的大数据。一般来说,"京东白条"提供的短期消费信贷不计利息,中长期的则要计收利息。

(二) 网络借贷业务产品的运作机制:以经典 P2P 为例

P2P 网络借贷是互联网借贷的典型代表,经典 P2P 则是其中的标准模式。下面对经典 P2P 的运作机制进行介绍。

一般来说,P2P 平台是由相关企业运营的一个互联网借贷平台,其功能

---

① 岑青峰:《淘宝"订单贷款"服务 专门给小卖家的"快钱包"》,载《数字商业时代》2011 年第 4 期。

主要是撮合借贷双方的借款交易。它采用竞标方式来实现在线借贷过程，利率由借款人和竞标人的供需市场决定。平台企业的利润来自服务费。经典 P2P 的操作流程是，借款人发布借款信息，把自己的借款原因、借款金额、预期年利率、借款期限等列出并给出最高利率（标底）；出借人参与竞标，利率低者中标。P2P 一般是采用"一对多"机制，多个出借人出借很小的资金给一个借款人。网页上会有该借款人借款进度以及完成投标笔数的显示。如果资金筹措期内，投标资金总额达到借款人的需求，则此次借款宣告成功，网站会自动生成电子借条，借款人必须按月向放款人还本付息。若未能在规定期限内筹到所需资金，该项借款计划则流标。

P2P 平台也负责对借款人进行信用评级。如果借款人能提供身份证、户口本、结婚证、学历证明等文件，都可以增加个人信用。这些资料并不需要提供原件。此外，网络社区、网上的朋友圈的信息等也可被其纳入信用评价系统。借款人网站内的圈中好友、会员好友越多，个人借入贷出次数越高，信用等级也越高。此外，P2P 平台还会建立类似"黑名单"制度，以遏制恶意违约的借款人。经典 P2P 平台不对出借人承担担保还款责任。若出现逾期不还的情况，平台最多承担退还出借人手续费的责任。[①]

（三）网络借贷业务产品涉及的法律关系

在法律关系方面，显然"拍拍贷"模式与"宜信"模式的法律关系完全不同。在"拍拍贷"模式中，网络平台提供商主要承担中介的角色，为借贷双方提供信息服务和撮合交易的平台，因此，平台与借贷双方的关系大致可归为"居间合同"，借贷双方则直接成立借款合同。在"宜信"模式中，平台企业一方面通过理财产品向有理财意愿的人筹集资金，另一方面将筹集来的资金出借给借款人。这时，所谓"借贷双方"事实上未发生直接的民事关系，而是分别与平台企业发生理财产品购买和借贷合同关系。

三、互联网股权众筹

互联网股权众筹是互联网债权众筹的对称。由于众筹本来就是互联网语境下的概念，因此，互联网股权众筹也可以简称为股权众筹。一般而言，

[①] 辛宪：《P2P 运营模式探微》，载《商场现代化》2009 年第 21 期。

股权众筹是指筹资人通过互联网平台向不特定的多数人筹集资金以创办企业或为企业融资,并向投资者授予企业股权的融资行为。通常,为了保证投资者合法权益,稳定金融秩序,法律要求面对公众的股权融资行为应服从信息披露等金融监管,但是,出于效率和金融普惠的考虑,监管者要面临是否以及如何给予其监管豁免的政策选择。

(一) 股权众筹的特征

众筹最先出现于美国。由于我国对公开募集资本的融资行为有较为严格的法律限制,因此,目前尚不存在经典的股权众筹。但是,当论及股权众筹的特征时,应从标准的股权众筹入手,探求其应然状态。

第一,股权众筹要通过互联网平台完成投融资全过程。股权众筹之所以成为一种新型的融资现象,就是因为互联网与大数据技术为其提供了信息和交易平台。筹资人不仅要依托互联网平台进行"营销",而且还要通过互联网平台完成投资交易。仅仅通过互联网发布融资信息,而交易的实现主要在线下通过传统方式完成的投融资过程不是标准的股权众筹。第二,融资成本低、效率高。[1] 股权众筹一方面具有股权融资的优势,即无须承担债权融资的担保及违约成本;另一方面,通过互联网平台实现的融资,无须线下公开募集资本必经的行政审批,也无须承担财务审计及保荐、承销等高额费用。第三,股权众筹的筹资主体主要是小微企业及初创企业。[2] 如前所述,互联网金融是一种小微金融的实现方式。它主要用以解决小微企业因不达公开募集门槛和无力承担融资成本导致的融资难问题。同时,正是出于小微金融和普惠金融的考虑,监管当局才会考虑对股权众筹给予一定的监管豁免。

(二) 当前我国股权众筹的运作模式

在我国现行的监管制度下,未经监管机构审核面向社会公众公开募股的行为属于非法行为[3];另外,由于目前我国的一些"众筹平台"对投资者设定了很高的资金门槛,丧失了众筹的"小微性"[4],因此,严格意义上讲,我国

---

[1] 胡吉祥、吴颖萌:《众筹融资的发展及监管》,载《证券市场导报》2013年第12期。
[2] 朱玲:《股权众筹在中国的合法化研究》,载《吉林金融研究》2014年第6期。
[3] 杨东、苏伦嘎:《股权众筹平台的运营模式及风险防范》,载《国家检察官学院学报》2014年第4期。
[4] 胡吉祥、吴颖萌:《众筹融资的发展及监管》,载《证券市场导报》2013年第12期。

不存在标准的股权众筹。

从我国存在的几个众筹平台的情况来看,平台提供融资服务的初创企业的行业范围五花八门,但实际上发布的众筹项目多为通讯技术、传媒和高新科技行业,而成功融资的项目则多为手机应用程序等互联网产品。与标准的投资过程完全通过互联网平台实现的典型股权众筹不同,我国目前的股权众筹是通过线上、线下两个阶段进行的,其中,线上阶段的功能主要是项目和潜在投资人的信息发布和相互了解。当投资人对项目达成意向后,平台则在线下撮合双方达成投融资合议。一旦投融资合议达成,有的平台还可以继续提供后续服务,如提供相关协议和法律文件的模板以及帮助投资者入资等。

平台对投资者资质进行审核。有的平台对投资者注册为用户设置了较高的门槛,如"天使汇"要求投资者提供其所在公司和职位,过往投资案例的项目名称、网址地址和简介,最小和最大的投资金额等;在平台认证成功之前,投资人用户无权查看融资项目的详细资料。有的平台则更接近"众筹"的定位,注册审核较为宽松,相应地,也不能保证投资者拥有相当程度的风险判断力和风险承担能力。

在股权众筹领域,同样存在类似于电子商务中买卖双方的履约信用问题,即投融资双方达成协议后履行入资义务及资金的安全问题。为此,有的众筹平台创造了类似"支付宝"的投资款托管工具,如"大家投"平台的"投付宝"。投资款托管工具需要在商业银行设立托管账户。投资人认投项目后,先将投资款汇入托管账户,企业成立后,再转入企业账户。

(三)股权众筹涉及的法律关系

当前,我国的"股权众筹"涉及的当事人主要包括投资者、融资者和众筹平台。一般认为,投资者与融资者之间签订的投资合同与线下传统的投融资合同无异,属于一种非典型合同。重点问题是投融资双方与众筹平台之间是何种法律关系,对此,一般认为,属于居间法律关系。[①]

---

① 杨东:《股权众筹的法律风险》,载《上海证券报》2014年7月31日。

第四节　互联网金融的法律风险与法治建设

金融创造风险,金融法制控制风险。作为金融的一种具体形式,互联网金融不仅要面对传统金融固有的风险,同时还要面对金融被注入互联网元素后所要面对的特有风险。显然,对于现有针对传统金融而设计的金融监管制度而言,在应对互联网金融的特有风险方面,会显得捉襟见肘。因此,识别互联网的特有风险,并确定相应的监管理念与制度,是互联网金融风险控制制度的关键。

一、互联网金融的法律风险

互联网金融的风险主要来自两方面,一是因法律及监管不到位导致的法律风险,二是因其依托于通讯和互联网技术而导致的技术性风险。目前,由于对互联网金融的规律还认识不清晰,政策选择中的价值取舍还不确定,因此,对互联网金融企业监管的法律制度尚不完善,监管尚不到位。实践中,一些互联网金融企业片面追求业务拓展和盈利能力,采用了一些有争议、高风险的交易模式,也没有建立客户身份识别、交易记录保存和可以交易分析报告机制;还有一些互联网企业不注重内部管理,信息安全保护水平较低。因此,互联网金融企业面临着较传统金融企业更多的风险。

(一) 互联网投资理财的法律风险

"余额宝"等互联网理财产品,其本质是基于互联网的基金销售。由于缺乏有效监管,目前就如何对网络理财进行跨界监管是监管部门面临的新问题,对于其备付金账户和基金结算账户之间的资金流转还存在监管空白。另外,为吸引投资者,有的互联网理财产品对其基金投资性质及投资风险揭示不充分或不明确,也存在一定的风险。如对于货币基金存在的潜在风险,余额宝只是在对其收益率的宣传之后附带提到了存在风险的可能性,并且在服务协议中提出支付宝不承担基金亏损责任。一旦余额宝用户因收益发生争执,法律纠纷就很难避免。

此外,由于"T+0"基金产品可随时赎回,这对类似天弘基金管理公司这样的中小基金公司的资金流动性是一个极大考验。如遇到节假日等客户赎回比较集中的场合,先行垫资款弥补问题将会引发基金市场剧烈波动等隐患。① 另外,由于互联网的信息扩散能力极强,其金融风险的扩散速度和范围也值得警惕。

(二) 互联网借贷的法律风险

互联网借贷首先面对的就是经营风险方面的小额信贷技术风险,这也被称为互联网借贷的"源头风险"。因为互联网小额信贷主要针对小微客户,较大比例是无抵押无担保和纯信用性的,而我国银行业的征信系统禁止被其他形式的贷款公司应用,所以 P2P 网贷平台承担的贷款损失风险较大。②

目前,我国互联网借贷面临的最突出的法律风险,来自于平台先行吸收出借方资金可能导致的兑付危机。如果按照标准的 P2P 模式操作,平台不应介入借贷双方的交易;即使按照目前我国大量存在的"债权转让"模式,也应当按照先由平台出借,再向投资者转让债权的次序进行。但是,由于我国目前对于 P2P 网贷平台缺乏监管,一些 P2P 平台"违规"操作,先吸收投资人资金,再出借,进而导致大量出借人资金沉淀在平台账户中,最终使平台演化为不受监管的存贷款业务银行。在这种情形下,一些平台因为呆坏账率过高而导致资金链断裂,造成"跑路事件",演化为非法集资和诈骗的风险颇为严重。此外,实践中,因监管缺位导致的平台中间托管账户缺位,也容易导致侵占客户资金等违法行为的发生。

(三) 互联网众筹的法律风险

在互联网众筹中,投资者面临的风险更为复杂多样。首先,通过众筹融资募集资金的基本上都是并不成熟稳定的小微企业,而这些小微企业尤其是初创企业更容易出现经营失败。缺乏相应的信息搜集和处理能力的投资者极难对筹资者的经营前景进行有效判断,而筹资者经营失败将导致投资者血本无归。其次,互联网信息芜杂容易导致欺诈横行。筹资者直接通过网络向投资者募集资金,并无相应的保荐承销机构对其进行约束,其发布信

---

① 曾毅、王晓丽:《"余额宝"引发的相关法律问题研究》,载《金融与经济》2013 年第 12 期。

② 参见第一财经新金融研究中心:《中国 P2P 借贷服务行业白皮书 2013》,中国经济出版社 2013 年版,第四、五章。

息的真实性没有第三方中介机构的验证。最后,公众小额集资面临较高的代理成本以及投资者和筹资者的信息严重不对称,筹资者能够全面地掌控局面,而投资者缺乏足够的信息以对公司进行监控。由此会产生大量的诸如不正当自我交易、超额薪酬、滥用公司机会等损害投资者利益的投机行为。

二、互联网金融的法治理念与原则

互联网为金融产品的运作提供了新的平台和渠道,形成了新的业务形态,但不会改变金融的根本属性,因此,必须将其纳入法治轨道。目前,从世界范围来看,互联网金融的发展仍然处在探索阶段,有关法治建设也是在观察中积极推进、审慎开展。关于互联网金融的制度建设应遵循金融规律,服从基本金融法律。金融法关于信息披露、风险控制的基本理念和基本制度仍适用于互联网金融;开展互联网金融业务,应接受必要的金融监管。涉及互联网金融的案件,人民法院应依法审理。互联网金融的法律规制应遵循以下原则:

(1) 鼓励金融创新和市场竞争。创新是金融业发展的灵魂。金融的任何发展都可以视为是对旧产品、旧体制的创新。互联网金融是互联网条件下重要的金融创新,是传统金融的有益补充。互联网技术的应用是21世纪产业和经济发展的创新驱动力,金融没有理由拒绝互联网。同时,对于任何产业而言,只有保持充分有效的竞争,才能实现产业的良性发展。目前,我国金融业的市场准入存在较为严苛的市场准入门槛,由此导致的产业竞争不充分已经成为桎梏金融业健康发展的因素。因此,无论是互联网金融立法还是法律实施,在政策上均应将鼓励创新和保护竞争作为重要的基本价值目标。

(2) 防范系统性金融风险。金融是风险创造者,防范系统性风险不仅是产业健康发展的需要,也是经济和社会稳定的需要。系统风险是金融法治的"底线",鼓励创新及保护竞争等价值目标均应服从防范系统风险这一底线。互联网金融不能成为金融犯罪活动的法外之地。因此,绝不能姑息以互联网金融名义实施的诈骗等违法犯罪活动,决不允许触碰非法吸收公众存款和非法集资两条"底线"。金融监管部门应当配合公安机关重拳打击利用互联网金融业务实施的集资诈骗等违法犯罪活动,保障互联网金融的健康、规范发展。①

(3) 保护金融消费者的合法权益。消费者和中小投资者是支撑互联网金融发展的主要力量,同时又是金融风险的主要受体。重视保护金融消费者权益,不仅是维持互联网金融市场信心的需要,也是保持社会稳定的需要。我国对金融消费者的保护基础比较薄弱,对互联网金融的监管规则还付之阙如,因此,互联网金融产品的消费者保护十分急迫又任重道远。一方面,我们急需完善互联网金融监管规则;另一方面,要积极探索互联网金融消费者保护机制的创新,在互联网金融的消费者争议解决方面建立有效的调解和诉讼机制。同时,应加强互联网金融投资者教育,提升其风险评估和防控能力以及合法权益受到侵害时的自我保护能力。

三、构建和完善我国互联网金融法制的建议

为规范互联网金融行业,有效保护金融消费者的合法权益,预防系统性金融风险,促进民间融资的发展,应完善相关立法,将互联网金融产品纳入法治轨道。针对我国互联网金融的法制建设的实际需要,笔者提出如下立法建议:

(1) 锁定互联网金融业务的小微属性。互联网金融之所以在监管政策上得到照顾或豁免,根本上是因为其服务于中小企业、小微企业和普通金融消费者。同时,业务的小微化也能大大降低其法律风险。因此,通过制度锁定其小微属性,是构建互联网金融监管制度的前提和关键。

为保证互联网金融业务模式的小微属性,就要限制有关业务的单笔业务规模。对于 P2P 业务来说,应当限制每笔借款的最高限额,同时在技术上防止借款人通过化整为零的方式规避限制。至于具体额度标准,可以考虑为 100 万元。限制每笔借款的最高限额,可以从根本上避免因巨额单笔坏账引发的不对称风险以及坏账率过高时导致的系统性风险。对于股权众筹,也应限制其融资规模。股权众筹是一种公开发行证券的行为,其之所以应当并能够获得法律的豁免,从根本上说,也是因为其"小微性"。如果单个

---

① 刘士余:《秉承包容与创新的理念,正确处理互联网金融发展与监管的关系》,载《清华金融评论》2014 年 2 月。

项目的融资体量过大，无论是从信息披露的重要性考虑，还是从项目失败带来的风险方面考虑，都不能容许豁免。至于具体的额度标准，则应由监管机构根据我国的实际情况酌定。

（2）完善必要的金融消费者保护制度。互联网金融大大增强了消费金融的普遍性，同时，该领域又是一个相对管制宽松的领域，因此，尤其应重视金融消费者保护。目前，我国的消费者权益保护法律制度对"金融消费者"的概念界定尚不明确，《消费者权益保护法》中为消费者特别设计的诸如惩罚性赔偿制度、举证责任倒置制度等倾斜性保护措施还很难适用于金融消费领域。

首先，亟须为金融消费者的界定设置一个合理的标准，特别是要从投资目的、投资规模、投资主体的属性等方面明确何为"生活消费"。

其次，要明确金融消费者的资金安全权和信息安全权受《消费者权益保护法》保护。互联网金融消费者的安全权包括资金安全和信息安全两方面。互联网技术的应用带来的信息泄露和信息欺诈，对消费者的信息安全直接造成侵害。为此，第三方支付平台经营者必须加强信息安全防范。互联网金融经营者要确保交易资金、投资者收益和保证金的安全。互联网金融经营者应引入资金第三方托管机制，切实保障客户的资金安全。

最后，要明确互联网金融消费者的知情权保护制度。目前，互联网金融产品普遍存在信息披露不完整、风险提示不充分等问题，金融消费者的知情权没有得到充分保护。为此，互联网金融经营者除了要全面告知消费者金融商品和服务的具体信息外，还应认真调查消费者的风险承受能力，特别是要完善网上消费者调查的规则，切实落实投资者适当性制度。坚决杜绝信息披露不充分、不完整，片面夸大产品收益率、缺少必要的风险提示等不正确作法。

（3）正确处理民事争议、行政违法和刑事犯罪的关系。为了有效保护金融消费者权益、防范系统性风险、化解社会矛盾，在解决互联网金融领域出现的支付和兑付纠纷时，要厘清民事争议、行政违法和刑事犯罪的关系。

互联网金融是一种创新，刑事司法的任务是控制系统性风险、保障金融安全。刑法是社会秩序的最后一道屏障，能通过其他部门法调整的，就不用刑法调整。行政处理是刑事处罚的缓冲带。只有既违反行政法又违反刑法的情况下，才按照刑事犯罪处理。互联网金融犯罪活动涉及两个方面的问题，一是金融犯罪，二是网络犯罪。目前，对于金融犯罪，刑法的相关规定比较完善；对于互联网犯罪的研究和立法则相对薄弱，应予以加强。从金融犯罪的角度来看，互联网金融犯罪行为可能涉及非法吸收公众存款，集资诈骗，擅自挪用、占用和借用客户备付金，洗钱以及非法经营等罪名；从互联网犯罪的角度来看，则可能涉及侵害个人信息犯罪。

由于互联网金融的民事争议往往为涉众纠纷，而司法资源有限、诉讼成本又偏高，因此，应当将多元化的解决纠纷机制引入到互联网金融领域，特别要考虑建立诉调对接机制。为节省诉讼成本，可以考虑建立相应机制，鼓励诉前调解，使大部分纠纷通过行业调处等方式获得解决。同时，宜由最高人民法院主导，形成互联网金融的案例指导机制。为此，建议最高人民法院确定互联网金融的管辖权，建立相关案例的收集、编辑、发布制度，建立司法和金融监管的协调机制，加强金融特别是互联网金融审判队伍的专业化建设。

第九章 民间金融的利率与非法标准问题

第一节 金融规制的必要性

施莱弗(Shleifer)于 2005 年发表的综述性文章《认识规制》(*Understanding Regulation*)主要回顾了学术史上在面临如何解释规制现象之问题时,发展出来的若干解释性的理论。在此基础上,施莱弗试图提出一个"更为精细的,同时考虑芝加哥学派对公共利益理论的强有力的抨击以及承认至少在某些活动之下公共利益的追求确实存在的理论"[①],并将之运用于对现有世界各国的规制实践之描述或解释当中。根据这篇在规制理论中"教父级别"的文章,我们可以理解金融规制和利率规制的必要性。整个 20 世纪,经济学家们提出了一系列解释政府规制行为的学说,施莱弗对其中的"福利理论"或称"公共利益理论"(welfare-theoretic or public interest theory)、"合约理论"(the contracting theory)和"俘获理论"(the capture theory)进行了回顾,并在此基础上提出了替代性的、关于对商业的规制和社会控制的更为一般的理论。根据他的阐述,"公共利益理论"是正当化公共规制的理

---

① Andrei Shleifer,"Understanding Regulation", 11 *European Financial Management* 439 (2005).

论。作为福利经济理论的一个分支,这一理论认为市场如果具备某些特定的属性则是有效的,这些属性包括(1)市场上存在大量的买者和卖者;(2)卖者和买者内部并没有结成联合;(3)市场的参与者对产品的质量、所有可得的产品因素、产品的价格和可替代技术的信息都是可以获得的;(4)自由的进入和退出;(5)商品在质量上是同质的。而如果缺乏上述特性之一,则市场的运作可能是非效率的。而规制正是为了解决这些问题,例如常见的成本外部性、信息不完美和市场力量问题。① 进言之,由于金融市场的信息不对称、不完全竞争、垄断和银行破产的外部性,私人不可能去监管那些实力雄厚的金融机构,而政府又拥有充分信息和监管的实际成本为零的优势,因此,市场参与者必然会要求作为社会公共利益代表的政府在不同程度上介入经济过程,通过实施监管以纠正或消除市场缺陷,改善金融机构的治理水平,从而提高金融运行的效率并维护金融体系的稳定。②

承上所述,各国对于利率的规制同样都是基于公共利益的需要。从本质上说,利率是由资金的市场供求关系来决定的。社会上对资金的需求大,但提供者少,利率就会上升;反之,市场中资金很充裕,但没有什么人要用钱,利率就会下降。但是,各国都会对利率进行不同程度的干预,主要体现为中央银行或者银行业协会对市场利率形成机制和引导作用的干预,以及在此之外民商事法律、刑法的综合规制。进行管理或干预的必要性主要有三个方面:一是有效发挥利率杠杆对经济的调节作用;二是维护正常的金融秩序,创造公平有序的竞争环境,避免恶性利率竞争;三是避免行业垄断利率,保护存款人和借款人的合法权益。其中,相比许多市场经济国家采用银行业同业协会、利率卡特尔等间接方式来调控利率,我国的利率规制更多体现行政管理的色彩,在金融抑制的大背景下由国务院及中国人民银行直接决定,并且制定了过高利率合同无效的规范性文件和有关高利贷犯罪的条款。直到1996年,我国启动了利率市场化改革,利率管理中才逐渐开始体现市场供求关系的影响。③ 固然,这种渗透进市场的"父母官"式的利率规制

---

① Peter H. Aranson, "Theories of Economic Regulation From Clarity to Confusion", 6 *Journal of Law and Politics* 247(1990).
② 〔美〕保罗·萨缪尔森:《经济分析基础》,费方域、金菊平译,商务印书馆1992年版,第34页。
③ 吴志攀:《金融法概论》(第5版),北京大学出版社2011年版,第244—251页。

是有利于稳定金融市场秩序和保障安全之价值追求的,但是,效率和公平的市场价值追求却会因此而受损。世界银行管制政策的研究专家米瑞·维塔对衡量金融管制的有效性提出了三个标准:安全性、效率性和公平性。[①] 其中效率可谓是金融规制的生命,因为效率的高低直接影响到被规制对象是接受规制还是逃避规制,决定了规制的长期性和金融秩序的稳定性。因此,对于金融监管当局来说,要懂得尊重市场机制。

民间金融市场的利率水平对于宏观政策的变化非常敏感。虽然民间金融利率主要是由资金供求双方力量博弈所决定的,因而是市场化利率,然而,民间金融利率并不是完全独立于正规金融市场的,官方基准利率的水平对于民间金融利率具有一定的束缚力,在民间金融利率的形成过程中发挥了标杆的作用。一般来说,当官方存贷款基准利率提高时,民间金融利率也会随之上升,反之亦然。随着国家一系列新扶持政策的出台,正规金融机构逐渐降低了民营中小企业申请贷款的门槛,民间金融需求主体的融资困难有所缓解,这对于民间金融利率形成了一定的下行压力。此外,利率管制的放松和利率市场化的推进扩大了商业银行等正规金融机构的定价自主权和风险溢价空间,有助于调动其向民营经济主体贷款的积极性,这也在一定程度上抑制了民间金融利率。以民间金融最为活跃也是国内第一个利率改革试点城市温州为例,温州是我国民间金融发展的风向标,根据中国人民银行温州市中心支行的调查,总结出改革开放以来民间金融利率和正规金融贷款利率对比情况(见表1),从表中可以看出,民间金融的利率虽远远高于正规金融的利率水平,但自20世纪80年代末期以来,民间金融利率开始逐渐趋于下降,并进入了利率水平相对比较稳定的发展阶段。[②]

表1 民间金融利率发展趋势

年份	正规金融贷款利率	温州民间金融利率
1978	5%	42%
1983	5.5%	28%
1985	8.5%	34%

---

① 陶涛:《论日本的金融行政——日本型金融管制的成败》,北京大学出版社2000年版,第91页。
② 中国人民银行温州市中心支行课题组、周松山:《温州民间借贷利率变动影响因素及其监测体系重构研究》,载《浙江金融》2011年第1期。

(续表)

年份	正规金融贷款利率	温州民间金融利率
1988	9.2%	44%
1990	9.36%	35%
1995	12.06%	30%
1998	6.93%	28%
2001	5.85%	25%
2004	5.58%	21%
2005	5.58%	22.1%
2006	6.12%	20.6%
2007	7.29%	21.9%
2008	6.93%	24.2%
2009	5.31%	23.2%
2010	5.56%	24.7%
2011	6.56%	25%
2012	6.56%	21%

利率规制最典型的案例就是高利贷规制:政府设定一个"非法"的标准,对于民间金融活动具有指引作用,明确告诉各方当事人何种行为可以得到法律保护,何种行为被法律否定,为法律所禁止,甚至作为打击的对象。这样做,一方面令民间金融参与者和旁观者对于法律规则有良好的预期、理解,根据规范调整自己的行为;另一方面,也是在为政府的干预画地为牢,好的监管不能压制市场的活力,不能妨碍合理的竞争。进言之,政府如果可以找出一个合理的"非法"标准就可以对具体的民间金融纠纷进行定性,从而作出政策选择:如果属于合法的民间金融行为,则在法律上给予肯定性的评价,政府应该尊重其存在,不宜干预,并且,在出现纠纷无法通过当事人的意思自治进行解决时,司法机关应该依据当事人之间的意思确认权利义务关系,对于受害方依法提供保护。如果属于非法集资行为或者高利贷行为,则在法律上给予否定性的评价,对于非法的行为不给予保护,同时还应该对破坏金融秩序的行为进行行政处罚,构成犯罪的要追究刑事责任。以浙江温州的例子来看,从2011年温州多家民营企业老板因高利贷而"跑路",时任国务院总理温家宝专程前往该地区视察,表达中央政府支持民营企业发展的决心,到《浙江省温州市金融综合改革试验区总体方案》2012年获批,其

中规定设立民间借贷登记服务中心①,促进利率市场化(但仍然不能超过四倍红线),地方改革完整地展示了政府如何对民间金融中的利率进行规制,如何在法律部门整体配合下试图划定"非法"的界限,以及改革的效果和对未来发展方向的检讨。

一、从法律的视角定义高利贷

主流媒体争相报道近年来的高利贷风波给金融和社会秩序带来的巨大冲击;另一些媒体则在为放开民间金融而高声呐喊,其中有些诸如"利息高说明供不应求,鼓励全民放高利贷""高利贷不是剥削,是利国利民的大好事"②等的言论试图论证现阶段高利贷存在的合理性。社会舆论的导向摇摆不定,而本书试图从历史与比较法的角度切入,赋予其法律上相对客观的定位。

(一)欧洲与中国的高利贷史

"高利贷"本身属于外来词,它是英文 usury 的译语。usury 来源于拉丁文 usura,usura 的原意是享受(enjoyment),后来把借钱给别人(无论是生产借贷还是消费借贷)而收取利息的行为称为 usury。③ 因此要揭示这个概念的本质需要借鉴漫长的欧洲史,从资本主义的萌芽与发展探究高利贷含义的嬗变。

从 11 世纪到 14 世纪的四百年间,欧洲以意大利为代表的资本主义萌芽已经零星出现并通过银行家和商人的双重身份,利用高利贷工具积累资本,壮大新兴社会阶层的势力。按照马克思的"质与量"结合的定义方法,这一前资本主义时期的有息借贷现象是与生产过程相对分离的,借贷利率不受平均利润约束,因此是与现代资本主义借贷资本相对的高利贷资本的典

---

① 民间借贷登记服务中心引进的入驻机构主要是两种:一种是充当"项目红娘"的融资中介机构;另一种是类似律师事务所、公证和评估这样的配套服务机构。目前,该登记中心已有人人贷、速贷邦、宜信以及温州本地的攀远经济信息等 4 家融资中介机构进驻。
参见周德文:《温州金融改革——为中国金融改革探路》,浙江人民出版社 2013 年版,第 146—156 页。
② 参见茅于轼:《高利贷不是剥削,是利国利民的大好事》,http://finance.ifeng.com/news/20110525/4066054.shtml,最后访问日期 2015 年 12 月 2 日。
③ See Sir J. A. H. Murray, *A New English Dictionary on Historical Principles*, Oxford University Press, 1926, p.482.

型涵义。可见,从中世纪高利贷资本出现到资本主义萌芽时期,高利贷即 usury 都被笼统地定义为"要求得到报偿的借贷",与一般的有偿借贷没有区分。这样的划分方式并非来自某一种学派,而是出于世俗国王、法律与教会的管制需要,他们都力图抵制有息借贷浪潮①。18 世纪以后,当资本主义萌芽逐渐发展,新兴资产阶级的势力扩大到使自己的行为可以不再受道德谴责与世俗国王的压制(其实教会内部一直存在对高利贷"严禁"与"弛禁"的争论),高利贷的内涵发生了根本变革:仅指高于法定利率或合理利率的放贷行为。高利贷的这一狭义定性影响了中国对 usury 这一外来词的解释,也使高利贷概念多少带有贬义的色彩。

我国的借贷取息之事自古就有,只不过长期处于有实无名的状态,比西方的发展史稍显复杂。现有可查的文献记录的借贷取息之事最早从西周开始,如《周礼》中广为传颂的"凡民之贷者,与其有司辨而授之,以国服为之息",其中的"贷"就是对经营农、工、商、虞(山泽)等业的小生产者放贷,以供他们调剂余缺和周转资金,而"以国服为之息"被学术界理解为以服公家的劳役偿还利息。这表明最初的有息借贷形式多以国家为放贷方,还不存在广泛的影响。先秦的生产力经历春秋战国的大发展,商品经济的进步促进了高利贷的普遍化,甚至出现了抵押借贷和信用借贷的不同形式,如《史记》的《货殖列传》篇提到鲁人曹邴氏"贳贷行贾遍郡国"②。值得一提的是,到唐宋时期国家贷款和民间贷款齐头并进,这个时期甚至因为高利贷的严重状况迫使皇帝下诏令予以限制,唐玄宗开元十六年(公元 728 年)下诏:"比来公私兴放,取利颇深,有损贫下,事宜厘革,自今以后,天下贷举只宜四分收利,官本五分收利。"③明清时期商品经济进一步发展,甚至在沿海地区产生资本主义萌芽,这一时期的高利贷形式以典当行的出现为标志。典当这一古老而弥新的行业从那时开始散布于我国各地,加上其他借贷形

---

① 相关的例证如 1515 年,在教皇利奥十世召集的赖特润会议上,给 usury 下了一个经典的定义:"这是通常的解释,当贷款人丝毫不费劳力、费用或危险,而从一件他自己并不去生产的物体(如牲畜和田园)的用处中获得的收益。"乌尔班二世加以补充:通过借贷而要求高于借贷价值的任何情况等。See Sir William Ashley, *An Introduction to English Economic History and Theory*, Oxford University Press, 1925, p. 451.

② 参见司马迁:《史记·货殖列传》,中华书局 1959 年版,卷一百二十九,列传第六十九。

③ 参见高石钢:《高利贷在中国古代的起源与发展问题探析》,载《宁夏大学学报(人文社会科学版)》2010 年第 3 期。

式的相互竞争让借贷利息总体上呈现下降的趋势,这是符合供需规律的结果。

综上所述,中国古代本土的有息借贷形式逐步发展,并往往超过官方规定的利息限制,虽然名称不统一,但这种借贷高息的现象的确值得政府的特别立法规制。高利贷在民国时期的发展基本上确立了它现代的定义,按照马克思的经济解释,民国的历史条件没有使得中国的高利贷资本转变为产业资本或借贷资本,高利贷资本不受平均利润的限制,所以其利息高低没有稳固的经济制约,再加上殖民地影响、信用系统缺失、原始家族企业的资金需求、法律规制无效,使得这一时期的高利贷愈演愈烈。所以新中国成立伊始就坚决禁止扰乱社会秩序和带有封建剥削色彩的高利贷,但是对有息借贷的管制有过犹不及的嫌疑。

(二) 法律定义的归纳与选择

1. 定义方式总结与评价

历史发展的总体趋势是将有息借贷和高利贷加以区分,这反映出生产力发展对于资金流动的客观需求。以该种认识为基础,有几种不同的定义方法:第一种,从马克思主义经济学原理出发,将高利贷资本和借贷资本相区分,两者有历史发展的前后渊源[①],前者的突出特征是和生产过程相分离,利息不受经济规律的限制;第二种,将"生产力"和"承受力"[②]作为衡量是否"高利"的标准,前者多指生产性借贷,后者主要用于判断个人消费借贷[③];第三种,即是围绕利率的各种定义方法,如高出银行利率的借贷为高利贷,或高出各地区指导利率的为高利贷,或其他类似方法。

以上三种方法基本囊括了现行高利贷的解释方案,但部分方案的缺陷较为明显:第一种方案带有经济原理和历史性的分析,但是原理性的定义并不能很好地明确现代社会中广泛存在的有息借贷的性质,学术上的分歧可能造成法律执行的更大困惑,法律的定义需要更为明确和富有操作性。第二种解释方法带有双向的思考逻辑——领会到消费借贷利息的高低会因为个体承受力不同而有所差异,生产性借贷会因为产出不同而改变还贷的能

[①] 参见马克思:《资本论》(第3卷),人民出版社1975年版,第676—681页、第441页。
[②] 参见曾康霖、邓映翎:《利息论》,西南财经大学出版社1990年版,第434页。
[③] 参见罗涵先:《什么是高利贷》,新知识出版社1995年版,第3页。

力,但是这种定义会因为借贷方具体情况的变化而摇摆,并不能在法律上给予一个能够稳定调整的范围,同时,法律不需要、也没有能力关注个体的情况变化,而只是在宏观上达到稳定的政策调整目的。

区别于前两种方案,第三种围绕利率的定义方案简单明确,数量化的方式有助于法律上的可操作性,但需要二次选择如何利用利率来界定高利贷:首先,利率定义的方法要有一个标准或水平线,高出这个水平线就应该归属于法律调整高利贷的政策视野,而这个水平线应该是一个相对稳定的、明确的利率数值;其次,这个利率数值不能是同期银行利率,因为在我国利息管制的背景下银行存贷款利息都比较低,不能很及时地反映市场供需变化,以银行利息要求民间借贷无疑是扼杀了高风险民间金融的利润空间;最后,本书反对利率数值地区化,因为金融政策的执行事关全国统一的金融市场,需要政策制定者的全局思维而非地方标准。①

综上,本书认为高利贷的法律定义应该以一个确定的利率标准为基础,这个利率标准要根据各国的相关法律政策予以规定,可能是银行利率的数倍,也可能是一个符合国情的利率数值。

2. 我国的高利贷定义

结合我国国情,最高人民法院 2015 年发布的《关于审理民间借贷案件适用法律若干问题的规定》第 26 条规定:"借贷双方约定的利率未超过年利率 24%,出借人请求借款人按照约定的利率支付利息的,人民法院应予支持。借贷双方约定的利率超过年利率 36%,超过部分的利息约定无效。借款人请求出借人返还已支付的超过年利率 36% 部分的利息的,人民法院应予支持。"

二、高利贷规制的比较研究

也许是客观的社会经济需要,也许是人的本性使然,高利贷并没有成为

---

① 但这种政策会因为国家政体的不同有所区别,实行联邦制的国家如美国会赋予每个州更大的金融法律政策的调整权限,联邦政府对高利贷的取缔不做硬性要求,法院采取回避态度,而全国大概只有一半的州有关于禁止高利贷的立法,这些高利贷法有的直接规定高利贷利率水平,有的以联邦基金利率等其他金融市场上的利率水平为参照标准规定上浮幅度,有的则实行双重标准。从各州设定的高利贷利率水平看,差别非常之大,如亚拉巴马州限定的高利贷利率水平为 8%,康涅狄格州为 12%,佛罗里达州为 18% 等。参见维基百科:http://en.wikipedia.org/wiki/Usury#Avoidance_mechanisms_and_interest-free_lending,最后访问日期 2011 年 12 月 5 日。

遗迹。无论是从学术上所说的区别于借贷资本、不受平均利润制约的高利贷,还是前文所定义的法律上的高利贷,在市场上仍然大行其道。新中国成立初期中央政府坚决抵制高利贷,因为如果什么地方还存在这种封建社会的现象,那必然是由于它贫穷、封闭而被外界遗忘的结果。现在看来高利贷现象的确难以消灭:一方面从个体消费借贷的角度,现行的产权制度会促进效率,但难以避免的是才能与积累造成的贫富差距,在个体非理性或别无选择的时刻,高利贷就有了存在的空间。另一方面从生产性借贷的角度,产业的发展需要资金支持,但资金总是稀缺性资源。当一国的金融市场无法为所有的企业提供生产与投资的资金时,只要利息合理到商人、企业家有利可图,那么供需关系就会决定高利贷的存在。正是在这样一个无奈与合理的发展拐点之上,高利贷存在于世界发达与落后的各个角落。

(一) 典型资本主义国家的高利贷现象

本部分着重研究美国和日本两个国家,因为它们在资本主义国家借贷行业发展领域具有领先性与代表性。前者因为自由的管制态度而催生出多种多样的现代高利贷形式,后者则遇到了许多和中国本土类似的情形,具有较大的借鉴意义。美国沿袭盛行于欧洲大陆的契约自由思想(freedom of contract),有限政府的观念深入人心,美国联邦政府对于高利贷的规制态度暧昧,联邦法院的判例反复无常:只是表明各州颁布的规制高利贷的法案并不违宪。[①] 各州追求底线竞争的宽松管制环境[②],超前的消费理念,再加上销售商、银行等广告宣传,个体很容易产生巨额的消费冲动,于是所谓的"消费信用"盛行美国。除此之外,美国发明了著名的"payday lending/loan"(领薪日贷款),它成为非正规金融中很常见的一种融资方式。这种贷款的用途更加多元化,市场上流动的闲余资金可以为那些收入低、无担保、信用评级较低或不存在的群体(个人或融资较为困难的中小企业)提供支持。据

---

① The Supreme Court of the United States has decided: No court could declare a usury law un-constitutional even if every member believed that Bentham had shown for all time that such laws did more harm than good. See Reginald Heber Smith, "Rethinking Usury Law, Annals of the American Academy of Political and Social Science", 196 Consumer Credit 189 (1938).

② 底线竞争,以特拉华州为代表:该州素来以善于规制企业公司、税务和银行方面的法律闻名,并积极鼓励本州银行把该州的法律规制理念带到那些更注重保护消费者的州,并不对借贷利息附加任何上限,以此来吸引商业投资,获得与其他州竞争上的优势。参见〔美〕R. M. 汉密尔顿:《公司法》(第4版),刘俊海、徐海燕注,汤树梅校,中国人民大学出版社2001年版,第32页。

美国"社会责任放贷研究中心"的统计,美国每年"领薪日贷款"总额在400亿美元左右,为4000多万美国人(总人口15%)提供服务。[①]

在日本,高利贷曾为战后的经济发展作出过特别的贡献,在政府严格管制金融市场和资金匮乏的时代,小额高利的贷款能够充分利用市场作用调配资源,并拯救了一大批中小企业。在20世纪70年代,美国消费信用或"cash advance"的理念传入日本,日本高利贷产业再次兴盛,主要以月薪者和中小企业经营者为对象,并且有官员参与放贷的情况发生。2003年,东京警视厅以涉嫌非法牟取暴利罪逮捕了"地下金融王"娌山进,娌山进放贷的利率常是法定利率的27倍到380倍,且与日本最大的黑社会组织"山口组"关系密切。[②] 据不完全统计,仅2007年日本全国多处举债者就达200万人以上。[③]

(二)高利贷的潜在危害

结合前文追溯的历史,高利贷从产生伊始就被世俗国王、教会以及各种党派以各种正义的名义所打击,但它一直顽强地生存着,绵延数千年。然而"存在即合理"并不能成为放任其自由发展的正当理据,虽然高利贷在某种程度上是迎合历史需要的产物,但其弊端亦客观存在,并且在法律回避规制的环境下会对社会经济和个体产生更大的危害。

从借贷方个体的角度看,无论是消费借贷、生产借贷还是其他的农民、中小企业主或月薪者等都是在非理性、分配不公而别无选择的情况下选择高利贷的,其较好的结果是债务人能够还款,然后造成更大的分配不正义;不好的结果是债务人无法还款,由于高利贷往往不被法院等其他正当途径所支持,放贷者会通过各种手段对债务人的人身财产安全造成威胁。《白毛女》中所描述的图景并不是历史,在发达国家日本,高利贷逼债而造成的债务人自杀或打死逼债人的事件也屡屡发生。

个体的权益无法受到保护,最终也会导致社会秩序的混乱。"高利贷"这个词语会让日本人想到山口组,美国人想到五大家族、教父,中国人想到地下钱庄等等,高利贷产业是黑帮的主要财源之一,因为它利润大,相对稳

---

① 参见社会责任放贷研究中心(Center for Responsible Lending)官方网站:http://www.responsiblelending.org/payday-lending/,最后访问日期2015年12月6日。

② 参见张莉霞:《控制200多家高利贷店,日逮捕"地下金融王"》,载《环球时报》2003年8月25日。

③ 参见〔日〕须田慎一郎:『下流食い——消费者金融の実態』,ちくま新书,2006年,第23页。

定而且需要暴力威胁。在发现借款人无法还清到期高利贷时,他们便采取非法入侵住宅、非法拘禁、绑架、故意伤害等行为进行逼债、追债。高利贷无疑成为了刑事犯罪的重要诱因之一,已经构成潜在的社会不安全因素。

高利贷对于经济秩序和产业的冲击也是巨大而隐蔽的。首先,高利贷会破坏国家经济秩序,高利贷作为地下经济的一部分,其放贷量和货币流动数额都是政府难以统计和控制的,从而也无法制定相关政策治理与预防可能发生的金融风险。高利贷资本凭借利润会抢夺部分资金市场,削弱国家的宏观调控效果。其次,高利贷成分体现逐利性与自主选择,哪个行业利润率超过社会平均利润率,资本便涌向那里,这些不可控的资本最终将导致产业结构失衡与地区经济失衡。最后,高利贷被马克思称为"寄生经济",因为它不能通过实业减少生产成本从而赚取利润,只是依附于借贷方的供养,尤其是那些中小型微利企业,最终会因为逐渐高涨的利息而入不敷出,资不抵债。高利贷最终会破坏国家的产业政策方案。

高利贷是非正规金融(民间金融)的组成部分,民间金融的长期顽强存在为其合法化争取了一些理据,我们也不能否认民间金融的确可以在一定阶段、一定程度上辅助正规金融共同促进经济发展,尤其是在承认政府有限理性、过多规制会出现寻租、无效率的前提下,民间金融可以更迅速地反映市场供需关系。但是民间金融存在逐利性、随意性、信息不对称等问题,尤其是高利贷这种黑色借贷市场,潜藏着对于社会经济更大的风险,法律不能置之不管,不能够用简单的"合法化"来逃避用更加科学、富有社会效益的方法去调整高利贷行为的国家责任。

(三) 各国目前对高利贷的法律规制

高利贷带来的社会危害有目共睹,它可能潜藏的金融危险也是各国监控的重点。高利贷比普通的民间金融具有更大的逐利性、社会危害性,因此各国对此往往进行立法予以规制。

1. 创设良好的金融环境

法律规制的首要前提是通过法律法规构建一个能够合理调配资金这种稀缺性资源的金融市场,这方面努力的实质就是通过法律工具,利用被监管之下的民间金融工具弥补现代市场的缺陷,满足部分信贷能力较低、被正规金融拒绝的资金需求方的要求,从而用比正常银行稍微高一些的灰色借贷冲抵黑色借贷的市场,降低整体的地下经济利率,改变极端不平衡的供需关系。各国在这方面的法律实践,典型的如美国现代社会常见的信用社的法律调整。这种组织通常有三种形式:由雇员组成的职业性信用合作社;行业性信用合作社;社区内信用合作社。① 日本的这类组织主要体现为第二次世界大战前的互助会,第二次世界大战后被政府规范化的为中小企业提供融资的小型金融公司,后来一些互助会发展成为互助银行。

这类组织其实与中国目前南方地区盛行的合会是同一性质,但不同的是美、日两国针对民间金融的问题,是直接用法律的方式确立其地位,从而进行这类组织的规范化管理。美国从1930年开始各州就制定了信用社合法化的法案,之后又从税收监管等领域全面规范信用社的运作,与此类似,日本制定了众多的法律确立互助会的合法地位,之后将互助会转变为互助银行进行管理,并对其升级到商业银行的管理模式;同时存在的还有原始的互助会和信用金库等组织,这些组织分布在全国各地,都被政府法律法规严格监控与监管,发挥着民间金融的补充作用。②

2. 具体法律的利息规制

借贷关系主要涉及平等的民事法律关系,这决定了各国的法律规制要尊重双方当事人的意思自治,并且以法院的民事裁决作为重要的调整手段。纵观全球,大多数国家在规制高利贷的时候都会在法律上明确一个利息的分界线,超过这个分界线即为非法的高利贷,法院可能会不支持债权人的请求,甚至对高利贷放贷方处以罚金的处罚。正如前文所述,南非、印度、中国、日本、法国、意大利、苏格兰以及美国的一些州都颁布了相关的方案规定了借贷利息的上限③,并认为超过此分界线的合同无效。

(四) 关于高利贷入罪问题的探讨

时下对高利贷法律规制讨论热烈的一个话题就是是否对这种行为追究刑事责任,刑事处罚的法理何在,以及以何种罪名对其处罚。这在我国对高利贷的法律规制方面尤为重要,关系到是否要将高利贷全部合法化,能否将

---

① 人总行赴日、美合作金融工作考察团:《日本、美国合作金融情况考察报告》,载《中国农村信用合作》2000年第8期。

② 同上。

③ See Jackson R. Collins, "Evasion and Avoidance of Usury Laws", 8 *Law and Contemporary Problems* 54(1941).

泛滥的高利贷现象以严酷的手段短期内富有成效地予以规制。"有比较才有鉴别",当我们放眼全球观察,世界各国对高利贷是否入罪的探讨和如何进行刑法上规制的经验将给我国立法带来一些启发。

1. 入罪合理性

根据西方传统的社会二分法,社会由以权利为基础的、意思自治的市民社会和以权力为基础的政治国家组成,其中刑法就是规定国家权力行使的公法,其目的在于防止公权力过度行使而侵权市民权利。高利贷的刑法调整和民法调整将是严厉性截然不同的两种方式:民法调整一般以金钱赔偿为主,刑法则涉及"监禁""拘役"等自由刑甚至剥夺生命。① 也正是因此,我们应该铭记,二百多年前贝卡里亚提到的"罪刑法定"原则:只有法律才能为犯罪规定刑罚。任何司法官员都不能自命公正地对该社会的另一成员苛以刑罚……都不得以热忱或公共福利为借口,增加对犯罪公民的既定刑罚。② 那么,如果要将高利贷入罪,首先需要证明的就是高利贷的社会危害性严重到需要刑法调整的程度。作为一种直接牵涉市场经济秩序的行为,如果放贷行为没有危害当事人的人身财产安全,那么其是否入罪就不是长期以来形成的道德观念所能决定的(这是法定犯与自然犯的区别),而是要看立法者是否愿意创设新的罪行将其容纳进来。

前文已经论述了高利贷放贷行为的严重社会危害性,但"严重"并不能澄清民法和刑法调整在这个问题上模糊的界限。以韩国的立法为例,韩国1962年根据立法第971号颁布了《利息规制法》专门规制高利贷,但之后由于亚洲金融危机的影响,1997年政府决定为刺激经济而停用该法。于是私人放贷者只要经过注册就可以实施30%利息的借贷,造成了社会经济秩序的混乱,韩国也因此被批评为"高利贷共和国"。在这种背景下众多法学家提倡要制定严格的法律,以杜绝这种欺侮经济弱者的现象,《利息规制法》又重新颁布实施,并在第19条中强调了高利贷的刑法规制:"借贷人为了讨债,施以暴力、胁迫、欺诈等情况下,可判处5年以下有期徒刑或者5000万元以下的罚款;或者为了讨回债务而告知债务人的家属或者亲人或者任何

---

① 参见储槐植:《美国刑法》(第2版),北京大学出版社1996年版,第14—16页。
② 参见[意]贝卡里亚:《论犯罪与刑罚》,黄风译,中国法制出版社2005年版,第13—17页。

侵害其私生活的行为,可判处 3 年以下有期徒刑或者 3000 万元以下罚款。"①与此情况相似的还有日本,如 2006 年日本内阁会议上正式通过的《放贷业规制法修正案》,国会制定的《违法金融整治法》,金融厅发布的《金钱借贷业改正法》,都以特别法的形式确立了高利贷放贷行为的刑事违法性。

2. 刑法的规制方法

明确了高利贷的社会危害性与刑事违法性,下一步就是建立对高利贷罪行的刑罚体系,确立具体的高利贷罪行。这时立法者必须将具体的放贷行为区别对待,以制定具有层次性、针对性的刑罚:首先,对所有的高利贷放贷行为予以刑事处罚将是比较严厉的规制方案,适合于社会经济秩序遭受严重破坏的时期。这时可以将罚金的手段适用于不同情况的高利贷放贷行为,既能做到法网严密,也不会造成可能存在的司法滥权与对人权的侵犯。这种立法模式典型的如日本刑法特别法中所规定的年息超过 109.5% 的借贷合同无效,并对高利贷黑店处以 1 亿日元的罚金。《德国刑法典》在第二十五章"应处罚的利己行为"第 291 条"暴利"中也规定了提供信贷显失公平时的处罚条款,但是在罚金刑之外还增加了自由刑②。其次,有些特殊的高利贷放贷行为社会危害性非常大,需要制定特别条款予以刑事处罚,如牵涉地下钱庄、合会等一些组织性极强、具有黑社会性质的放贷行为则要刑法的严厉规制,处罚手段可以增加"拘役""监禁"等自由刑。典型的如《德国刑法典》第 291 条第 2 款的规定,即以发放显失公平的信贷为职业者,属于"暴利"的特别严重情节,处 6 个月以上 10 年以下自由刑③。最后,在立法中列举高利贷放贷行为作为其他罪行的加重情节,将是一种比较稳妥的立法方式。刑法不直接将高利贷放贷行为定罪,而是将犯罪人实施的非法拘禁、故意伤害、杀人罪等罪行与事件的起因(往往因为高利贷讨债而发生暴力伤人)结合,达到抑制高利贷社会危害性的作用。这种方法是否只是治标不治本的徒劳,抑或可能造成司法滥权都尚待商榷。

---

① 参见韩国法律数据库:http://www.lawkorea.com/client/asp/lawinfo/law/lawview.asp?type=1&lawcode=a827297,最后访问日期 2011 年 12 月 8 日。
② 参见徐久生、庄敬华译:《德国刑法典》(2002 年修订),中国方正出版社 2004 年版,第 152 页。
③ 同上。

综上所述，以日本、韩国、美国、加拿大、德国等（亚洲、美洲、欧洲）国家为代表，都对高利贷行为进行了刑法体系内的规制。虽然各国运用了各种不同的立法模式，高利贷行为在刑法体系的位置不同，而且针对高利贷行为的刑罚措施有异，但无疑已经表明了高利贷放贷行为的社会危害性需要也能够被刑法所调整，一国在社会经济秩序遭受严重破坏时用刑法规制高利贷行为已经不存在理论上的困难。

三、当代中国的高利贷问题

如果将西方的历史作为现代法发展进程的一个维度，那么中国市场经济的现代化就是一种"压缩的历史"：在近一百年内完成西方几百年完成的社会变迁。这种迅速的变迁无法根除原有制度的缺陷，也会带来新旧之间的碰撞与困惑：中国的高利贷问题既有封建社会的烙印、乡土社会的弊病，也有新市场经济背景下的独特诱因。历史沿革与中外经验的交错促使我们学习东西方先进文化，最终是为回归本土现实问题的研究，结合独特的语境探讨新问题。

（一）中国高利贷盛行的独特原因

目前我国突出的高利贷问题是改革开放之后兴起的高利贷放贷热潮，这是一种在新的市场经济背景下的超高利息放贷行为。新高利贷问题区别于新中国成立前后带有封建色彩的高利贷现象——它是伴随着民间借贷的发展一直存在的，而新高利贷行为的发展基于两个宏大的背景——改革的双轨制与中国的"二元结构"。

双轨制改革是计划经济时代向市场经济转型期的特殊产物，是一种增量改革与存量不变的政策（这里主要讨论企业改革的双轨制）。改革开放之后，非公有制经济（主要指民营经济）迅猛发展壮大，并开始与公有制经济在某些领域发生竞争（生产资金的争夺）。但国有企业具有天生独享的优势：先进的生产技术，雄厚的担保资金，较好的信誉以及与国有银行密切的联系等。反之，民营企业的劣势常常使其无法获得正规金融的支持：家族式的管理模式，信用评价较差或根本没有评级，实物担保能力较差以及利润率普遍较低，国有银行出于风险的考量会谨慎对待中小企业的贷款要求。此种悬殊的对抗，结果是国有企业愈发强大，民营企业的融资渠道愈发狭窄（见下图）。据有关统计，四大国有银行70％的贷款都给了国有企业，再加上民营企业在资本市场直接融资渠道上的劣势（股票、债券市场等），民营企业想要获得发展资金只能求助于民间金融，这就为高利贷留下了广泛的生存空间。

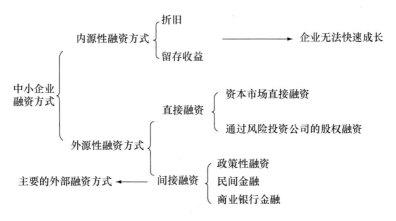

中小企业融资模式图

中国目前存在严重的贫富差距与城乡二元结构。首先，我们必须承认改革提高了生产力水平，但效率至上的代价是拉大贫富差距与民间投资的非实体化。东部的富裕带来的是游资的增加和寻找新的投资方向，于是高利贷成为了"民富"之后的游戏：据估计，温州地区的民间借贷规模已达1500亿—2000亿元①，越富裕的群体越喜欢投资高利贷、房产等暴利经济，甚至较为富裕的普通家庭都已成为高利贷发放的三大人群之一；在银根紧缩的政策背景下资金成为稀缺资源，房地产"限购令"堵住了一部分民间资本的介入，股市持续低迷使之丧失投资的诱惑力，于是高利贷成了富人们投资方向的首选（见表2）。在你情我愿的供需关系下，高利贷成了借贷方与放贷方"双赢"的方案。其次，我国目前的城乡二元结构是促成高利贷在农村地区迅猛发展的制度背景。城乡二元结构引发了城乡金融的二元结构：我国的金融机构在城乡间分布不平衡，作为金融主体的银行，市场结构布局

---

① 参见杨桐：《温州民间融资规模上千亿 谨防债务违约"多米诺"》，http://www.chinanews.com/fortune/2011/10-08/3370413.shtml，最后访问日期2015年12月10日。

严重失衡,农村缺乏正规金融机构①,资金成为紧缺资源。在这种供需严重不平衡的环境下,农村个体(乡镇企业)想要获得生活(生产)资金都必须付出更大的代价与更高的利息。

表2 温州资本流向

温州商人的投资之路			
2000年之前	2003年前后	随后几年	2008年金融危机后
投资实业	投资房地产	形成规模的炒房团、进军煤矿、油井等	涉足民间金融领域

(二)新高利贷现象对中国社会经济影响之辩

正如前文在全球视野下对高利贷影响的阐述:该现象的复兴有其历史合理性,但其对社会秩序、个体权益和金融风险都是弊大于利的潜藏隐患,所以法律即使无法彻底取缔,也必须责无旁贷地加以规制。中国高利贷现象存在世界各国的利弊共性,也有需要特别指出的影响之论辩。金融抑制政策是中国高利贷泛滥的背景之一,"农村"正是这种政策负面效果的重灾区:正规金融产品太稀缺,个体的资金需要唯有求助于民间金融,而民间金融出于成本、风险、投资的考虑更倾向于发放高利贷以赚取高额利润。这种无奈的次优选择既不利于再生产也不利于基本生活消费,容易让广大农民群体面临盘剥的恶性循环。因此,高利贷在农村地区的长期存在不利于新农村建设或乡镇企业的复兴,甚至会侵害农民的个体权益。

从整体社会再生产的角度考虑,我们绝不能依赖高利贷或过度依赖民间金融,短期融资问题的解决与侥幸度过经营危机并不能改变中小企业的长期经营困境,在当前的制度环境下高利贷只是饮鸩止渴:从资金投放的角度看,高利贷在信贷紧缩的政策下因其高利润而成为诱惑的暴利投资,这促使大批资金②投向借贷之虚拟经济,而非发展中国家应鼓励的实业投资。这

---

① 我国现有的金融机构大部分集中在城市,如商业银行、政策性银行、城市商业银行、非银行金融机构、资产管理公司、外资金融机构等。农村地区的金融机构以农村金融机构(信用合作社)和邮政储蓄银行为主,国有银行已经逐步撤离农村,农村信贷市场萎缩。参见《中国金融年鉴(2007)》,中国金融年鉴杂志社有限公司2007年版。

② 高利贷的诱惑力引来了四面八方的投资者,其中包括国有银行私下间接发放高利贷,官员利用职务之便挪用公款投资高利贷,上市公司凭借自己的融资能力成为高利贷"倒爷"等金融乱象亟待法律规制。参见桑彤、陈航:《上市公司为何"不务正业"》,载《人民日报》2011年9月6日。

无疑在制造国民经济的泡沫,在全民心中种植一种"寄生经济"投机心理,并且会引发一系列类似国企放贷的金融乱象。从资金借贷的角度观察,高利贷已经不能成为中小企业开工生产的救命稻草。过高的利息使得再生产的利润很容易被吞噬,中小企业如果坚持低收益的生产就会走向倒闭结局,如果要盈利就不能继续用资金做实业。

综上所述,高利贷现象在中国仍具有"寄生经济"所特有的危害性,它的性质与引发的连锁反应决定了其不能成为拯救国民经济的工具,高利贷需要的是法律规制而非简单的"合法化"。

(三)针对高利贷的中国法规制与绩效评价

所谓"无恒产者无恒心",高利贷复兴微观上直接与民众的基本生活相联系,宏观上事关我国金融秩序的稳定与经济的持续健康发展,国家已对该现象加以重视,并试图运用多样化的法律手段(民法、刑法、经济法领域等)调整紊乱的社会经济关系。

1. 民事法律与司法解释简述

民法的帝王原则是意思自治,我国民法承认有偿借款合同,如《合同法》第十二章"借款合同"第196条的规定:"借款合同是借款人向贷款人借款,到期返还借款并支付利息的合同。"但是高利贷借款合同"借款的利率违反国家有关限制借贷利率的规定",直接与《合同法》第211条的规定相违背,该条用"不得"的字样表明了对高利贷行为的不支持。而更为直接地表明国家态度的规定来自于司法解释,即2015年最高人民法院《关于审理民间借贷案件适用法律若干问题的规定》,其中对民间借贷的利率与利息作出明确规定。包括:借贷双方没有约定利息,或者自然人之间借贷利息约定不明,出借人无权主张借款人支付利息;借贷双方约定的利率未超过年利率24%,出借人有权请求借款人按照合同约定的利率支付利息,但如果借贷双方约定的利率超过年利率36%,则超过利率36%的部分利息应当被认定为无效,借款人有权要求出借人返还这一部分利息。

值得注意的是,有一些学者和法律工作者认为《合同法》第三章"合同的效力"第54条关于"可撤销合同"的规定可以适用于高利贷行为[①],其中该条

---

① 参见李文成:《举案说法:乘人之危的合同无效》,载《四川农业科技》2011年第7期;赵永平:《一方乘人之危订立的借款合同无效》,载《农家之友》1994年第5期。

第 1 款第 2 项规定的"在订立合同时显失公平"和第 2 款规定的"一方以欺诈、胁迫的手段或乘人之危,使对方在违背真实意思的情况下订立的合同"等都可以包含高利贷的情景,借贷方可以此变更或撤销合同。但本书不同意这种观点:这是将法条随意地进行目的性扩张解释,已经超越了立法者的真实意图和现实社会需要。① "显失公平""乘人之危"等法条词句需要结合案件的具体情景予以判断。比如 2015 年最高人民法院上述司法解释就在 24%—36%之间给予一定条件的借贷关系合法保护,承认自然债务。否则,一味否定正常民间借贷关系,无疑于国家宣扬非诚实守信的市民道德,不利于民间合同的正常履行。

2. 刑事法律的解释与执行简述

目前我国的广义刑法没有针对高利贷行为本身的罪行设置,实践中往往通过对《刑法》特定条款的类推解释实现对犯罪嫌疑人的定罪。高利贷行为除本身具有社会危害性之外,还可能引发其他如故意伤害、非法拘禁等刑事犯罪,这种情况下直接以犯罪嫌疑人触犯的刑事法律定罪即可,这里不再赘述。高利贷行为直接侵害的刑法所保护的法益是社会主义市场经济秩序,因此高利贷的定罪依据也应该从《刑法》分则第三章着手,即该章第四节"破坏金融管理秩序罪"第 175 条和第 176 条经常成为实践中的定罪依据,其中第 175 条"高利转贷罪"的构成要件是"以转贷牟利为目的,套取金融信贷机构信贷资金高利转贷他人";第 176 条"非法吸收公众存款罪"的构成要件是"非法吸收公众存款或者变相吸收公众存款,扰乱金融秩序"。因此这两项法条可以规范的都只是个别的高利贷活动,《刑法》不能实现对高利贷行为本身的规制。

《刑法》中"扰乱市场秩序罪"的第 225 条"非法经营罪"也成了实践中法院对高利贷行为进行定罪的突破口,这种做法还得到了中央有关部门的肯定。② 学术界产生的对这种做法的争议,源于对《刑法》第 225 条"非法经营

---

① 参见刘凯湘:《论民法解释之依据与解释方法之运用》,载《山东警察学院学报》2006 年 3 月第 2 期。

② 这方面影响较大的案件是曾在司法机关被称为"高利贷第一案"的武汉涂某某涉嫌非法经营一案,该案在立案侦查阶段得到了公安部《关于涂某某等人从事非法金融业务行为性质认定问题的批复》,其中认为"应该以非法经营罪立案侦查",这一批复也是在征求了最高人民法院和中国人民银行的意见之后才发出的。紧随其后的"南京邵某某某""上海高利贷第一案"等都有克隆此案的痕迹,"非法经营罪"有转变为高利贷直接定罪依据的趋势。

罪"第4项"其他严重扰乱市场秩序的非法经营行为"这一条款现实作用的争议。"非法经营罪"第4项的立法方式曾发挥过治理混乱金融局面的积极作用,但"经营"一词所囊括的含义过于宽泛,几乎所有的经济活动都有可能属于经营活动,势必会无限扩大该款的入罪范围,现实中的滥用已经使之成为继"投机倒把罪"之后被广泛批评的"口袋罪"。

综上所述,我国《刑法》与其他刑事特别法并没有直接针对高利贷的定罪条款,实践中一些法院通过类推适用《刑法》的有关法条对犯罪嫌疑人予以定罪是不符合"罪刑法定"的滥用自由裁量权的行为。

3. 经济法领域内的规制视角

目前对规制高利贷起直接作用的除传统的法律法规、司法解释之外,还有一些特殊组织机构发布的规章、通知等文件,这些文件理论上并没有执行上的法律效力,但却现实地贯彻着国家纵向经济管理政策。而发布这些文件的机构多数是中国人民银行与银行业监督管理委员会(国务院组成部门与国务院直属事业单位),二者都是具有一定宏观调控和市场规制权的经济规制机关。通过粗略的法律检索,可以发现目前由中国人民银行和中国银监会发布的文件有一个批复、一个函与两个通知:中国人民银行办公厅《关于以高利贷形式向社会不特定对象出借资金行为法律性质问题的批复》主要是针对如何厘清"非法发放贷款"与高利贷活动的提示性规定;《关于高利贷认定标准问题的函》则调整了高利贷在实践中的认定规则,破除了对高利贷界定的形式主义法律思维,具有联系法条与实践的重大法律适用意义。中国银监会《关于印发银行业金融机构从业人员职业操守指引的通知》则主要是针对银行业从业人员应抵制与举报高利贷活动的行业规范。而中国人民银行发布的《关于取缔地下钱庄及打击高利贷行为的通知》明确地表达了中央对高利贷活动的抵制态度,从而成为后续许多行政执法活动的直接依据,并影响着法院对此类案件的判决与执行。该通知的政策核心是"开源节流":一方面想要解决源头上的问题(农村借贷难),"督促有关金融机构不断改进金融服务,加大对农村、农业和农民的信贷支持力度……全面推广农户小额信用贷款……支持农户扩大生产经营,解决生活中的困难",从而削弱高利贷活动得以复兴的制度漏洞;另一方面则是对现实存在的组织化(地下钱庄)与非组织化的高利贷活动围追堵截,结合国务院《非法金融机构和非法金融业务活动取缔办法》和《刑法》分则第三章"破坏社会主义市场经济秩序罪"的相关规定努力取缔组织化高利贷活动与其他非法金融机构,区分民间借贷和高利贷活动,对后者超出法律允许范围内的利息不予保护。

4. 法律规制的绩效评价

目前国家为取缔高利贷活动而付出的良苦用心并没有获得民间的认同,行政机关执行规则困境重重,司法机关陷于无法可依的尴尬局面,新兴的经济法规制机关有心却无力解决金融乱象。针对高利贷活动的法律规制最为严重的问题集中在规制的合法性欠缺、国家对市场的干预度过高、司法或行政的执法成本过大,从而导致政策目标与规制效率无法实现。

在高利贷这一经济法或主要是金融法规制的领域内,"法律保留原则"面临前所未有的挑战,传统上作为立法部门的人民代表大会不再能够发挥及时有效的作用,而是将这方面的立法权很大程度上授权给了新兴的经济法规制机构。从各国的实践来看,金融领域内的权力主体几乎都局限于中央银行,因此我国人民银行以自己的权限制定关于高利贷的规定是符合发展趋势的。但是权力集中就需要更加理性的行动和更多的监督,中国人民银行制定政策就需要更加开放的程序、更多专家的参与,并且能够经受住实践的检验。

如何协调市场与国家的关系一直是转型国家面临的艰难抉择,我国方方面面的市场化改革都在有条不紊地进行,但金融体制改革作为最后的堡垒承受着太多的压力。为了国企改革的顺利进行,国有银行戴着有色眼镜放贷;为了金融稳定,中央仍然执行"金融抑制"①的政策。于是所有的法律规则都在试图撒网,形成一个对民间金融的围堵的布袋子,但是却没有为真正的资金需求留下活口,最后的结果只能是暴利行为的出现与金融监管的失败。回首"入世"十几年的实践,我国的金融领域数值在不断增长,但是未

---

① 所谓金融抑制就是指政府通过对金融活动和金融体系的过多干预抑制了金融体系的发展,而金融体系的发展滞后又阻碍了经济的发展,从而造成了金融抑制和经济落后的恶性循环。金融抑制是由美国经济学家麦金农等人针对发展中国家实际提出的,它解释了发展中国家金融业因抑制而不能有效促进经济增长的现象。参见维基百科: http://wikipedia.jaylee.cn/? cx＝012887051613120601641％3A8bppfezikjs&cof＝FORID％3A9&·ie＝UTF-8&·q＝％E9％87％91％E8％9E％8D％E6％8A％91％E5％88％B6&·sa＝％E7％99％BE％E7％A7％91％E6％90％9C％E7％B4％A2,最后访问日期 2011 年 12 月 16 日。

实现全面发展与开放准入,金融弱势群体无法获得正当合理的资金补给,在这个背景下高利贷总是会有生存的空间。

我国现行的治理系统并没有达到取缔高利贷的原定目标,但是其中部分法律政策已经体现出一种良好的处理问题的思路,中国人民银行所发布的一系列文件体现出"分流而治"的思想:能够意识到高利贷活动的治理需要政策提供一个金融环境的大背景,之后再通过不同部门法之间的合作针对性地解决问题,本书即是想发扬这种思路的精神,从而通过细化调整方法与部门合作,提出对高利贷活动的治理之道。

第二节 整体主义规则构建

正如埃里克森所言,法律制定者如果对那些会促成非正式合作的社会条件缺乏眼力,他们就可能造就一个法律更多但秩序更少的世界。[①] 现存的法律很多(交易成本巨大),可是没有发挥应有的作用,忽略了制度的复杂成因,只希望"头疼医头,脚痛医脚",结果就是浪费制度资源的无用功。高利贷的治理必须从制度根源处着手,前文试图揭示其前因后果,而后文旨在对症下药。

一、整体主义分析思路下的规制路径

针对高利贷活动的特殊动态性、层次性与整体性,本部分运用系统论的分析方法从多部门法综合治理的思路入手,考虑多个规制主体的行为方式[②](整体主义部门法律思维和主体思考模式),希望提出一个宏观与微观治理相结合、注重绩效的现代规范系统。蒲鲁东在其《论工人阶级的政治能力》中使用了"经济法"这一概念:构成新社会组织基础的,就是"经济法",它所

[①] 〔美〕罗伯特·C.埃里克森:《无须法律的秩序——邻人如何解决纠纷》,苏力译,中国政法大学出版社 2003 年版,第 354 页。

[②] 参见刘瑞复:《经济法学原理》,北京大学出版社 2000 年版,第 21、24、25 页。

强调的乃是使法律规则发生变化的跨部门结合的前景。① 高利贷活动泛滥作为社会经济活动的症结是市场失灵问题,这种问题需要在执法阶段,通过依法实施宏观调控和市场规制来解决,从而通过积极的经济法、行政法或经济政策执法来实现调整目标。同时,由于政府权力膨胀或基于效率的考虑,而由政府部门通过准司法权前置等制度安排,使传统民事或刑事法院的司法因素"缩水"。② 因此,规制系统应该建立于剔除垄断之后的包括传统民法、刑法与现代经济法、行政法,甚至上升为正式法律之前的经济政策的多元广义法律竞争与合作上。这种规范体系暗含的线索是利用经济法、行政法与经济政策调整金融市场失灵,弱化高利贷生存空间与利润诱惑,之后用民法保护个体权益、维护正常的民间借贷关系,利用刑法的有力武器围堵严重畸形的高利贷犯罪活动。

现代实证主义法律的研究囊括了执法者与守法者的双重视野,各类主体为了实现一定的目标,会进行一种有利于自己的安排,即博弈行为或博弈活动。③ 规范研究融入博弈论的最大优势即考虑守法方可能作出的对法律政策的回应(高利贷规制系统需要构建赛尔兹尼克所谓"回应型法"④),为制定执行效果更好的法律提供背景支持,避免法律规范与法律实践之间的巨大落差。高利贷复兴是社会经济实践的产物,因为其治理更需要及时准确的对现状的反馈,这就对法律规范的及时性、准确性提出了更高的要求。经济政策缺乏法律所具有的稳定性,但其是相对运动。经济政策能够运用包括经济学在内的多种学科及时有效地反馈社会问题,手段也更加多元化。经济政策的优势使其成为解决现代高利贷问题的重要规范工具,是诸如中央银行这种经济法规制机关所经常运用的调制工具,因此政策也应该成为建构规制体系的一部分。

---

① 参见〔法〕阿莱克西·雅克曼、居伊·施朗斯:《经济法》,宇泉译,商务印书馆1997年版,第20页。
② 参见张守文:《经济法理论的重构》,人民出版社2004年版,第474—478页。
③ 同上书,第134—137页。
④ 参见〔美〕P.诺内特、P.赛尔兹尼克:《转变中的法律和社会——迈向回应型法》,张志铭译,中国政法大学出版社2004年版,第2页。

二、直面民间金融的法律调整

民间金融是指不受政府金融监管机构(一般指中央银行)控制,以私人借贷、合会、私人钱庄为代表的传统金融组织及其资金融通活动的总和。其特点是以个人信用为基础,参与主体私人性。[①] 高利贷活动是畸形的民间借贷——民间金融的一部分,其泛滥的原因之一是市场无法充分利用民间金融资源而形成投机活动,民间资本的运行没有受到法律法规的合理规制。目前学界与实务界的共识即是肯定民间金融的重要地位,并且试图通过价值规律形成对资本的合理价格。2005年中国人民银行发布的《中国区域金融运行报告》第一次肯定了民间金融的存在和积极作用,到2010年报告已经展现了小额贷款公司等民间金融的潜在影响力,并且提出为民间金融发展提供更好的法制环境,促进其与正规金融的"共生"。2010年5月7日,国务院颁布的《关于鼓励和引导民间投资健康发展的若干意见》("新36条")要求鼓励并规范民间资本进入金融服务领域,这为民间金融行业带来了历史性机遇。但是民间金融本身鱼龙混杂,合法化需要以界定清楚民间金融的分类为前提,从而针对不同形态制定统一治理规范与特别调整规范。

狭义民间借贷按照利率高低可以分为高利贷市场、灰色借贷市场和友情借贷市场,高利贷市场难以实现合法化。私人钱庄、合会、典当业、贷款公司等一些组织化的民间金融形态因为其影响大、组织结构稳定而成为合法化的重要突破口与法律规制的重点。

(一) 民事与商事的界限

卡纳里斯提到民事与商事法律的差别:前者强调当事人意思自治,排除国家干预。传统的《民法通则》《合同法》等普通民事法律对一般公众在生活中发生的民间借贷予以调整,司法介入双方当事人之间的事务已经能够稳妥地保证个体权益,而不需要国家的过多干预。后者是在大规模商业活动兴起之后,国家介入经济活动的能动反映。商事法律的规制对象集中于持

[①] Anders Isaksson 将民间金融描述为发生于官方监管之外的金融活动。See Anders Isaksson,"The Importance of Informal Finance in Kenyan Manufacturing", The United Nations Industrial Development Organization Workingpaper, No. 5, 2002.

续性、稳定性、反复性与营利性从事商业活动的"商人"①,而这一类民间金融的主体正是法律规制的对象:长期稳定从事借贷活动的自然人个体、法人或非法人组织体。其中,吸收公众存款组织机构将是未来法律规制的难点与重点。

(二) 一般性规范与特别性规范

本书认为在目前的金融法体系下需要建立一般性规范与特别性规范结合的法律体系。前者是规定以营利为目的并专门从事借贷业务的机构和个人的借贷行为的法律规范,也就是从整体上、宏观上规制前文所论述的从事民间金融活动的"商人"之"商行为";后者则是规定相关主体的法律,规范特殊的民间借贷机构的借贷行为,如现存的合会、私人钱庄、贷款公司等组织机构。目前,实务界和学术界都较为一致地努力推进一般性规范的出台,其中中国人民银行起草的《放贷人条例(代拟稿)》于 2009 年列入国务院法制办的二档立法计划。该条例在市场准入方面允许符合条件的个人注册后从事放贷业务,并规定符合条件的企业和个人都可开办借贷业务(2010 年的《贷款通则》修订稿扩大了借贷主体的范围)。全国人民代表大会从第十次会议开始就多次收到会议代表关于"制定民间借贷法"的议案并交付财政经济委员会审议。② 众多学者积极推动《放贷人条款》或《民间金融法》的制定,在法律出台之前健全完善相关管理办法。③

我国民间金融的特别性规范主要是针对那些广泛存在于城市"地下"和农村的钱庄、小额贷款公司、合会等,未来的理想模式选择是将这些富有潜力的组织建设成正规金融的有益补充形式,通过制度创新和富有技巧的监管手段允许其在较小的领域内从事金融业务,满足目前的民间投资和生产需要。具体来说,民间金融主体法主要是采用"招安"与"自由市场发展"两种模式。前者是允许国家或社会资本的介入,以股份制或信托的形式形成"用脚投票"等对民间金融机构的多重监督。这种操作模式运用我国现行的

---

① 参见〔德〕C. W. 卡纳里斯:《德国商法》,杨继译,法律出版社 2006 年版,第 42 页。
② 参见全国人大财政经济委员会《关于第十届全国人民代表大会第五次会议主席团交付审议的代表提出的议案审议结果的报告》《关于第十一届全国人民代表大会第一次会议主席团交付审议的代表提出的议案审议结果的报告》等文件。
③ 参见张玉纯:《经济转轨时期民间金融发展问题研究》,载《税务与经济》2006 年第 5 期。

《公司法》《证券法》等已经可以实现,但是由于上市困难、规模限制等问题,这种模式不会成为主流选择。后者分为吸收公众资金形式与非吸纳公众资金形式。吸收公众资金的民间金融机构有的局限在一定人际和空间范围内,南方普遍发展的合会就是这种形式,法律规制应该借鉴美国职业性信用合作社、行业性信用合作社与社区内信用合作社的经验;有的组织机构能够在很大范围内对金融秩序产生影响,在法律上应设定合理的准入条件,将其纳入银行类金融机构体系,打造社区银行。[①] 非吸收公众存款形式的民间金融形式如典当业、贷款公司和财务公司,典当业安全系数大,社会震荡小,今后的立法趋势应是进一步明确典当行的营业范围与权利,在法律上明确典当业进行放贷所要遵循的程序。2008年中国人民银行、中国银监会联合发布了《关于小额贷款公司试点的指导意见》,鼓励和指导各省积极开展小额贷款公司的试点工作,而如今贷款公司、财务公司已经在全国遍地开花,今后的立法方向应当是由专门的法律制度加以规范,并且建立以市场登记制度为核心、由国家相关部门承担监管职能的模式。

三、规制与打破国企垄断

如果从经济理论分析,利率市场化与高利贷活动的泛滥有重要联系,因为利率市场化的核心就是令资本受到市场价值规律的调节,利率是资本的价格,关键在于要"更大程度地发挥市场在资源配置中的基础性作用"[②]。按照这样的逻辑推理,急切的资金需求方总是能够获得自己期望的贷款,即使利率会因为风险控制、现金流调整等情况有所提高,但会受到平均利润率的制约而不会出现畸高现象。但是纯理论推理并不能解决中国的复杂问题,目前的资金短缺是由于国有银行和金融机构对大量金融产权进行不良运作、参与高利贷活动导致的,金融自由市场的前提还未真正建立。利率市场化因为具有"市场化"的字眼而格外具有号召力,但这是高利贷的表象而非

[①] 目前,政策上根据中国银监会2006年发布的《关于调整放宽农村地区银行业金融机构准入政策,更好支持社会主义新农村建设的若干意见》,放宽了设立具有合法地位的村镇银行的准入限制。

[②] 参见朱大旗、沈小旭:《论利率市场化的法律意蕴》,载《法学家》2004年第2期。

根源。① 问题的症结在于我们应该如何看待金融改革和如何规制该领域内的垄断和反竞争行为。

（一）运用现行法律规制国有金融机构之行为

带有中国特色的金融市场既得利益者运用行政手段超越市场实施垄断,高利贷活动的猖獗仅是对这一种资源"独裁"所作出的激烈反应。我国目前立法开放了金融机构的设立,但严格且保守的金融管制几乎将民间资本完全排除在竞争之外。这种局面下,国有银行之间的紧密联系、国有银行和国有企业之间政策性的联系进一步加剧垄断的不良后果:国有金融机构产权不明晰、股东缺位,造成了金融资源配置的失衡②,大型金融机构还会排斥中小型金融机构发挥优势,从而加剧中小资金需求者寻求借贷的市场竞争。中小企业和个人为了寻求贷款可能需要向银行的信贷工作人员支付一定的寻租成本,或者接受非正规金融向其转嫁的规避监管和承担风险的成本,而这种非正规金融转嫁的成本很可能就是高利贷的超高利息。此外,国有金融机构面对高利贷的暴利,利用自己持有的大量资金间接进行高利贷投资获取不当利益,形成恶性循环和资金的不良操作。③

由于金融安全与国企改革步伐的考虑,金融业现有的垄断局面很难改变,但是垄断金融机构不能利用特权实施不利于社会效益的行为,其作为"特殊行业"也应该"诚实守信,严格自律,接受社会公众的监督,不得利用其控制地位"。④ 目前对于国有金融机构的法律规制有两个难点:首先,需要进一步确立国有金融机构的行为受到《反垄断法》的规制,该法的优势在于其

---

① 直接论述高利贷活动和利率市场化关系的文献不多,但是很多学者都认为在目前的中国环境下,如果推行完全的利率市场化就可以解决资金的合理配置。反之,一些较为客观中立的观点能看清目前金融体制下利息规制的作用,以及未来解决金融市场问题的核心所在。典型的如许德风:《论利息的法律管制——兼议私法中的社会化考量》,载《北大法律评论》第 11 卷第 1 辑,北京大学出版社 2010 年版;周小光、刘杰:《关于利率市场化改革的法律思考》,载《特区经济》2005 年第 7 期。目前,中国人民银行的利率市场化改革在"放开贷款利率下限"处停滞不前,因为一旦去除下限的约束很可能加剧国有银行争夺国有企业客户的恶性竞争。国有银行的股东角色缺位,更容易受到市场外因素的影响,国有银行为完成任务会用降低贷款利率的手段相互竞争优质客户从而损害全民的利益。这种情形下的利息管制就是有益和必要的。

② 参见冯果、袁康:《反垄断视域下的金融资源配置和社会公平》,载《法学杂志》2011 年第 8 期。

③ 参见《温州危机暴露金融改革问题,银行变相参与高利贷》,载《新京报》2011 年 10 月 20 日。

④ 参见我国《反垄断法》第 7 条第 2 款。

技术性，对于垄断行为本身的关注能够很好地契合金融业的状况，而且法律兼有对金融机构的限制和保护的双重功能，区分"良性卡特尔"与"恶性卡特尔"①。其次，专门执法机构的缺失：通常进行反垄断法执法的工商总局、发改委和商务部囿于金融市场的复杂性和专业性无法承担此重任。解决之道可以是学习美国、意大利经验，由类似中央银行这种金融监管部门承担本领域的反垄断法执法，或者学习日本依靠FTC（公平贸易委员会）这种统一的反垄断执法部门，再者可以利用现有的执法机构进一步融洽反垄断执法"三驾马车"与金融业监管部门之间的职权，共同执法。

（二）渐进改革的拐点

高利贷的超高利息其实是资金需求方在强盗游戏规则下的自我调试，也是社会付出的多余成本，而改革的最终目标是通过法律彻底打开封闭管制市场，方能建立更利于资金利用效率提升社会效益的金融格局。这种未来改革的趋势需要的是法律的调整与确认，尤其是《商业银行法》《中国人民银行法》《银行业监督管理法》等该领域内关系到制度格局的法律调整，同时需要新法的确立来辅助更多金融机构（前文所提到的民间金融组织）参与竞争，最后打破畸形的准入门槛。有竞争才能令资金的持有方善待资源，作出合理的选择，消除制度的寻租空间，让强势群体不能利用金融格局"以钱生钱"、加速恶性循环。根据豪泰林（H. Hotelling）价格竞争模型，如果政府能够建设好道路而非垄断通行权，就能够使街道两旁的商店形成良好的价格竞争，从而有利于消费者福利和整体社会效益的提高。在未来中国法律的努力方向正应是建构更好更公平和适于竞争的金融环境，从而形成更合理、廉价的资本价格（利息），强势方也没有余钱和利润动机进行高利贷投资游戏。

四、渐进改革后的高利贷活动（微观）惩治措施

储槐植教授很早就指出我国经济刑法立罪存在的特殊现象："在立法上出现了对经济活动领域的一些无序、失范行为在没有取得规律性认识，没有动用民商法、经济法和行政法手段予以有效调整的情况下，就匆忙地予以犯

---

① 参见我国《反垄断法》第15条与第28条等对于垄断协议和经营者集中等垄断行为的适用的除外规定。

罪化,纳入刑罚圈的现象,使刑罚的触须不适当地伸入到经济活动的某些领域。"① 这正是本书在论述高利贷活动规制时所推崇的"立罪至后"的思路,国家对普遍的越轨行为必须分层治理:首先,找寻高利贷泛滥与金融秩序紊乱的病因,利用经济法律政策对制度缺陷进行修复与调整;其次,通过民事、商事、经济与行政法规的作用对违法行为进行消解,而不让其蔓延、升级;最后,经过分层的过滤与处理,刑法作为"其他一切法律的制裁力量""最后保障"惩治犯罪行为,维护社会经济秩序,保障权益。否则,我们将看到刑法条文的增加、刑罚量的加强与日益高涨的经济犯罪现象。

---

① 参见储槐植:《罪刑矛盾与刑法改革》,载《中国法学》1994年第5期。

第十章 民间金融的信用支持

第一节 民间金融的信用支持概述

一、信用与信用制度

（一）何为信用

我国古代文化非常重视信用。"人无信而不立""仁义礼智信"对古人的信用提出了很高的要求。然而，在中国改革开放三十多年后，这一切似乎发生了根本性的变化，产生了许多新的现象和新的问题值得我们深入研究。在我国经济和社会转型的转折上，出现了很多问题，其中社会普遍关注的问题就是"信用缺失"问题。国内不断涌现的食品安全、建筑安全问题让人惴惴不安，甚至在最近发生的"中概股退市"的事件中，这种信用缺失的现象通过中国企业走出国门海外上市而将其影响扩展到海外。中国在海外的影响也面临着"信用危机"。这些"信用缺失"的现象将"信用"这个既熟悉又陌生的概念越来越拉近到人们的面前。那么究竟什么是信用呢？

我国古代的信用是一般意义上的道德层面的概念。吴汉东在《论信用权》中认为，就一般意义而言，信用有两种含义：一是以诚信任用人，信任使用；二是遵守诺言，实践成约，从而取得别人对他人的信任。《论语·学而》有言:"与朋友交而不信乎?"道德层面的信用概念具有其自身特点,即以道德为支撑点,排斥契约和法制约束,重视最高统治者的信用示范作用,呈差序格局状态和权利义务的非对称性等。如果说我国古代对信用的理解是伦理学上的一种解释的话,那么在当代,信用又出现了社会学、经济学、法学上的种种新的含义。

从社会学的角度来看,信用一般等同于信任①,是指一种价值观念以及建立在这一价值观念基础上的社会关系,是一种基于伦理的信任关系。其具有以下特征:第一,信用源自一种社会心理;第二,信用是一种社会关系,现在市场经济实质上是由错综复杂的信用关系所编织而成的巨大网络;第三,信用具有伦理特征;第四,信用具有文化特征。此外,信用还具有时代特征。

从经济学的角度来看,大多数学者认为信用是以授信者(债权人)相信受信者(债务人)具有偿还能力为基础的,如授信者对受信者具有信心,则授信者愿意目前交付财物(如商品、不动产、货币、劳务或权利等),而同意受信者所作的在未来偿还的承诺;在受信者方面,即愿意目前取得财物以承担债务。换言之,信用交易是一方同意他方延期偿还债务的行为。一般说来,它是以偿还为条件的价值运动的特殊形式。在商品经济条件下,信用表现为货币的借贷或商品买卖中的延期支付,债权人贷出货币或赊销商品,债务人则按照约定的期限归还贷款或清偿贷款,并支付利息。②

在我国法学界,对信用存在广义和狭义两种定义。由于古罗马法当中,信用对应概念是拉丁语"Fides"及"Bona fides",而这两个词在我国民法中亦常被译为"善意"和"诚信"。③ 所以,在我国民法学界中有不少学者将信用等同于诚实信用原则。④ 在这种定义下,信用实际上是法律化的道德准则。它的基本内涵包括三个方面:第一,善良真诚的主观心理,不存在恶意,没有欺

---

① 参见郑也夫:《信任论》,中国广播电视出版社2006年版,第173页。
② 参见张亦春:《中国社会信用问题研究》,中国金融出版社2004年版,第4—5页。
③ 参见徐国栋:《客观诚信与主观诚信的对立统一问题——以罗马法为中心》,载《中国社会科学》2001年第6期。
④ 江平、王利明等教授的一些文章可以明显看出此种观点。参见王利明:《加强民事立法,保障社会信用》,载《政法论坛》2002年第5期;江平:《平等·自由·公平·信用:加入"WTO"后我国的民法原则》,载《西安政治学院学报》2000年第6期;蔺翠牌:《市场经济主体信用的缺失与补救》,载《法学杂志》2005年第6期。

骗的企图,以合作互利的心态来交往;第二,守信不欺的客观行为,从缔约到交易终结都信守约定;第三,公平合理的利益结果,不从他人的损失中获利。但在我国民法学界大多数情况下使用的信用概念是狭义的信用概念。我国台湾地区学者史尚宽认为,信用是社会上应受经济的社会评价,即是民事主体经济方面的综合能力,实质上是指商誉。[①] 江平教授认为,信用有四个性质,信用是一种资格,是一种财产,是一种权利,是一种信息。[②] 王利明教授认为,信用是在社会上与其经济能力相应的经济评价。[③] 张俊浩教授认为,信用应指一般人对于当事人自我经济评价的信赖性,亦称信誉。[④] 杨立新教授认为,信用是指民事主体所具有的经济能力在社会上获得的相应的信赖与评价。[⑤] 就上述理论而言,狭义的信用具有以下三个明显的特征:第一,信用的主观因素泛指民事主体的一般经济能力,包括经济状况、生产能力、产品质量、偿付债务能力、履约态度、诚实守信的程度,等等。概言之,经济能力是指经济方面的综合能力,不涉及政治态度和一般的道德品质。第二,信用的客观要素是社会的依赖和评价。信用的客观表现是一种评价,这种评价是社会的评价,而不是自己的评价。前述学者的定义中,有谓当事人自我经济评级,将评价这种客观因素认作主观因素,实属不当。自我经济评价是自己对自己经济能力的评估,是自己对守信态度的自我肯定,不是信用的客观因素。信用的另一客观表现是社会对特定主体经济能力的信赖,它是社会评价的内容之一,但又包括情感的因素,具有独立的意义,表明信用的实质内容是"信"。信用是关于经济信赖的社会评价。第三,信用是民事主体能力与客观评价的结合。一方面,关于经济信赖的社会客观评价不会凭空产生;另一方面,民事主体的经济能力是该种客观评价的基础和根据。只有这两者即主、客观因素的紧密结合,才能产生信用。

在本书的语境下,着重考察信用对民间金融的支持作用,因此,应采用经济学与法学范畴的信用定义,即信用为以授信者(债权人)相信受信者(债

---

① 参见史尚宽:《债法总论》,台湾荣泰印书馆1978年版,第147页。
② 参见江平:《四面八方说诚信(中)——江平教授"律师与诚信"专题讲座摘要》,载《中国律师》2003年第9期。
③ 参见王利明主编:《民法·侵权行为法》,中国人民大学出版社1993年版,第299页。
④ 参见张俊浩主编:《民法学原理》,中国政法大学出版社1991年版,第158页。
⑤ 参见杨立新:《人身权法论》(修订版),人民法院出版社2002年版,第695页。

务人)具有偿还能力为基础,如授信者对受信者具有信心,则授信者愿意在目前交付财物(如商品、不动产、货币、劳务或权利等),而同意受信者所作的在未来偿还的承诺。与伦理学上的信用和中华古代文化中对人要求的"信"不同,经济学范畴的信用并非对人的道德判断,而是不加对主体道德评判的、以主体的经济能力为基础的、客观意义上的信用。因此,有别于传统信用完全依赖于相关主体的道德水平,经济学意义上的信用往往以相应的"制度"为基础。

(二) 信用制度

经济学上的制度是指人际交往中的规则及社会组织的结构和机制。制度有正式制度与非正式制度之分。正式制度总是与国家权力或某个组织相连,是指这样一些行为规范,它们以某种明确的形式被确定下来,并且由行为人所在的组织进行监督和用强制力保证实施,如各种成文的法律、法规、政策、规章、契约等。非正式制度是指对人的行为的不成文限制,是与法律等正式制度相对的概念,包括价值信念、伦理规范、道德观念、风俗习惯和意识形态等。很多国家建立了正式的信用制度,如建立了相应的征信体系[①](包括个人征信体系和企业征信体系),以及产权制度、违约惩罚制度等构成的其他配套制度。这种正式的信用制度是与现代化的工商业相适应的。非正式的信用制度则有很多是从伦理学上的信用继承而来的,包括人们希望自己诚实守信的价值理念和在一定熟人社会中的道德约束和乡规民约。因此,非正式的信用制度往往局限于地缘或血缘关系中。

(三) 信用缺失的理论解读

学界对我国目前的信用缺失现象也有所研究。我国历史上有不少关于信用的论述,但其含义侧重于对道德品性的规范和要求,没有同经济利益相联系。信用还应当从法律方面来理解。现代信用的产生和发展,是与契约和法律相联系的。传统社会的信用主要表现为一种人伦关系,人们之间发生经济往来时,主要依靠双方之间的道德信任、道德默契来约束自己的行

---

① 征信是指专业化的、独立的第三方机构为个人建立信用档案,依法采集、客观记录其信用信息,并依法对外提供信用信息服务的一种活动,它为专业化的授信机构提供了一个信用信息共享平台。而征信体系是指与征信活动有关的法律规章、组织机构、市场管理、文化建设、宣传教育等共同构成的一个体系。

为,是一种基于血缘、地缘、亲缘基础上的特殊主义信用。随着市场经济的发展和商品货币关系的普遍化,经济交往日益频繁,交易范围、交易对象扩大,传统的非重复的非人情式的以法律为保障和后盾的契约信用关系应运而生,使得信用约束机制硬化,靠法律权威监督和保护来对违约者实施惩罚和赔偿,这是一种普遍主义的信用,目的在于实现双方利益的平衡,保持社会的稳定和协调发展。而我国传统的信用基本上从道德的角度来理解,是自然经济和宗法社会的产物,是主要适用于封闭的、以血缘和地缘为纽带的亲朋、故旧之间的伦理准则。因此,中国传统上缺乏与市场经济相适应的、能够支撑市场经济发展的社会化的信用文化。[1] 这是中国在由传统经济向社会主义市场经济体制转轨过程中出现一些信用缺失问题的重要文化原因。

现代经济学家在以信息的编码和扩散为基础,对各种社会形态下构筑信用的基础进行研究,并得出结论认为:人类社会实际上存在四种不同的信用制度体系——市场制度、官僚(bureaucratism)制度、宗法(clans)制度与采邑(fiefs)制度。美国是市场制度的代表,非人格化交易和经济运行模式特点明显,"看不见的手"的作用十分显著;英国是宗法制度的代表,"很多制度惯例——议会,缺乏成文的宪法,权力机构和伦敦俱乐部——宣称它们信奉在小团体中分享感觉和价值";法国是官僚制度的代表,"有着强大的统治(dirigisme)和国家传统";而传统中国则是采邑制度的代表。[2]

在采邑制度下,交通通讯条件尤其是信息编码水平有限,使人们无法获得交易所需的足够信用信息,在每次新的交易达成之前,通常总要再经历一个议价(bargain)阶段,这就大大增加了每次交易的成本,阻碍了跨采邑交易实现频度的增大。由于交易主要在采邑之间进行,因此采邑内个体没有有效激励去推动既有编码体系编码程度的提高和体系的更大扩散,从而使制度编码体系表现出很强的路径依赖特性,诸多默认规则于是产生,并上升为文化传统[3];文化传统的跨代承袭和体系化进而对跨采邑交易规模进行更严

---

[1] 李建平:《关于建设"信用福建"若干基本问题研究》,载《东南学术》2003年第2期。

[2] 参见〔英〕马克思·H.布瓦索:《信息空间:认识组织、制度和文化的一种框架》,王寅通译,上海译文出版社2000年版,第455—458页。

[3] L. Magnusson & J. Ottosson (eds), *Evolutionary Economics and Path Dependence*, Edward Elgar, 1999, pp.114—115.

格的限制。在其作用下,交易规模始终无法得到大的扩张,制度半径遂局限在采邑内,无法得到有效扩展。

在这样的条件下,市场主要通过"人格化交易"①来进行维持。在采邑内,通过不断地交易和日常接触,市场微观主体之间逐渐建立起熟稔的人际交往关系;在这种封闭性经济形式下,个体的迁徙通常是比较少见的,因此,市场的范围也是比较稳定的。在一个微观构成成员比较稳定、规模又相当小的市场中,在一个"每个人认识每个人"的社区环境下,交易者之间逐渐建立起一个彼此心照不宣(也很难化为言辞或文字)的共同信息体系,在这个体系中,几乎所有共同信息都是"具体的、未编码的、未扩散的"②,为体系中的每个成员所心领神会。在整个体系中,个体的具体身份极其重要,甚至可以说,正是个体的具体身份使他获得被纳入这个信息体系的资格和能力。而由这一共同信息体系出发,采邑内逐渐形成一种共同的价值和对彼此的信任;通过这种途径,采邑内相互交易的成本大大下降了,(采邑内)交易规模得到扩大,个体的信用也因此而在采邑内建立起来。

在这种经济框架下,个人一般情况下均不愿意脱离其采邑,因为,脱离采邑的成本是巨大的,交易双方均要付出巨额的信息成本;而当个人确实能够脱离其采邑,因为各采邑之间缺乏信息共享体制,个人在某个采邑的失信行为又不为其他采邑所知时,失信也就成为经常的事情了。

市场经济体制区别于传统采邑经济的最大特征是市场半径增大,以及维持市场的交易信息沟通手段发生了改变。在一个以几何级倍数扩张了的市场中,传统的人格化交易为契约化交易(也即非人格化交易,其中包含隐性契约)所替代。在这种经济组织形式下,全国不再被众多采邑分割为许多半径各异、彼此不相关联的采邑市场,而逐渐统一为一个全国性大市场。交通、网络和各种现代化的通讯方式的发展,使社会信息的交流条件大幅度改善,尤其是现代化的信用制度体系的建立,使得个人信用信息流动更为顺畅。交易中的网络正效应得到体现,寻找交易对方这一问题一般不再成为

---

① 参见〔美〕诺斯:《制度变迁理论纲要》,载北京大学中国经济研究中心编:《经济学与中国经济改革》,上海人民出版社1995年版,第3页。
② 参见〔英〕马克思·H.布瓦索:《信息空间:认识组织、制度和文化的一种框架》,王寅通译,上海译文出版社2000年版,第381页。

阻挠交易顺利进行的主要障碍;交易成本(其中一个主要组成部分就是搜寻成本)大幅下降。交易成本的下降反过来促进交易规模的扩大和市场半径(也即交易的地域范围)的扩张。这二者相互作用,遂使市场的扩张具有一种自我强化的特性。诚如哈耶克所说,市场经济的一个最主要的特征就是"不断地进行制度的扩展"。①

我国目前正处于从采邑经济向市场经济过渡的时期,在现阶段出现社会信用缺失问题,应该说是深深根植于这一时代背景的,有其客观必然性。在经济转轨阶段,能够支撑契约化交易的健全、高效的法律体系和适应市场经济条件的社会信用体系远未建立起来,而原先支持人格化交易的信用维持体系,却由于市场的扩大、人格化交易地位的下降以及观念的急剧改变而逐渐解体。许多的个体经常游离于数个采邑之间,但各采邑之间又没有建立起适应市场经济制度的信用信息共享机制。旧的已破,新的未立,这一阶段,信用体系也就出现了转型真空,失信作为一个越来越严峻的经济问题和社会问题日益突出,成为我国目前经济乃至社会整体面临的最严峻的问题之一。

个人征信机制在一定程度上是采邑经济条件下人格化信用机制在市场经济条件下的扩张应用,兼有人格性、契约性和法制性的特点,能够较好地适应当前我国国情的需要,促进信息流通,推动经济发展。这一点在日本、我国台湾地区,尤其是新加坡等国家和地区的发展已得到很好的体现,而诸多海外华商的成功经验也堪为此点的佐证。个人征信制度在引领我国由采邑经济向市场经济过渡后,将发挥重要作用。因此,信用中国应从个人征信制度开始。

二、信用制度与民间金融

信用是市场经济发展最重要的基础之一,完善的社会信用体系和良好的信用环境是保障金融业务正常运转的基本前提。内核为资金融通的"金融"实质上是一个"三信"产业,即信息、信用、信心三位一体,信息是前提,信用是核心,信心是保障,共同支撑起金融大厦。② 而民间金融由于其特殊性,

---

① F. A. Hayek, *The Fatal Conceit*, University of Chicago Press, 1988, pp. 6—9.
② 郭雳:《信用、金融与金融法》,载《金融法苑》2003 年第 2 期。

与信用制度的关系更加复杂。

(一) 传统的民间金融的产生和发展根植于特殊主义信任系统的发展

以历史的眼光看,民间金融的产生源于特殊的信用背景。在传统封闭经济状态中,人们通常受到地域限制而通过血缘和地缘关系形成相对稳定的互助关系。这种互助关系是由无数个小的信任系统共同构成的。民间金融的产生正是利用了系统内这种特殊主义来满足经济活动主体的融资需求。在今天,由于法律制度不健全并缺乏真正的信用观念,民间部门仍然局限在特殊主义的圈子里,孤立的信任系统之间缺乏健全的市场和法律等相连接,从而未能建立全社会的大的信任系统。因此,当民营中小企业和居民个人在经济活动中产生资金需求时,合会、私人钱庄等传统的融资形式便因其具有良好的群众基础、低廉的学习成本和协调成本而重新兴起。同时,由于制度变迁具有自增强作用,这也使得民间金融制度生成后具有一定程度的稳定性,被锁定在非正式、不规范、低效率的状态中。然而,系统内的特殊主义决定了民间金融不具有规模经济的制度优势,民间金融也不能提供类似国有金融背后的强大的政府信用的支持,对竞争更是回避,这些都导致了一定程度上的低效率。同时,由于政府未能提供法律规则来维系信任系统之间的普遍主义,特殊主义也就成了降低风险、减少费用的次优方式。[①] 同时,单个信任系统局限在血缘和地缘的圈子里,其进行资金融通的收益额不足以进行制度创新,另外还面临着建立规范化的融资制度的学习成本和系统间协调成本过高的问题,因此,在没有外部强有力的制度冲击和国家制度供给的情况下,民间金融发展仍然依赖于特殊主义的信任系统。只有在信任系统得到普遍改造和发展之后,民间金融的信用基础才可能转变为普遍主义的信任路径。

(二) 民间金融的活跃和发展依赖于民间消费和投资扩大所产生的信用需求

民间金融的活跃和兴起是非政府经济主体崛起和发展的结果,其信用路径依赖于民间消费和投资发展的状况。尤其是居民作为经济主体的组成,国民收入分配流程的改变提供了剩余资金供给的前提,成为民间金融发

---

① 刘静、郑震龙:《制度变迁中的民间金融》,载《金融与经济》1999 年第 7 期。

展的必要条件。居民投资的兴起更为民间金融发展提供了广阔的发展空间,这是传统正式金融制度安排不对或少对居民投资行为尤其是资金需要量较大的居民实业投资进行资金融通的必然结果。

民间金融是在经济市场化与金融抑制之间的矛盾中发展的,是经济发展的内生变量。"金融抑制"是相对于"金融深化"而言的。发展中国家大多长期推行"金融抑制"的发展战略及金融政策,表现在政府对金融实行高度管制,利率缺乏弹性,金融机构的设立受到严格的限制,金融市场特别是资本市场发育受阻,等等。我国的金融状态长期具有典型的金融抑制特征。传统经济体制是高度管制模式,因而经济与金融的矛盾并不突出。改革开放后,经济市场化趋势不断加强,但金融发展没有同步进行,尤其是民间消费和投资的迅速扩大与信用供给不足形成背离,于是,经济与金融的互补性特征要求滞后的金融服务业得到发展,解决矛盾的唯一途径就是推进"金融深化",放松金融管制,以使金融结构、金融运行及金融管理适应经济自由化的要求,民间金融作为经济发展的内生变量就有了存在并发展的理由。这是因为,一大批新的城乡经济主体被排斥在原有的金融格局之外,它们只得求助于民间信用,从另一个角度上说,它们在很大程度上激发了我国民间信用的产生和发展。

(三) 民间金融的发展依赖于横向信用联系对纵向信用联系的互补特性

民间金融较国有金融更充足的信息使民间金融也获得了现实的竞争优势。民间金融地域性强、深入民间、手续简单、机动灵活,便于吸存和房贷,究其原因,在当地的技术条件下,社区性强的民间金融业对中小企业、个体工商户的信息远比国有金融充分。民间金融的这些特性使其成为国有金融的有益补充。

理论上,民间金融与正规金融在业务功能上具有替代性,但由于主体、对象、经营机制等方面均存在不同,因此,在信用联系层面上,民间金融作为横向信用联系与传统国有金融的纵向信用联系具有良好的互补性。中国的正规金融信用制度是由政府信用支撑的单一的纵向信用联系,由此把国有金融与国有企业牵系在同一链条上。国家维持这种信用联系的目的是为了追求其效用函数的经济增长和经济控制。但纵向信用联系的维系本身就有限度,即国家对由此产生的不良贷款承担后果。若单纯维持纵向信用联系,经济增长所需要的信用支持与激励因素都牵系于这种纵向信用体系,伴随不良债权或金融风险的不断积累,这条信用体系的链条将变得十分脆弱。因此需要确立一种横向信用联系与纵向信用联系互补的格局。① 由于国有企业大都处于纵向信用联系之中,民营经济必然成为长期被排斥的横向信用联系的主要依托,中小企业和居民个人必然成为横向信用联系的信用主体。目前我国民营经济得到迅猛发展,无论从存款市场、信贷市场还是中间业务需求看,都为民间金融的发展提供了广阔的市场空间。这样,通过制度上增加民间金融的制度供给,必将极大地促进民营经济的发展,增加社会福利。

(四) 信用缺失是民间金融规模畸大的重要原因

作为民间融资资金的主要流向方,中小企业和农业主体,其从正规金融机构融资困难的主要原因也都是信用的缺失。

例如,有学者认为因为信用制度的缺失,中小企业有很强的欺骗和违约动机、注重眼前利益、忽视长远利益。② 因此,中小企业在融资行为中往往信用观念淡薄、信用缺失,容易发生违约行为和事件。中小企业在抵押、担保和利率上浮方面很难与大企业具备同样素质,从而严重影响对中小企业信用的评分结果,其信用价值无法树立,客观上造成了中小企业信用缺失的状况。也正因为此,在国内商业银行的信用评分中,中小企业难以达到国内商业银行的贷款条件"硬信息"的要求,影响了中小企业贷款的可得性和融资成本。而正是由于信用水平达不到正规金融机构的贷款条件,中小企业才会纷纷转向非正规金融机构进行融资,从而造成我国民间金融规模畸大的后果。

(五) 信用缺失是民间金融风险较大的重要原因

信用缺失不仅是民间金融规模大的原因,还是造成民间金融风险偏大的重要原因。正是由于信用功能的弱化或缺失,导致了民间金融市场的诸多问题,主要表现为:民间借贷尤其是一些地下钱庄非法吸收存款、发放贷

---

① 万友根:《民间金融制度构建的战略路径探析》,载《湖南社会科学》2002年第6期。
② 高艳红、尹万娇:《中小企业贷款困难的博弈分析》,载《郑州航空工业管理学院学报(社会科学版)》2005年第1期。

款,严重扰乱了金融秩序;民间借贷的高利贷行为的主要对象往往是经济基础较差的家庭或小企业,他们在贷款后往往难以承受沉重的利息负担;一些单位或个人采取各种手段从银行贷款后,通过高利贷形式转手贷给他人,从中牟取暴利;民间借贷中由于手续不健全、不合法引发的经济纠纷和刑事案件不断增多,增加了社会不安定因素;等等。现在的市场经济是信用经济,各种商事经营和交易活动伴随和产生出广泛的错综复杂的信用关系,随着市场经济体系的逐步发展和健全,经济活动日益呼唤信用制度的建立和健全,中央和地方政府也日益重视和强调信用文化建设,针对市场秩序比较混乱的现实,重视解决市场信用普遍缺失的问题,在这个背景下,信用格局必将面临极大的调整。

第二节　正式制度对民间金融的信用支持

一、征信制度

(一) 征信的概念

征信(credit investigation, credit checking 或 credit consulting),也称信用调查、资信调查,一般是指征信机构[①]通过各种手段广泛收集消费者个人和企业的信用信息,然后对这些信息进行分类和筛选处理,并依据一定的标准进行分析判断,以评估、验证调查对象的信用状况的专业活动。简言之,征信就是对企业资信或消费者个人信用进行调查、核实的活动。据考证,"征信"一词是由海外华人传入国内的,是海外华人对信用调查的俗称,该术语源自《左传》:"君子之言,信而有征,故怨远于其身。"

早在古罗马时期,官方就已经开始对那些不守信用的人予以集中登记和专门记载,并对这些失信者的行为加以禁止。在进行户口调查时,检察官如果发现有不正当行为的人,就在该人的户口名下加以批注。[②] 这种批注行

[①] 这一专业机构一般用"征信机构"来指称;有时为了叙述的方便,或者为了忠实于本书中引用的文献资料原文,也用"信用服务机构""征信所""征信局""征信公司""征信企业""信用登记机构"等术语来指称。

[②] 周枏:《罗马法原论》(上),商务印书馆1994年版,第76页。

为实际上就是征信活动的一种表现。从 11 世纪开始,欧洲出现了专业化的信息服务机构,即律商(law merchant)。律商的作用是为在地中海沿岸和欧洲大陆从事跨国贸易的商人提供交易对手的信用信息以及对交易争端进行裁决,并且将有不良表现的商人信息记录下来,以便为其他商人提供咨询服务。[①] 世界上第一家以公司形式运作的企业征信机构于 1830 年才在英国伦敦成立,其成立的初衷主要是向贸易双方提供对方的背景和资信信息,防止交易双方发生互相不信任和诈骗的行为,减少交易摩擦,促进交易顺利进行。此后,其他国家相继效仿,美国于 1840 年、法国于 1857 年、德国于 1860 年、日本也于 1892 年设立了商业征信所。设立以后,"皆成绩斐然"[②]。因为,当时各国资本主义经济正处于高速发展时期,各地企业注册很不规范,市场秩序混乱,加上通讯技术落后,企业资信信息的传播范围相当有限,许多企业都有了解对方企业基本情况的强烈需求,于是企业征信服务便逐渐发展起来。

在国际上颇负盛名的美国邓白氏公司(Dun & Bradstreet Credit Service)始建于 1841 年,其创始人刘易斯·大班(Lewis Tappan)是美国的蚕丝商人,他看到南北贸易中存在信息不畅、欺诈等交易障碍,于是开始为南北贸易双方提供对方的背景及资信咨询服务,以促进双方的了解和互信。不过,19 世纪还没有电脑之类的信息技术,公司的信息员需要走街串巷收集商人们的信息资料,然后经过整理提供给有关的人使用。[③] 经过一百六十多年的发展,到 20 世纪末,邓白氏公司的客户群已经包括《财富》500 强中的 80% 和《商业周刊》全球 1000 强中的 90% 的企业,其数据库中有遍及全球 200 多个国家和地区的 6700 万条企业动态信息,并用 95 种语言文字制作资信调查报告。[④]

在美国,消费者个人信用征信服务的产生相对较晚。直到 19 世纪晚期,美国的消费信用局都是由各个地方的金融公司、银行、保险公司或者地

[①] 张维迎:《信息、信任与法律》,生活·读书·新知三联书店 2003 年版,第 258 页。
[②] 林钧跃:《社会信用体系原理》,中国方正出版社 2003 年版,第 246 页。
[③] 参见叶世清:《征信的法理与实践研究》,法律出版社 2010 年版,第 59—60 页。
[④] 参见国家经贸委青年理论研究会编著:《中国社会信用体系建设:理论、实践、政策、借鉴》,机械工业出版社 2002 年版,第 413 页。

方商会发起设立的;而且这些信用局之间不互通信息。① 这是因为这时的信用关系主要表现为私人之间的信贷和商品赊销,产业化的征信需求还不是很强烈。但是随着商品经济和科技的发展,社会分工更加精细化,不仅商品价值越来越大,商品本身日益复杂的特性也加剧了信息的不对称,交易对象更多地进入"陌生人社会",加上经营者为了取得竞争优势对消费者推出了各种赊购、分期付款、信用卡支付等信用交易方式,刺激了人们铤而走险、背信弃义的心理冲动。因此,现代意义上的消费者个人征信就变得迫切起来。第二次世界大战后,随着以商业银行为代表的金融机构推行住房消费信贷和发行信用卡的需要,消费者信用调查服务开始普及。而消费者信用服务行业的发展,反过来又推动了美国信用交易的飞速发展。②

(二) 征信在我国的发展

远在商、周时期,我国经济生活中就有了"赊""欠"等信用交易方式。③在元朝时,我国一些城市地区就曾出现过专门为商人提供调查服务的机构和人员,名为"白跑堂"。但那时我国尚处于农业社会,商业不发达,信用调查服务需求较少,没有形成产业。19世纪末 20 世纪初,像银行、保险、交易所等其他行业一样,一些外国商人也在中国开设了征信机构,专门为在华的外商企业提供信用咨询服务。在当时工商业较为发达的上海,就有美国人和日本人开办的几家征信所。④

中国第一家征信机构——中国征信所,于 1932 年 6 月 6 日在上海开张,由章乃器先生出任董事长。其创办计划书声称:"中国征信所所负调剂工商金融之使命,藉对于报告市场消息,促进工商信用,略有贡献。"并规定其主要业务为:报告市场实况;会员或外界委托,调查工厂、商店及个人身家事业之财产信用状况,于最短时间内将调查结果报告给委托者。⑤ 1945 年 3 月,联合票据承兑所在重庆发起成立了联合征信所,《联合征信所章程》第 1

---

① 邹浩:《美国消费信用体系初探》,中国政法大学出版社 2006 年版,第 46—52 页。
② 美国 2013 年消费信贷总额达到 3 万亿美元,约占其 GDP 的 19.6%。参见宋丹梅:《美国消费信贷的发展现状及制度分析》,载《对外经贸》2015 年第 12 期。
③ 钟楚南主编:《个人信用征信制度》,中国金融出版社 2002 年版,第 1 页。
④ 蒿庐:《中国征信所之创设》,载《银行周报》第 16 卷第 18 期(1932 年 5 月 17 日),转引自杜恂诚:《二十世纪二三十年代中国信用制度的演进》,载《中国社会科学》2002 年第 4 期。另见马长林:《旧中国征信机构发展始末》,载《中国档案》2002 年第 4 期。
⑤ 马长林:《旧中国征信机构发展始末》,同上。

条提出该所以"调查工矿贸易交通金融各业情形,配置工商信用,促进互助合作及金融经济之发展"为宗旨。① 中国征信所和联合征信所曾经为当时的经济运行提供了不少有价值的信息,为促进社会诚信观念和推进信用管理提供了可贵的经验。令人遗憾的是,由于多重因素的影响,这两个征信机构都未能得到充分发展,并于1949年新中国成立后淡出了历史。

我国现代征信业是在改革开放后随着市场经济的发展而兴起的。反应最敏感、动作最快的是外经贸部。在对外贸易中,我国外经贸经营者出现了大量信用缺失现象,如低价竞销、随意毁约违约、制售假冒伪劣商品、伪造冒领许可证、滥用商标与专利、走私、骗税等;同时,国内一些企业由于不能准确判断外贸伙伴的信用情况,也常常遭遇海外应收账款拖欠、引进海外淘汰的技术设备、合作欺诈等赖账诈骗行为,给企业造成了不小的损失。1987年,外经贸部计算中心与国外著名的企业征信公司合作,为中国的外贸企业提供其海外贸易伙伴的资信调查报告。1990年,外经贸部计算中心开始向海外客户提供中国企业的资信调查报告。

在金融领域,我国商业银行从20世纪80年代末开始进行企业信用登记评估,将评估结果作为发放贷款的重要依据。20世纪90年代初,随着经济体制改革进一步深化,我国商业信贷业务打破了原来按行业、按地域分工的格局,专业银行开始商业化经营和竞争。但是,由于银行间互相封锁各自客户的信息,银行很难准确审查企业的信用状况,一些企业得以"多头"贷款,甚至片区贷款。为了适应银行打破专业分工后对贷款信息共享的需要,防止企业"多头"贷款可能发生的风险,1992年中国人民银行深圳分行推出了"贷款证"制度,这项制度于1996年推广到全国,即把企业的概况和在各家银行的贷、还款情况由贷款银行登记在一张纸质的贷款证上,无论企业到哪里借款,都必须提供贷款证供银行查询其在其他银行的借款信息,贷款证为金融机构了解企业的信用带来了一定的方便。1997年,为了适应商业银行信息技术的发展,开始将纸质的贷款证电子化,推广使用"贷款卡"。

1998年,中国人民银行开始建立"银行信贷登记咨询系统",即企业信用信息基础数据库,各金融机构在发生信贷业务后,必须在2个工作日内将

---

① 马长林:《联合征信所史料一组》,载《档案与史学》1994年第3期。

企业贷款的信息登录上报"银行信贷登记咨询系统",由中国人民银行对数据库中的企业信息进行汇总和分析,提出分析报告,并通过对贷款证的年审修改企业的信息,从而为商业银行的授信提供依据。中国境内注册的金融机构必须依照中国人民银行于1999年发布的《银行信贷登记咨询管理办法(试行)》(现已失效)执行,同时免费享受该系统的查询服务。① 1999年3月,国务院、中国人民银行开始在上海试点建立个人联合征信系统,对推动全国个人征信系统的建立、启动消费信贷、拉动内需、促进经济发展起到了积极作用。2000年"银行信贷登记咨询系统"实现各省内金融机构联网,2002年3月建成地市、省区市和全国三级数据库,2002年6月实现全国跨省市联网。2003年11月中国人民银行成立了征信管理局。

"银行信贷登记咨询系统"主要记录企业的基本信息,主要的财务指标,企业在各商业银行的借款、担保等信贷信息。后来,企业拖欠税款、欠缴水电费、因产品质量问题被行政处罚或者起诉等"非银行信息"陆续被列入企业信用信息数据库。企业信用信息数据库不仅能客观真实地反应企业的信贷状况,而且可以在一定程度上反映企业的生产和发展状况。在该数据库实现全国联网后,商业银行就可以通过企业提供的贷款卡号,进入数据库查询该企业所有的信贷记录。这是商业银行评判企业信用等级的一个可靠标准,信用等级高的企业可以优惠的条件获得银行贷款,而如果申请贷款的企业不良信贷记录过多,该企业在银行融资即会被拒之门外,或者提高贷款的条件,或者减少贷款的额度。

为了实现有效监管,我国工商、税务、房地产、物价、劳动和社会保障等行政管理部门以及司法部门,也相继建立了金信工程、金税工程、建筑企业"黑名单"、物管企业诚信档案、食品安全信用体系、经营者价格诚信档案、医疗保险诚信体系、法院执行信息系统等信息管理系统。监管部门通过对各自管理领域内的企业考核监督,作出诚信评价,确定被管理者的信用等级,然后实行分类监督、分级管理。譬如,登录厦门市商事主体登记及信用信息

---

① 参见梁明高:《中国的银行信贷登记咨询系统》,载王小奕主编:《世界部分国家征信系统概述》,经济科学出版社2002年版,第191—194页。

公示平台①,输入企业的名称或者注册号,即可获知企业的基本信息。厦门市工商局把对企业的年检监管纳入企业信用体系中,规定"信用企业"可年检免审,"预警企业"适时跟踪,而"违规企业"将被依法查处。其中最严厉的是"法定代表人黑名单"锁定程序,该程序将因违法被吊销营业执照的企业的法定代表人列入"黑名单"。据介绍,被锁定的法定代表人,自企业被吊销营业执照之日起3年内,不得再担任其他企业的法定代表人或公司董事、监事、高级管理人员等职;对锁定前已担任其他企业法定代表人的,则不予通过相关企业的年度检查,并责令相关企业限期办理法定代表人的变更登记。② 最高人民法院则建立了"全国法院执行案件信息管理系统",利用中国法院网这一平台,把全国各级法院的每一件执行案件,从立案到终结的每一个步骤、程序、措施都录入到系统数据库中,并向社会公众开放。该系统与中国人民银行的征信系统链接,并借助与工商登记、房地产管理、工程招投标管理、出入境管理、车辆管理等部门建立的联动机制,最终形成一种执行威慑机制。只要被执行人进入该系统,就说明其信用出现严重问题,在没有履行法律义务之前其向金融机构融资将遇到极大困难,注册新公司、购买车辆、购地置产、承揽工程、经营贸易、出境等也将受到严格限制,甚至会严重影响被执行人及其高管人员的个人消费。③

进入21世纪以来,社会信用体系建设愈来愈受到广泛的重视。越来越多的人,包括政府官员和普通公民,都开始意识到征信活动可能产生的巨大社会价值和经济价值。因此,不仅各级政府、有关政府部门对于建立全国性的、区域性的或者行业性的以监管为主要目的的个人和企业信息数据库颇为主动和热心,而且,以资信调查、咨询、信用担保、信息服务等名义出现的或官方、或民间、或半官方半民间的专业性信用服务机构也如雨后春笋般涌现。

此外,现代信息技术的发展,使得信息的采集、分类、评估、传播等越来越方便、迅捷、准确、低成本。科学技术的发展和国际范围内数据信息的开

---

① 厦门市商事主体登记及信用信息公示平台:http://www.xiamencredit.gov.cn/,最后访问日期2015年10月1日。
② 《厦门有了不诚信企业"黑名单"》,载《海峡都市报》2005年7月14日。
③ 《"黑名单"能否解决执行难》,http://www.163.com/11/0712/22/78Q1O0SC00014AED.html,最后访问日期2016年2月8日。

放与合作需求,甚至使全球范围内的征信服务成为可能。

我国现在实践中的做法是:

(1) 中国人民银行主导的征信系统。自2004年至2006年,中国人民银行组织金融机构建成全国集中统一的企业和个人征信系统(即金融信用信息基础数据库,又称企业和个人信用信息基础数据库)。2006年3月,经中编办批准,中国人民银行设立中国人民银行征信中心,作为直属事业单位专门负责企业和个人征信系统的建设、运行和维护。同时为落实《物权法》关于应收账款质押登记职责规定,征信中心于2007年10月1日设立应收账款质押登记系统并对外提供服务。2008年5月,征信中心正式在上海举行了挂牌仪式,注册地为上海市浦东新区。2013年3月15日施行的《征信业管理条例》,明确了征信系统是由国家设立的金融信用信息基础数据库的定位。

今天的征信系统,已经建设成为世界规模最大、收录人数最多、收集信息全面、覆盖范围和使用广泛的信用信息基础数据库,基本上为国内每一个有信用活动的企业和个人建立了信用档案。截至2015年4月底,征信系统收录自然人8.6亿多,收录企业及其他组织近2068万户。征信系统全面收集企业和个人的信息。其中,以银行信贷信息为核心,还包括社保、公积金、环保、欠税、民事裁决与执行等公共信息。征信系统接入了商业银行、农村信用社、信托公司、财务公司、汽车金融公司、小额贷款公司等各类放贷机构;其信息查询端口遍布全国各地的金融机构网点,信用信息服务网络覆盖全国,形成了以企业和个人信用报告为核心的征信产品体系,征信中心出具的信用报告已经成为国内企业和个人的"经济身份证"。[①]

(2) 多层次征信市场。目前多元化征信市场格局初步形成,征信服务产品日益丰富,征信机构快速发展。我国征信机构主要分三大类:第一类是政府背景的信用信息服务机构20家左右,接收各类政务信息或采集其他信用信息,并向政府部门、企业和社会公众提供信用信息服务。第二类是社会征信机构50家左右。其业务范围扩展到信用登记、信用调查等。社会征信机构规模相对较小,机构分布与区域经济发展程度相关,机构之

[①] 信息来源:中国人民银行征信中心官方网站,http://www.pbccrc.org.cn/,最后访问日期2016年2月28日。

间发展不平衡。征信机构主要以从事企业征信业务为主,从事个人征信业务的征信机构较少。征信业务收入和人员主要集中在几家大的征信机构上。第三类是信用评级机构。目前,纳入中国人民银行统计范围的信用评级机构共70多家,其中,8家从事债券市场评级业务,收入、人员、业务规模相对较大;其余从事信贷市场评级业务,主要包括借款企业评级、担保公司评级等。①

(三)主要国家征信模式介绍

国外的专业化征信机构主要有三种模式:

一是美国式,即完全市场化、民营化的信用局模式(Credit Bureau)。一般是由私人部门发起设立,依据相关法规从事征信活动。信用局可以是利润导向的企业(如美国的征信公司)。从总体上看,美国征信机构都是私人所有,在民间自愿的基础上产生的,而且提供个人资信信息和提供企业资信信息的"征信局"是分别建立的。每一家征信机构都以一种核心业务(如资信报告、资信评级、商账追收等)为主,同时提供信用咨询、信用管理等增值服务。随着信用交易跨国界、跨区域的日益频繁和信息技术的快速发展,征信机构的合作、集中化趋势也越来越强,机构规模越来越大,机构数量则相对减少。②

二是欧洲式,欧洲的征信模式比较复杂,但主流是公共信用登记机构(Public Credit Register)模式,央行和政府出面,深度介入,资信评估机构实际上成为政府的附属。

事实上,在不同的历史时期,以及欧洲各国之间,征信体系都存在相当大的差异,既有民间在自愿基础上产生的私营征信机构,也存在政府强制推动建立的公共信息共享系统。欧盟目前的这种状况基本上可以成为"混合征信模式"。在欧洲一体化进程中,通信和信息技术的进步、信用市场的自由化以及经济的集体化这三股力量合力,即将催生出一个新的欧洲征信体系,而相关的法律制度也处于变迁形成过程当中。因此,很难对欧洲的征信

---

① 中国人民银行《中国征信业发展报告》编写组:《中国征信业发展报告(2003—2013)》,http://www.gov.cn/gzdt/att/att/site1/20131212/1c6f6506c5d514139c2f01.pdf,最后访问日期2016年2月28日。

② 国家经贸委青年理论研究会编著:《中国社会信用体系建设:理论、时间、政策、借鉴》,机械工业出版社2002年版,第88—91页。

实践作出全面分析。

从市场准入来看,欧盟各国与美国一样,一般没有从法律上对征信行业设定特殊的准入限制,任何公司均可自由进入该行业。从征信机构的所有者性质看,英国与美国的征信机构都是私人部门所有,德国和意大利则既有国有的征信机构(也被称为公共信用调查系统或公共征信机构),也有私人部门所有的征信机构(即民营征信机构)。其中,公共征信机构一般由公共部门(中央银行或监管当局)设立并接受其管理,强制要求贷款人共享数据;这种模式在欧洲、拉丁美洲和一些发展中国家比较普遍,大多采取非市场化和半市场化方式运作,盈利不是其最大的目的。

德国和意大利的公共征信机构与民营征信机构的业务重点有很大不同。其公共征信机构主要采集公司和贷款数额较大的个人客户的信息,并且这种信息一般都是贷款信息,其目的也主要是为中央银行更好地监督金融市场、防范金融市场服务。民营征信机构主要是为商业银行、保险公司、贸易和邮购公司等主要的信息使用者服务,其采集的信息具有覆盖人群广、总量大、信息来源渠道多、信用记录更全面等特点,因此民营征信机构的服务范围更广泛。目前在德国和意大利居于其国内市场主导地位的也都是进行商业化运作的民营征信机构。[①]

欧盟征信市场的自由准入并不意味着该行业没有进入壁垒。事实上,该行业的进入壁垒要远高于其他行业,这主要表现在获取信息方面。目前,欧盟各国一般都规定政府部门和公共机构的信息公开,但由于私人机构并没有公开自身所掌握的信用信息的义务,所以征信机构信息采集的难点在于如何获得私人部门的信息。由于银行等私人机构的信息对征信机构而言至关重要,因此得不到信息提供者支持的征信机构将注定难以进入该市场或很容易被市场淘汰。

行业的自由准入和客观存在的进入壁垒是该行业产生垄断竞争格局的根本原因。目前,英国和意大利的消费者征信市场基本被两家机构所垄断,德国的 Schufa 公司也占据了该国市场的大部分份额。如果在一个国家内有两家或以上的信用局,并实现了自由竞争,就会降低信用报告的成本,提

[①] 王小奕主编:《世界部分国家征信系统概述》,经济科学出版社 2002 年版,第 4—45 页。

高信用报告的质量,同时会提供更多的符合使用者需要的信息增值产品。因此,竞争法对征信产业的垄断应当予以规制和适度干预。

三是日本的会员制方式。银行业协会建立非营利性质的会员制征信机构,向会员银行提供企业及个人的征信服务,同时会员银行有义务如实提供客户的信用信息。每一家信用中级机构都是以一种核心业务(如消费者信用报告、资信评级、商账追收等)为主,同时提供咨询和增值信息服务。它们经历了一百多年由小变大,由少变多,由单一服务到信用报告、信用评级、管理咨询和保险信用服务等多功能的综合性服务的发展历程。

无论是政府强制推进的"公共"信贷登记系统,还是私营的征信局,都是人们在一定经济条件下理性选择的结果。多样化的征信机构、海量化的信息保障和专业化的服务,为信用信息的有效聚集、处理和传播创造了条件,也为信用信息的共享提供了组织保障。

(四) 立法建议

建立在征信基础上的高度发达的信用体系对于防范金融风险、促进市场交易、维护市场秩序等具有重大作用。因此,西方发达国家都有比较完善的信用制度体系。虽然国情和历史文化传统的差异决定了各国征信的具体制度和操作有一些不同,但是其基本内涵和原理在本质上是相通的。在努力建立全国性征信机构的过程中,我国或许可以借鉴美国的消费征信机构模式。我国政府官员或许也应该鼓励创立私人征信机构,允许它们参与采集、管理和报告消费信用数据。这有利于健康的产业竞争,提高客户、金融机构、独立团体和政府机构获得的消费资料的整体质量。把亚洲和西方征信体系的一些优点与我国自身经济的特色结合起来,建立起全国性征信体系,可以为我国国民经济的持续发展打下坚实的基础。

有研究者注意到,我国大量征信机构其实都有一定的政府背景,提出我国征信机构的发展模式应从"间接联合征信"走向"直接联合征信"。目前,关于个人和企业信用信息的数据基本上被政府部门垄断,而这些公共信息没有实现共享,征信机构其实很难从其他部门获得有用的信用信息,因此,宜采用"间接联合征信模式",即征信机构并不直接从政府部门,而是从政府成立的信用信息服务中心征集信用信息,而由后者协调各政府部门,获取基础数据。当我国信息披露法律完善以后,再由征信机构直接联合征信,也就是依法从公共部门获取个人和企业的相关数据信息。①

通过欧美征信模式的分析介绍和我国的征信实践,本书认为,我国宜构建"多元、多层次"的征信模式,通过征信市场的开放,形成征信市场的有效竞争格局。

虽然大多数国家的征信市场都已经被少数征信机构所垄断,有的国家甚至只有一个大规模的征信机构(如奥地利、德国、芬兰、丹麦等),但如果只允许建立一个征信机构,由于缺乏竞争,信用报告的质量会相对较差,信用报告的价格则可能偏高。此外,由于征信行业的知识和技术含量不断提高,如果只建立单一机构,征信市场运营的风险会加大,一旦这个机构在数据库建设或内部管理等方面出现问题,对整个行业和信用市场的冲击会相当大。因此,我国不宜只建立一家征信机构,而应在征信行业发展之初就鼓励征信机构间的有效竞争。这就需要用法律为征信机构创造一个公平竞争的环境,其中关键是要保证不同的征信机构在采集信息方面的平等性。

我国征信体系的构建,可以如下展开:

首先,在我国信用体系的初创阶段,由政府出面强制推进征信体系的建立比较现实。也就是说,应当先建立政府级别的公共征信数据库。虽然美国的征信机构都是私营的,但欧洲许多国家有政府强制推进的公共征信机构。在我国,国家机关和经济管理部门如银行、工商、税务、海关、商检、质检、司法、公共服务部门等掌握着大量的基本信用信息,国家在推动信用体系建设中,可通过立法或行政的手段将这些国家机关的基本信用信息互联互通,通过一定的标准建立一个全国统一的政府基本信用信息平台即公共(政府)信用信息数据库,供合法用户使用,比如建立国家工商注册数据库、工商年检数据库、企业普查数据库、法院诉讼数据库、中国人民银行还款记录数据库、企业产品质量投诉数据库等。

其次,要建立行业内的征信数据库。由于各行业的活动具有相对的稳定性和专业性,在同一个行业范围内,行业内的从业人员和企事业单位的信用资料较为集中,因此,以行业为主形成的征信数据库是征信服务的另一重要形式,各行业组织(协会)应承担起建立本行业内从业人员或企事业单位

---

① 王建明:《我国基础信用信息共享机制的问题及对策》,载《情报杂志》2004年第5期。

的征信数据库的职责,如律师、会计师、服装、家具、房地产、电器、旅行社协会等。凡是加入该行业的人员或单位,均须提供自身的信用资料及有关的信用记录,以此享有查询其他成员的信用资料的权利,行业内的征信数据库采取有偿服务的方式向非会员开放。

再次,征信机构按其征信系统覆盖的范围可以分为地区性、全国性和国际性三个层次。发达国家的征信行业已经比较成熟,各国在发展过程中都积累了许多宝贵的经验,我国在建立征信机构的过程中,应加强和国外征信机构的合作,通过邀请有实力的征信机构帮助设计整体技术方案或引入股权投资等多种形式,获得国外征信机构的支持,使我国的征信机构能够在一个较高的起点发展,在征信产业的国际化竞争中立于不败之地。

最后,在社会信用体系建设相对成熟的阶段,征信机构可以摆脱政府和行业协会的模式,建立起独立、公正、更加专业化的民营征信数据库。国际经验表明,由私人部门拥有并采取市场化方式运营的征信机构往往更具竞争力,在满足信息使用者需求和拓展新的业务方面也更有优势。届时,对于"公共信用信息数据库"可有两种归途:一种是仍保留这一系统,但明确规定主要是为政府的金融监管、防范金融风险服务;另一种是通过引入民间资本实行股份制改造,置换出国家投资形成的产权,成为面向全社会提供征信产品的、企业化经营和市场化运作的社会信用服务中介组织。

二、其他法律制度

(一) 产权制度

决定经济主体守信用还是违反信用的,从根本上看是其追求的是长期利益还是短期利益。产权制度在信用体系建设中的作用,是给人们提供一个追求长期利益的规则,而且其作用力是通过保护产权以稳定预期和明晰产权以维持交易的长期性即重复博弈两个层面展开的。

我国历史上的封建主义异于西欧的封建主义。我国的封建主义导致了中国社会的二重结构,这种二重结构对产权的保护是非常微弱的。[①] 因此可以说,我国缺乏对产权保护的传统。在计划经济时期的公有制体制下,政府

---

① 何怀宏:《世袭社会及其解体——中国历史上的春秋时代》,生活・读书・新知三联书店1996年版,第29—67页。

是经济中唯一的产权主体,经济交易中实际的交易者只是代理人,信用也是计划的结果,因此经济中的信用只能说是政府的经济计划;信用中的违约行为也只是表现为违反国家的经济计划,违反经济计划的最终受损者是政府,而作为交易实际主体的企业对结果并不关心。作为这一行动的受损者也是监督者,政府是通过对违反计划的企业进行经济或者政治制裁而维持信用秩序的。而政府作为产权主体,有动力也有能力来进行制裁。因此在计划经济条件下,政府的这种管理体制是有效的。

随着经济体制的转换,社会的产权结构日趋多元化,由原有的制度体系所规范和整合的信用制度也随之逐渐解组,经济的运行也由以计划为主转换为以市场为主。体制转轨中产权主体多元化导致产权主体也由政府代表的国有产权的单一主体演变为国有产权和私有产权并存的格局。私有财产权利和个人利益凸显。市场交易不断扩大,经济条件发生了变化,维系原来信用的一些非正式制度发生了变化,但是正式的制度却没有协同演进。由于在产权制度改革中以政府为代表的国有产权主体缺位,国有产权在市场交易中受到私有产权损害时得不到有效保护,损害方从中得到了利益,其损害行为在现有信用制度下不仅没有得到有效约束,反而受到了刺激。在现有的国有产权制度下,由于存在委托代理关系,代理人作为国有产权的经营者,拥有国有产权的实际控制权。在现行体制下,国有产权无论从激励还是约束两个方面都十分缺乏。

对于现在的国有资产,设立国有资产管理局,解决了原来的委托代理问题,却又出现了新的委托代理问题——谁来监督国有资产管理机关?国有资产管理机关本身是所有者的代表来管理国有资产,政府是委托人,而国有资产管理机关是代理人,因此又面临着国有资产管理机关的监督问题,这个循环是无穷的,其中的委托代理关系永远也没有办法解决。所以除了关系到国家安全和社会经济发展必须由国家来控制的行业、企业和部门之外,国有资本应该尽可能从市场中退出。当然,同时国家也应该健全国家安全、社会稳定等与国家职能相关的法律,填补由于国有资产退出而引发的真空,保证不会由于国有资产的退出而引发国家安全和社会稳定方面的问题。

国家通过《宪法》明确了私有产权的地位,保护私有产权。尽管明确的立法不一定马上就会使私有产权得到保护,但是有法律规定比没有法律规定要好。明晰的产权是社会信用的基础,"无恒产,则无恒心",产权的一个基本的功能就是提供一个长期利益的稳定预期和重复博弈的规则,使个人有激励去追求自己的信誉,从而在信用交易中遵守信用。也只有明晰产权,保护产权,才能使个人在信用交易中尊重别人的产权。违约失信,实际上是对别人产权的侵犯,以明晰的产权和受保护的产权作为基础,才能建立起一个健全的社会信用制度。

(二) 违约惩罚制度

如果说产权制度是为人们信守承诺提供一种激励机制的话,那么违约惩罚制度就是提供了一种约束机制。近些年来,市场经济秩序出现了一定程度的紊乱。人们把对社会、对制度失信当成了获取利益的一种手段。假冒伪劣盛行,偷税漏税严重,走私贩私猖獗,地方保护与机构腐败的现象屡禁不绝,操纵市场及恶性竞争的行为层出不穷。其严重程度,已经引发了社会的广泛关注。为何失信者会大行其道?有学者认为,"关键是失信的成本太低了"。① 市场交易不可能完全避免失信行为,当失信行为不能得到及时有效的惩罚时,不诚信往往成为人们的一种理性选择,这必然会造成市场秩序的混乱。显然,失信惩罚是必不可少的。

第三节 非正式制度对民间金融的信用支持

除了正式制度——国家法律外,道德伦理、交易习惯等非正式制度在为民间金融提供信用支持上也发挥着重要作用。这在很大程度上是由于民间金融本身也具有"非正式制度"的属性。但值得注意的是,即使在民间金融获得合法地位的西方国家,道德伦理、交易习惯等非正式制度仍具有重要价值。这是由非正式制度对正式制度的支持和补充作用所决定的。

一、道德伦理

虽然道德伦理作为非正式制度不再是支撑我国在市场经济条件下信用

---

① 吴亮、李江、赵肖峰:《惩治失信:亟待建立信用记录体系惩治失信》,载《大地》2002年第10期。

的主要支柱,但是其作用仍然不可忽视。

道德作为非正式制度,除了支撑社会关系制度、自然关系制度外,主要支撑的是社会经济信用制度。① 任何一种社会信用制度都需要道德的维系和支撑。亚当·斯密早在19世纪中叶,就提出了百年未决的著名的"斯密矛盾",即《道德情操论》中的利他主义与《国富论》中的利己主义是矛盾的。斯密阐释了人的立即要求在自由放任中通过竞争达到富裕。

二、交易习惯

传统的民间金融活动所拥有的有效的纠纷解决机制为民间法则所构造。梁治平认为,民间法主要是指这样的一种知识传统,它生于民间,出于习惯乃由乡民长期生活、劳作、交往和利益冲突中显现,因而具有自发性和地方色彩。民间法的形态可以是家族的,也可以是民族的;可能形诸文字,也可能口耳相传;它们或是人为创造,或是自然生成,相沿成习;或者有明确的规则,或者更多地表现为富有弹性的规范;其实施可能由特定的一些人负责,也可能依靠公众舆论和某种微妙的心理机制。国家法在任何社会里都不是唯一的和全部的法律,无论其作用多么重要,它们只是整个法律秩序的一个部分,在国家法之外、之下,还有各种各样其他类型的法律,它们不但填补了国家法遗留的空隙,甚至构成国家法的基础。② 经济学家发现许多纠纷解决机制并不是通过法律途径,重复博弈以及商人团体之间建立起来的声誉,除法律以外的第三方实施,如家长、一体化组织、行业协会,甚至犯罪集团等,往往起到更加重要的作用。③ 民间金融传统信用规则就是这种当下正在运行的民间习惯法,苏力认为,"传统也并不是形成文字的历史文献,甚至也不是当代学者的重新阐述,而是活生生地流动着的、在亿万中国人的生活中实际影响他们行为的一些观念;或者从行为主义角度来说,是他们行为中体现出来的模式"。④

例如,传统民间金融活动中存在自治的运行规则和秩序维护制度,有学

---

① 陈立志:《试论道德对社会信用制度的支撑》,载《西南民族大学学报(人文社科版)》2004年第6期。
② 参见梁治平:《清代习惯法:社会与国家》,中国政法大学出版社1996年版,第35—36页。
③ Y. Barzel, *A Theory of the State*, Cambridge University Press, 2002, p.34.
④ 苏力:《法治及其本土资源》,中国政法大学出版社2004年版,第15页。

者调查发现浙江省的民间标会存在完备的操作程序控制:一是对于入会会员的初期审查,由会首审查入会人员的人品、经济来源、有无赌博等不良嗜好。二是制作会单。由会首在与会员协商后制作,交由会员人手一份保存。会单内容包括:会期,汇钱数额,标会的时间、地点、方式,会钱交付的方式和时间,会首指定的银行账户,会首的联系方式,会员名单等事项。三是制定银行账户进行钱款交接。有清晰的入账数额、时间、当事人的记载。四是标会成功后,得标人亲自签字,对竞标利息进行确认。五是密切关注的会员的动态,如经营情况、有无参与赌博等。[1]

三、非正式制度的传播途径

一个有良好信用的社会,非正式制度必不可少。[2] 但是非正式制度不受法律的保护,有时甚至没有成文的记载。因此,非正式制度必须有一个传播途径。非正式制度的传播过程,实质上就是社会成员学习非正式制度的过程。非正式制度的传播途径有三种:家庭、中间组织和国家。家庭是每个人受影响最多的地方,因此家庭是传播非正式制度最基本的单位。家庭的优点是可以通过言传身教将制度潜移默化地传播给每个成员,因此家庭可能是非正式制度最有效的传播途径。但是家庭传播也有其弱点:这些制度是应用于家庭之外的,由于我国不能保证每个家庭都传播的是好的有效的制度,因此也不能保证每个人都接受了好的制度;在家庭接受的制度,可能和社会上的相冲突,从而导致个人放弃从家庭中学习来的制度。如果在家庭中个人被教导要诚实守信,但在社会上处处都是欺诈横行的话,个人也会改变自己的观念。因为个人的意识形态与个人的经验不相符合时,他们一般会改变自己的意识形态——尽管个人在改变自己的意识形态之前,个人的意识形态和个人的经验不相符会有一个累积过程,但终究他们会改变自己的意识形态。

非正式制度的另一个传播途径是中间组织。中间组织包含很广,包括学校、行业协会、教会等等。学校是家庭之外最重要的传播途径,因为一个

---

[1] 参见李学兰:《信任与秩序——对当代民间合会的法理剖析》,载《山东大学学报(哲学社会科学版)》2008年第4期。

[2] 王志辉:《信用的制度基础研究》,湖南大学2003年硕士学位论文。

人的社会化过程大部分是在学校里完成的。宗教也通过教义向信徒传授某种非正式的制度。在现代资本主义经济中,中间组织中的行业协会也许是最重要的传播途径。弗朗西斯·福山在《信任:社会会道德与繁荣的创造》认为:这种中间组织发达的程度往往决定了经济发展的水平。① 中间组织比家庭更具有优势的是,中间组织既是制度的制定者,同时又是制度的执行者。它可以通过将违反制度的个人逐出组织的方式对违规者进行惩罚。这一承诺是可置信的,因为个人都是有一定的活动范围的,当个人被逐出这个范围时,这个成本是可观的。在非正式制度的执行上,中间组织也具有比较优势。毕竟中间组织在获取信息方面是第三方治理机制无法相比的。

国家也可以是非正式制度的传播者和执行者。然而,国家具有将非正式制度正式化的倾向,如许多法律不过是道德和习俗的文本化,其可能后果之一是失去了社会的弹性和灵活性。② 因此,与家庭和中间组织相比,国家并非是非正式制度的好的传播者。

---

① 〔美〕弗朗西斯·福山:《信任:社会道德和繁荣的创造》,李宛蓉译,上海远东出版社1998年版,第172—173页。
② 熊必军:《试论非正式制度》,载《湖南省社会主义学院学报》2005年第1期。

第十一章 结论:规制路径与立法建议

第一节 规制路径的转变与选择

民间融资问题是一个非常宏大的命题,正如我们在第一章内容开始时对民间借贷内容做综合定义时提到的,民间融资问题涉及融资主体、融资行为、融资工具等多项问题,需要系统性、整体性地去分析与把握。民间融资的服务对象更多的是中小企业、小微企业,基层以及"三农"问题,也包括消费信贷等自然人需求,供给对象情况复杂而又缺乏正规信用基础,可以说正是社会中经济条件较为薄弱而急需金融援助的主体,偿还能力肯定相对薄弱,从注重风险与控制盈利的角度来看,这些都是资金供给者在市场中试图回避的因素。投资者的趋利避害导致融资者不得不面对少贷惜贷的不利局面,在信贷配给的背景下,融资者更面临着非正规金融渠道高额利息的压迫。正规融资渠道不畅通导致融资者不得不选择非管制下的民间融资,但其无法回避相应的结构性风险与法律问题,就如同饮鸩止渴,将愈发导致市场整体的混乱和金融效率的缺失。民间融资问题不仅是法律问题,更是经济问题与社会问题矛盾的焦点,如何在市场条件下打破资本逐利与经济普惠扶持的尖锐矛盾,如何协调资本流向引导与金融自由化的矛盾,是一个世界性难题。

2006年诺贝尔和平奖的获得者——孟加拉国农村银行及该银行创始人穆罕默德·尤努斯,其开创的农村小额贷款模式,为当地的穷人谋求了进步与发展的机会。可见,金融制度对于社会问题的解决与社会发展的促进能够起到极为重要的作用。

产业的发展有赖于资本的投入和积累,货币资金只能充当交易的媒介,经济价值的生产与增值仅能通过资金转化而成的生产性资产才能够发生。因此,资金的融通仅是社会生产的前置步骤,金融业务需要服从并且服务于实体经济。生产资料的长期投入将会制约所有人对于资产交换价值的占有,其生活性消费和获利转移投资的需要均依赖于资产价值本身的流动性,而现代融资工具的发明为长期投入性与短期流动性之间建立了平衡的桥梁,为社会资本的筹集提供了制度性工具。通过间接融资的错配方式,小额、短期资金可以通过资金池的方式汇聚并对接大额、长期贷款,通过直接融资的公开发行与交易流通,资产在二级市场的流动性并不妨碍融资者在一级市场中募集取得的资金。通过间接融资和直接融资的结构性安排,数量巨大、时期较长的产业投入能够以数额较小、时期较短的资金供给来汇集实现,这不得不说是经济制度上的有效创造。但同时不可否认的是,正是这种融资的模式产生了结构性风险,制造了交易结构中的信息不对称,融资制度的运行产生了障碍和成本。如何克服这些障碍,减少交易结构下产生的成本,并发挥融资结构的制度优势,便是解决民间融资问题的关键。

本书在分析了民间融资的基础理论之上,结合中国社会发展的历史因素与现实条件,以相对具体的融资模式作为分析的基点,对民间融资涉及的可能形式做了深入的剖析。本书认为,民间融资问题的产生源于经济发展阶段必然出现的信贷配给现象,在我国的特殊语境中又涉及所有权属性与行业准入争论,但融资系统中最为关键的制度性因素是对结构性风险的规制,不同的融资结构均对应着特定的结构性风险,融资制度的改进便是要在正确处理结构性风险的基础上,理清交易关系,便利交易行为,从而减少市场摩擦,减少信息不对称,最终实现资金的效率流动,降低市场化下的真实利率。我国的融资(金融)体制曾经长期依赖间接融资,银行借贷是最主要的融资渠道,金融中介控制下的融资系统对中小企业和小规模资金需求者并不友好,信贷配给背景下利率的市场水平较低,资金无法更有效率地识别投资对象的市场价值。即使是近年来在资本市场上逐步繁荣的各类金融工具,例如理财产品、信托、基金等,实际上也充当的是金融中介的作用。在事实上的"刚性兑付"下,各类投资方式均被异化成了信用借贷,更多的是以市场化资金价格为无法获得银行存款的经济主体提供了类银行性融资。中介是集合资金的重要平台,其为大额资本的产生提供了技术性支持,但是过度的中介化导致了融资渠道的垄断,金融模式的规模性虽然带来了经营上的正规化,同时也愈发丧失经营上的灵活性与适应性。因此,我们认为,要解决民间融资的法律规制问题,不仅仅是防范法律漏洞与信用风险,更重要的是能够促进建立切实有效的融资渠道,以真正逐步缓解并解决市场主体对于资金的需要,从而从经济原因上化解民间借贷的难题。对此,我们主要提出三点政策建议:(1)鼓励借贷关系去中介化(去银行化),以互联网平台、政府信息中介平台为节约交易成本手段,鼓励借贷关系P2P化;(2)鼓励直接融资渠道的丰富,建立健全多层次资本制度,鼓励场外市场、私募等交易形式发展;(3)建立信用补充机制,鼓励合作化、互助性金融组织重新发展,重建民间互助金融信用形式,并将互助金融与合作经济的共同发展作为突破口。

一、借贷关系去中介化

借贷融资的融资方式是最原始的融资手段,其一对一的交易关系基础是民法能够处理且善于处理的融资模式。从公平性的角度,借贷融资要防止高利贷的产生,而从结构性风险的角度,借贷融资要防止资金池的任意使用。从融资结构来看,借贷融资之所以能够满足现代产业的大规模资本需求,间接融资与资金池的技术性功能功不可没。依赖于资金池的调配,不同期限和数额的负债与资产才能够实现相对平衡,在保证流动性偿还提现需求的同时能够实现利差收益。信托、基金等管理性金融中介同样能够实现集合资金的效果,同时其管理和选择投资项目的特性进一步凸显了金融中介在控制投资方向上的优势,即金融中介为没有投资经验的资金盈余者提供了投资选择上的服务,又将不同时空条件的资金供给与需求联系在了一起。作为信息的中介,金融中介具有单个投资者无法掌握的信息收集和处理能力,能够在更大的时空范围内建立资金的供求关系。金融中介的组织体系为其在项目选择、谈判能力以及事后监督执行上提供了强有力的支持，在传统市场条件下，任何个人、企业作为单一经济体，都不可能具有金融中介的此类优势，这是金融中介掌握资金池和信息中介两大优势之后的必然。

借贷类融资只有通过间接融资的机构才能够在传统市场条件下实现资金的集聚和资本的集合，但随着信息技术的发展，对于借贷时空条件的突破成为了可能。在互联网信息技术高速创新的时代，市场沟通的方式呈现出便利化、快速化的特点，围绕着信息的传递、存储和搜索，更多的现代化被应用于突破客观上的时空限制。以公司资本制度与工商登记改革为例，以前需要由工商局进行登记并且记录在营业执照上的注册信息，通过互联网上的注册与公示系统，极为便捷且低成本地实现了向社会更广泛的主体的明确公示，进而改变了公司法对于资本制度的控制模式。而在借贷融资领域，P2P网贷和政府主导的民间融资信息机构，是以信息技术为简单借贷创造了简便的交易环境，从而突破了传统市场条件的限制。根据借贷双方信息的收集和公示，再通过互联网提供的快捷搜索功能，借贷双方均可以通过简单借贷的方式满足一定的借贷需求，尤其是小额借贷在P2P环境中更具有优势。并且，由于市场的公开性，在互联网进行的P2P交易能够方便地记录借款期限、利率水平、抵押品等关键信息，为借贷交易的信用基础提供了便利，也为纠纷解决创造了条件。

因此，借贷交易P2P化能够为市场提供更为合法、便捷的融资渠道，有助于小额资金供求关系的平衡。但是P2P化借贷仍然要严防结构性风险的产生，任何信息平台创造资金池，任意以小额短期资金对接贷款，或者是将贷款、借款分包分散出让等行为均会扭曲P2P交易的交易结构，从而形成金融中介意义上的间接融资。因此，对于民间P2P网贷交易以及政府或民间主导的信息平台企业的规制，必须从严防金融中介与间接融资出发，杜绝交易关系的异化。

二、拓宽直接融资渠道

对证券性直接融资的法规制需要改变从非法集资的角度进行严格限制的思路，拓宽"证券"的法律定义，建立多层次资本市场，为民间资金参与直接融资提供渠道：第一，理顺刑法中几种非法集资犯罪的关系，实践中对非法集资行为适用最多的"非法吸收公共存款罪"不应当作为对直接融资性质的民间集资进行刑事打击的罪名。因为"吸收公共存款"属于间接融资的行为,使用规范间接融资行为的罪名规范直接融资行为,既不利于构建对非法集资活动的有效规制,也未能给民间金融的合法化预留空间。第二,扩大证券法中"证券"的定义,将各种变相的直接融资都纳入《证券法》的调整范围内。在界定"证券"的定义时,可以参考美国最高法院在 Howey 案中发展出来的界定"投资合同"的四个标准:(1) 以获得利润为目的,(2) 投入资金,(3) 到共同事业中去,(4) 而该利润主要来自他人的努力。这样既对一些合理的集资安排预留了豁免审核的可能性,又可以保护参与集资的投资者的利益。第三,加快证券市场改革,建立多层次资本市场制度。我国证券发行审核制度由核准制改为注册制已经被提上议事日程。在注册制之下,监管机构不再对证券发行进行实质条件的限制,但为了保护投资者的利益,需要进行强制性的信息披露。但由于在某些情况下,基于发行人与所发行证券的特性,发行行为的风险较小,因此可以豁免注册。其中小额发行豁免与私募豁免均可考虑用于解决"证券性"民间融资的合法性问题。另外,场外市场的建立和发展也可以为中小企业利用直接融资的方式吸纳资金提供有效路径。上述思路已经在近段时间涉及私募、公司债等领域的政策法规[①]变化中有所体现,而最近正展开的证券法修改更是进一步建立良好制度的契机。

三、鼓励传统信用方式发挥补充作用

我国整个社会体制具有明显的二元性特征,相应地,金融市场也具有这种二元性特征。其中主体部分是以银行信贷市场、证券市场等为代表的现代金融组织或形式,与之相对应的信用模式应为商业信用模式。这种信用模式发展的基础是建立完善的征信机制与发展市场中介和新型 P2P 金融机构。对于这部分金融模式的发展和建议,本节前两部分已经进行了总结。

而另一部分的发展和存在的问题也是我们不可忽略的重要问题。这一部分是以传统的民间借贷、合会为代表的传统金融形式,与之相对应的信用模式是传统的"采邑"信用机制,也即上文中所提到的非正式的信用机制。

---

① 例如《私募投资基金监督管理暂行办法》《公司债券发行与交易管理办法》等规定。

与商业信用模式不同,这种信用机制建立在一定的社会关系基础之上,例如乡土和亲属关系等,因此相对于纯粹的商业金融关系具有更多的社会因素,这对于互助组织的信息收集、资金流向以及内部执行机制等具有深刻的影响。互助组织,顾名思义,其产生的原因是具有一定社会关系的人群在互帮互助的目的下集资以解决社团内部人员的资金需要,可以说是顺应了社会群体关系的天然需求。参与人员的身份性限制了资金来源的范围,互助性资金的目的也更多地限于生活需要或者应急性生产需求,社会关系对于贷款对象的信用情况以及还款的自力执行有帮助,因此互助组织是与社会团体关系相契合的民间金融组织。

我国整个社会发展的转型特征,决定了我国的金融信用模式也处于由传统的"采邑"信用模式像商业信用模式转型的过程中。在相当长的时间里,这两种信用模式必将同时存在。后者代表了金融转轨、现代金融的发展方向,而前者则是后者的必要补充。两者的关系相辅相成,不可偏废。一味强调商业信用,忽视传统信用,是造成现阶段社会道德低下、信用危机的原因之一,同时也会浪费我国从社会自身滋养出来的内生制度中有利于增强金融信用的那一部分内容。

现阶段,传统信用的重要之处在于以下几个方面:

第一,传统信用模式是在金融抑制背景下缓解融资需求的重要方式。不可否认,我国现阶段存在金融抑制现象。金融抑制政策是发展中国家快速积累实现工业化的普遍选择,信贷配给行为是信息不完全的市场自发的长期均衡现象。因此,金融抑制和信贷配给在一定的历史时期是具有经济合理性的,是为了社会经济整体的发展策略与金融安全作出的必要的安排。事实证明,传统的合作金融是我国金融抑制的大背景下对我国私有经济部分输血的重要来源,对改革开放之后我国经济的腾飞起到了不可磨灭的作用。从制度供给的角度来看,传统金融制度是社会在应对制度供给不足时自发形成的补充机制。运用信息经济学的知识也可以得到,金融服务的供给者应该贴近存在局部知识的人和地方去提供金融服务,满足当地的金融服务需求,从中获取回报。这也许意味着,正式金融机构如果设计、利用专门的机制去发现并利用局部知识,即可以提高机构面向需求的供给效率。如果金融服务的提供者(或潜在提供者)各自利用自己的局部知识来提供金融服务,便会产生多样化的有针对性的金融组织,这种有针对性的金融组织制度的创新促进了金融组织或者活动的多样性,反过来有利于发现和利用局部知识,减少市场的不完全性,增加面向需求的金融服务供给。金融组织或者活动的多样性的另一个结果便是促进更多金融工具的创新,这样形成的组织多样性、活动多样性和金融工具的多样性使得农村金融市场逼近或者近似于完全竞争市场,从而大规模克服信息的不完全性。

第二,传统信用模式在减少信息不对称方面有其独特优势。私营部门没有通过正规渠道提供足够的信用证明,无法对资金风险进行保证,这是由正规金融机构的征信渠道和评价体系限制所导致的。相比于正规机构对于企业规模、抵押品数量等形式指标的判断,民间借贷往往可以利用地缘、亲缘等特殊关系对借款人的信用状况和业务风险作出判断,在借款资金关系之外的其他社会关系也成为民间贷款人执行还款要求时的保障,因此,民间借贷可以更有效地掌握借款前的信用信息,也可以更有效地在借款后实施监督,这在相当程度上克服了信息不对称的问题。因此,在信息不对称和信贷配给的背景下,民间借贷是克服市场失灵的一种有效途径,是正规金融体系的有益补充,具有出现的必然性和合理性。

第三,对传统信用模式的坚持是克服我国转型时期社会道德滑坡、信用危机的重要助力。我国目前正处于从采邑经济向市场经济过渡的时期,在现阶段出现社会信用缺失问题,应该说是深深根植于这一时代背景的,有其客观必然性。在经济转轨阶段,能够支撑契约化交易的健全、高效的法律体系和适应市场经济条件的社会信用体系远未建立起来;而原先支持人格化交易的信用维持体系,却由于市场的扩大、人格化交易地位的下降以及观念的急剧改变而逐渐解体。许多的个体经常游走于数个采邑之间,但各采邑之间又没有建立起适应市场经济制度的信用信息共享机制。旧的已破,新的未立,这一阶段,信用体系也就出现了转型真空,失信作为一个越来越严峻的经济问题和社会问题日益突出,成为我国目前经济乃至社会整体面临的最严峻的问题之一。传统信用模式的良性发展有利于在此时期内对信用空白的填补。

第四,从历史发展来看,我国从远古时代就开始有民间借贷。唐代开始出现了东亚地区最早的合会,宋代的合会比唐代有所发展,规模也有所扩大。在宋代,还流行过"过省会""万桂社"的会社,目的是为贫寒之士读书、生活、赶考提供资助,成员主要为读书人,规模大小不一。元代通过鼓励社区互助性质的民间借贷建立了基层社会的民间互助义务——对鳏寡孤独的赈贷制度。到清末民初,合会在我国江苏、浙江、福建等省份广泛存在,并且多带有高利贷性质。这些民间合作性金融的发展有着深厚的历史背景,具备其合理性。而从比较法的角度看,即便是在市场经济占主导地位的发达国家,合作性金融组织仍广泛存在,并占据民间金融的主要部分。例如,美国的合作金融组织、"各州信用社监督专员全国协会",英国的合作银行、信托储蓄银行和房屋贷款协会,法国的合作信用机构,德国的信用合作社等。在这些商业信用高度发达的金融市场中,尚有合作性金融组织的广泛存在,原因就在于这些国家的法律肯定了合作信用对正式市场信用的补充作用,这一点也值得我们思考。

然而,在认识传统信用模式存在重要性的同时,我们也应认识到,由于其发展遇到了新的社会条件,新的风险也潜藏其中,需要法律对其进行适当的调整。

对于私人借贷而言,高利贷的危害和对其限制的正当性显而易见。对于合会,则更为复杂。传统意义上的合会组织,其社会意义大于其经济意义,作为一种国家救助之外的一定群体内部的自我救助和保险。这种局限在一定地缘和血缘范围内的合会建立在人际信用基础之上,设立的出发点也是解决群体内部个别人员的紧急用途或婚丧嫁娶,一般不涉足风险投资领域,现在仍然存在于南方一些村落、机关单位内部或其他组织机构之中。经过改革开放的洗礼,新经济背景下的合会组织已经发生了变化:第一,合会的规模扩大、数目增多,已经超越了熟人社会的边界,从而会因信息不对称发生欺诈现象;第二,参加合会的目标发生异化,已经从解决生活消费需要、生产需求演变为获得暴利,会首更乐于套取资金、挥霍汇款;第三,还款机制异化,更多倾向于"以会养会",如吴英案中所体现的,在资金不足的情形下,仍然以高额利息为诱饵继续骗取更多的融资维持资金链的延续。类似的合会规模过大,必然会滋生越来越多的败德行为和逆向选择行为,导致严重的金融风险。

因此,对于合会这种组织性较高的合作性金融组织而言,我们应当用法律制度对其合法性进行明确,降低其诱发风险的可能性,引导其向内生型、基层小型化、决策自主的方向发展。正如荷兰和德国的合作银行、美国的社区银行的成功案例,此类互助组织的地域和人员规模都不能过大,否则就会产生匿名社会信息不对称的问题,无法把握金融服务的运作和经理层的工作,破坏合作社的内部监督治理机制和制裁机制。在法律规制方面应该借鉴美国职业性信用合作社、行业性信用合作社与社区内信用合作社的经验;有的组织机构能够在很大范围内对金融秩序产生影响,在法律上应设定合理的准入条件,将其纳入银行类金融机构体系,打造社区银行。

最后,需要认识到的是,传统信用作为非正式制度的一种,并无法律明文规定,有时甚至没有成文的记载。因此,非正式制度必须有一个传播途径。非正式制度的传播过程,实质上就是社会成员学习非正式制度的过程。而家庭可能是非正式制度最有效的传播途径。其他重要的传播途径还包括学校、行业协会、教会等中间组织等。因此,应注重家庭对诚信的教育并发挥中间组织的积极作用。

第二节 规制措施与立法建议

一、民间金融合法化的模式与步骤

民间金融合法化的整体步骤应该以政策上的明确认可为先导,正所谓名不正则言不顺,政策的转变体现在法律上不能局限于经济法规制机关、法院的默认或出台一些解释对现状修修补补,而应出台全国性的法律法规彻底明确和规范民间金融这一领域宏观上的静态地位与动态行为。许多学者提出制定《放贷人条款》,此处的"放贷人"为广义的放贷人,即囊括所有民间金融涉及的资金运作机构或个人。有的学者建议国家考虑制定《民间金融法》,健全完善相关管理办法,赋予民间金融合法的法律地位;在《民间金融法》未出台以前,可先制定并试行《民间金融管理暂行办法》,为民间融资构筑一个合法的平台,以规范、约束和保护正常的民间金融活动,尤其应对民间金融的资金来源和投向、借款方式、利率浮动范围、风险纠纷的处理及收益的税收调节等方面加以规范,从而通过法律手段使民间融资逐步走向契约化和规范化的轨道。①

在合法化的过程中同样需要区分不同的民间金融形式以方便采取不同的规制方向,我们认为比较有意义的分类是将个体和组织区分开来,即将民间金融的组织化机构改革方向和个体之间的借贷关系相区别,前者需要在规制模式下构建新的组织体和交易方式,并有助于改变目前国有银行垄断的金融格局,后者则更注重贯彻民法上的意思自治,但辅以《放贷人条款》等法律规定,可以规范个体自然人、法人和其他组织之间的借贷行为,禁止高利贷或其他有害金融和社会秩序的借贷情形。

(一) 模式选择

目前,对于那些具有积极作用,或作用有待观察的民间金融组织,国家应该采取辅助其完成合法化演进的宏观政策态度,也就是采取民间金融合法化的制度模式。纵观世界各国,这种合法化的制度模式随不同国家的历史、文化、金融体制等有很多区别,而且制度总是在不断变化与借鉴,因此研究起来显得异常复杂。本书大体将民间金融组织机构合法化的制度模式概括为两大类:正规金融的介入与市场的独立发展。前者以信托或民间金融的股份制改造为典型,实质就是有条件地允许民间金融资本的自由运作,但前提是国有或社会资本的监督,完成用脚投票和信托等直接监督的多重合作;后者是赋予民间金融更大的自由,在塑造一个自由资本市场的前提下,通过设定标准、登记公示制度、巡检等制度完成对民间金融组织的规制,是在承认市场主导的前提下企图实现更少的直接规制与更多的自由。

当然,两种模式都有其缺陷。正规金融对民间金融的注资或监督似乎对两方都具有一定的吸引力,不过这只能适用于部分适合国家予以直接支持的民间金融组织,这部分组织机构不会因为正规金融的介入而丧失原有的优势、客源或者地方信息,仍然具有民间金融独特的便利性与经济效益等。与此相对,民间金融完全独立的自我发展需要国家塑造一个良好的信誉市场,将原有的地下经济重新斧正并以各种手段加以监管。市场模式的困境如下:第一,很难区分良莠不齐的民间金融市场,我们不能保证放开资本运营之后不会带来巨大的金融混乱,重蹈历史的覆辙。第二,市场模式是

---

① 参见张玉纯:《经济转轨时期民间金融发展问题研究》,载《税务与经济》2006年第5期。

要以更少硬性规定、更多自由裁量权的手段进行干预,这就需要执法机关的战略性眼光和执法人员良好的素质,但这往往又会是寻租和滥权之处。民间金融很可能再次陷入被扼杀的境地,仿佛进入了一个招安的巨大陷阱。第三,市场化之后的民间金融是一种增量变革,但终会导致存量改革,会对原有的国有金融机构等产生冲击,既得利益者很可能会采取各种措施对改革予以阻挠。

(二) 具体步骤

从具体步骤来看,民间金融合法化需经历以下四个阶段:

第一,清晰合理地定位民间金融。明确民间金融是一种资金资源市场化配置的行为,是我国金融市场的补充。但由于长期受计划经济体制限制,法律法规并未给民间金融一个合理清晰的定位,这种不明确在很大程度上影响了民间借贷进一步规范发展。因此应该在政策层面和法律层面合理清晰地定位民间金融,规范其发展。

第二,加强民间金融的监管。鉴于民间借贷在实际经济生活中所起的作用和影响以及市场经济的形势要求,现阶段对民间借贷市场进行管理可行的办法是建立监测点,改变民间借贷游离于监管体系之外的状态。在监管中应强调事前的审慎防范和非事后的惩罚,加强对民间借贷的监督和管理,要明确对民间借贷的监督主体,建议由银行监管部门与各地工商部门组成联合监管机构,在对民间借贷活动进行深入调查的基础上探索一套新的管理制度和方法。

第三,引导民间金融机构合法化和商业化。政府应对民间金融进行整合,在政策和法律层面容许各种经济主体成立各种所有制的民间金融机构,如小额贷款公司、民营银行等,形成产权清晰、功能完善的金融子体系。这样既可以使游离于监管体系之外的民间金融被纳入政府监管范围,又可以促进其健康发展。

第四,鼓励正规金融和民间金融连接,构筑一体化金融市场体系。正如世界银行的《世界发展报告》指出,正规金融和非正规金融的连接是金融体系发展的一个有前途的战略。允许正规金融和民间金融利用对方的信息和结构优势来提升自己的行动,信息的流动是市场一体化的一个重要组成部分。充分发挥银行信用中介的功能,拓展委托贷款业务,为民间借贷双方牵线搭桥。银行可以根据委托人确定的对象、用途、期限、利率等代为发放、监督使用并协助收回贷款,银行只履行委托义务,收取一定的手续费,不承担贷款风险。通过个人委托贷款业务,资金接触者不但风险更小,同时也可作为个人理财机会,最终使民间金融由无序操作变为有序规范操作的市场融资行为。

二、民间金融的立法建议

(一) 一般规范与特别规范——以制度整体性构建为视角

民间金融的合法化与重点规制需要制定法律法规予以规范,本书认为在目前的金融法体系下需要建立一般规范与特别规范结合的法律体系:前者是规定以营利为目的并专门从事借贷业务的机构和个人的借贷行为,也就是从整体上、宏观上规制前文所论述的从事民间金融活动的"商人"之"商行为";后者则是规定相关主体法,规范特殊的民间借贷机构的借贷行为,如现存的合会、私人钱庄、贷款公司等组织机构,因为它们的特殊性和对金融秩序的影响,需要法律法规的特别关注和未来制度建设。

1. 一般规范

民间金融的一般规范具有三项功能:首先,为民间金融"正名",民间金融合法化的整体步骤应该以政策上的明确认可为先导,正所谓名不正则言不顺。政策的转变体现在法律上即是不能局限于经济法规制机关、法院的默认或出台一些解释对现状修修补补,而应出台全国性的法律法规彻底明确和规范民间金融这一领域宏观上的静态地位与动态行为;其次,一般性立法推进民间金融能够促进市场金融交易制度的发展,区别于正规金融的贷款行为时常受到行政力量等非市场因素的影响,而且正规金融的贷款基准利率也是管理利率,因此民间金融的一般性立法能够确立更加纯粹的市场化运作;最后,能够提高资金运用的效率,因为一般性立法能够确立更加稳妥的金融操作程序与形式,减少当事人之间的博弈成本,减少地下经济为了谋求生存对执法机关付出的寻租成本。

目前,实务界和学术界都较为一致地努力推进一般规范的出台,其中2007年10月中国人民银行起草了《放贷人条例(代拟稿)》报送国务院法制办,2009年被列入国务院法制办的二档立法计划。该条例在市场准入方面允许符合条件的个人注册后从事放贷业务,并规定符合条件的企业和个人都可开办借贷业务。2010年中国人民银行向国务院法制办报送的《贷款通则》修订稿扩大了借贷主体的范围,这成为近几年深化金融体制改革、民间融资诸多议案中的亮点。全国人民代表大会从第十次会议开始就多次收到会议代表关于"制定民间借贷法"的议案并交付财政经济委员会审议。[①] 许多学者提出制定《放贷人条款》或《民间金融法》,健全完善相关管理办法。在《民间金融法》未出台以前,可先制定并试行《民间金融管理暂行办法》以规范、约束和保护正常的民间金融活动,从而通过法律手段使民间融资逐步走向契约化和规范化的轨道[②]。

2. 特别规范

如前所述,民间金融的特别性规范主要是针对组织机构型金融机构的主体法,即针对那些广泛存在于城市"地下"和农村的钱庄、小额贷款公司、合会等的法律规范。根据我国目前的监管主体与监管模式,针对业已存在的特定融资形式推出单一特别规范是较有可操作性的制度进路,相比于抽象、统一的一般规范,由各个监管部门逐步组织和实施条块化的部门监管和行业监管是目前我国金融监管的模式。此种规范模式虽然并不利于金融监管的整体性建设,但能够在个别领域率先实现制度创新,不失为制度演进的合理思路。尤其是在对于市场融资需求的应对与满足方面,特别监管规范既有利于快速应对新型商业模式、防范监管漏洞的出现,又能够总结既有经验、实现可控范围内的制度供给。

无论是采取"招安"模式还是"自由市场发展"模式,对民间金融机构的多重监督,既需要从混合所有制等产权与经济能力控制方面进行探索,也需要注重市场化外部监督。前者能够在经济实体本身的运行规范中贯彻成熟市场主体的意志,强化风险控制和经营管理;而后者能够有效地凝聚市场力量,减少制度层面的市场扭曲,提高金融市场中存量资源的效率并容纳更广泛的增量资源。

---

① 参见全国人大财政经济委员会《关于第十届全国人民代表大会第五次会议主席团交付审议的代表提出的议案审议结果的报告》《关于第十一届全国人民代表大会第一次会议主席团交付审议的代表提出的议案审议结果的报告》等文件。

② 参见张玉纯:《经济转轨时期民间金融发展问题研究》,载《税务与经济》2006年第5期。

(二) 民间融资制度构建的立法建议

1. 渐进改革后的高利贷活动(微观)惩治措施

(1) 运用现有法律实施高利贷活动微观惩治。经济法律法规政策、行政法规都能够实现对高利贷活动的惩治,但是更倾向于对经济活动的宏观调整与削弱违法活动存在的背景依赖,之后需要更强有力的刑法规范实现对犯罪活动的微观治理,以个案的形式彻底消灭破坏社会经济秩序的犯罪行为。

但是正如前文所述,我国《刑法》与其他刑事特别法并没有直接针对高利贷的定罪条款,实践中一些法院通过类推适用《刑法》的有关法条对犯罪嫌疑人予以定罪是不符合"罪刑法定"的滥用自由裁量权的行为。目前刑法体制下只能将高利贷活动作为定罪的加重情节加以考量,即联系最高人民法院关于非法拘禁罪、故意伤害罪的司法解释,如果这些行为的发生是因为高利贷活动追债行为,则可以在刑罚允许范围内加重处罚。这将是现有的体制环境下较为稳妥的处理方式。

(2) 未来对《刑法》进行修订。我国《刑法》需要尽快进行修订,制定专门针对高利贷的条文。概括起来,支持刑法修订的学者主要有两种观点:一种是将制定法条表述为高利贷最基本的概念,从而更大范围地囊括高利贷活动的各种情形。这种观点以陈兴良教授为典型,他认为有必要在现行刑法中增设"发放高利贷罪",其条文可以表述为:"第×条 违反金融管理法规,以营利为目的,发放高利贷的,处3年以下有期徒刑或者拘役,并处或者可以单处罚金;情节严重的,处3年以上7年以下有期徒刑,并处罚金。"[①]该罪的客观构成要件是有发放高利贷的行为,主观构成要件是以营利为目的,以此牟取暴利,并且将其作为一种营生甚至职业。

另一种观点是秉持刑法的谦抑性原则,认为高利贷行为虽然值得刑法规制,但是只需要针对特别严重的具体情形进行刑事处罚。目前我国高利贷活动中最受憎恨和可能影响金融秩序稳定的现象集中在公务员、正规金融从业人员参与高利贷活动,涉黑势力从事高利贷业务,以及地下钱庄等组织机构暴利放贷行为,因此刑法也应该借鉴日本的做法重点治理这些问题,

---

① 参见陈兴良:《论发放高利贷罪及其刑事责任》,载《政法学刊》1990年第2期。

制定对于公务员、金融业从业人员涉及高利贷活动的刑罚以及专门针对开展高利贷活动的组织机构的刑罚制裁。

两种观点各有利弊,但是本书认为高利贷活动在经过经济法与政策、行政法、民商事法律规范过滤后应该得到刑法的全面关注,本书支持陈兴良教授的观点——制定针对高利贷活动最基本概念的法条,从而囊括所有情形。这种大范围的入罪并不违反刑法谦抑性,而是在拓展了民间融资渠道,消除了放贷者的利润空间后,对剩余的社会危害性极为严重的高利贷行为的最后围堵,以期实现具有层次性的紧密法网。

囊括高利贷所有情形的法条能将刑法的威慑性发挥到极致,但是由于设置了不同层次的刑罚类型而不会对金融自由造成过大的冲击。刑法的刑罚类型包括资格刑、罚金刑、自由刑和死刑。前两种可以针对较为轻微的高利贷犯罪行为,资格刑能用来专门治理金融业从业人员参与高利贷活动的犯罪行为,剥夺他们的从业资格将是具有很大威慑力的刑罚,同时也使想要实施犯罪的类似人群不敢以身试法,不过我国目前的资格刑需要拓展类型,而不能限于"剥夺政治权利"[①];罚金刑可能成为将来治理高利贷活动最普遍适用的刑罚,因为它具有的低成本、可计算的经济性,以及与经济犯罪契合的严厉程度能够治理高利贷活动的大多数情形,可以成为所有类型的附加刑。自由刑具有更大的威慑力,但是需要谨慎适用于那些具有最严重情节的高利贷犯罪活动,如涉及黑社会、组织化的高利贷活动,危及社会秩序、人身安全的放贷行为等,以防止刑罚过于严厉而阻碍金融自由与创新。本书不支持用死刑治理高利贷活动,高利贷活动的社会危害性还没有达到需要剥夺犯罪人生命的程度,如果涉及因高利贷追债而故意杀人等情形,可以直接用相应的法条予以制裁。

(3) 对民间金融利率问题进行规制与调整。正如本书第九章内容所述,我们认为高利贷的法律定义应该以一个确定的利率标准为基础,这个利率标准要根据各国的相关法律政策予以规定,可能是银行利率的数倍,也可能是一个符合国情的利率数值。结合我国国情,最高人民法院出台的《关于人民法院审理借贷案件的若干意见》曾规定(现已失效,但长期以来影响着

[①] 参见陈兴良:《本体刑法学》,商务印书馆2001年版。

我国司法实践和民间习惯）："民间借贷的利率可以适当高于银行的利率，各地人民法院可根据本地区的实际情况具体掌握，但最高不得超过银行同类贷款利率的四倍（包含利率本数）。超出此限度的，超出部分的利息不予保护。"这个规定具有操作上的便利，制定的利率范围也相对合理，为许多其他部门所采纳。在利率市场化的趋势下，这个"四倍红线"随着中国人民银行制定的贷款基准利率不断变化。比如2015年5月10日，中国人民银行再次决定下调金融机构人民币贷款和存款基准利率并扩大存款利率浮动区间上限，下调后的利率如下表所示，那么高利贷的认定就要以该项政策变动后的"各项贷款"利率数据作为计算基础，并以下述方式进行制度构建。

金融机构人民币存贷款基准利率调整表　　　　单位：%

	调整后利率
一、城乡居民和单位存款	
（一）活期存款	0.35
（二）整存整取定期存款	
三个月	1.85
半年	2.05
一年	2.25
二年	2.85
三年	3.50
二、各项贷款	
一年以内（含一年）	5.10
一至五年（含五年）	5.50
五年以上	5.65
三、个人住房公积金贷款	
五年以下（含五年）	3.25
五年以上	3.75

一是从促进金融市场健康、有序、长远发展的高度，建立完善跨监管部门的高利贷立法。最高人民法院规定的四倍红线是法院认定高利贷违法行为的边界，但是却足以成为金融行业监管的依据。中国人民银行2004年发布的《中国人民银行决定上调金融机构存贷款基准利率、进一步推进利率市

场化》提出:中国人民银行决定从 2004 年 10 月 29 日起进一步放宽金融机构贷款利率的浮动区间,同时允许存款利率下浮。金融机构的贷款利率原则上不再设定上限,贷款利率下限仍为基准利率的 0.9 倍。这与最高人民法院的规定不符,实际上造成了利率监管的双轨制现象,为民间融资通过银行、典当、融资租赁等金融机构类合法平台规避最高人民法院对于可得利益的限制性规定提供了可乘之机,给法院审判带来了困难。因此,2015 年最高人民法院《关于审理民间借贷案件适用法律若干问题的规定》重新界定了"24%"的合法利率和"36%"的自然债权,更符合商业的交易习惯,其司法技术和商业意义均值得肯定。

除此之外,高利贷的"利"也不一定就是名义上的利息。很多实为利息名为惩罚性费用的收费种类繁多且重复。有些合同中不仅约定了利息的收取,还有罚息、违约金、综合管理费等名目的约定,各种收费名目概念不清,造成司法认定困难。另外,由于不少金融机构的惯常做法是将利息预先扣除或以本金形式覆盖高利率,或利用较高罚息或综合管理费的名目收取违约金以实现高额利息收益,这些都易引发纠纷。

因此,涉及高利贷的立法应当具有跨监管部门的适用性,具有兼容性,重实质特征而轻形式。目前银行借款业务监管归属中国人民银行、中国银监会;小额信贷监管归属各地政府;典当和融资租赁业务监管归属商务部;对民间借贷至今尚未制定监管制度。上述情况导致资本市场上的各种融资平台在利率执行上政出多门,缺乏统一有效监管。未来的立法应当着重克服这一因金融行业分业监管人为制造的困境。

二是从培育市场诚信、确立交易规则的目的发挥司法能动性。在立法之前,面对融资平台的多样化、利率双轨制、分业监管等问题,法院只能充分发挥司法的能动性,以法律为准绳,在中国人民银行、商务部等监管部门各自发布的规章、行业规则之间游走、解释,这对法院审理案件时法律适用的统一性、裁量尺度的把握和统一执法都带来了更高的要求。本书认为,法院应当坚守两个原则:

第一,尊重民间金融的交易规则和民间借贷行为的私法自治,依法维护合同自由,严格合同责任,对金融创新引发的争议,法无明文禁止一般不轻易认定无效;但同时,对恶意违规的高利贷行为要加以制裁,为多层次资本市场秩序保驾护航。

第二,法院应当注重发挥审判延伸职能,对于利率双规、分业监管等体制所带来的诸多问题,从维护社会公平和市场秩序出发,主动参与社会管理,积极与行政主管部门、行业协会沟通,发挥各方力量促进相关立法的执行与完善。结合泰国的经验,各府建立的司法中心会在当地寻找放高利贷者以及受雇枪手等,并对这些目标群体的日常行为进行密切关注;同时,该中心作为调节者,邀请高利贷双方作出协商,共同寻求将高利贷变成合法借贷的方法,例如司法中心出面与政府银行或者乡村基金会进行协商,如果协调失败,将利用相关法律规定强制执行。

2. 以我国《证券法》修改为契机,释放民间证券性直接融资的渠道

根据第十二届全国人大常委会立法规划,全国人大财政经济委员会组成起草组,于2013年12月开始《中华人民共和国证券法(修订草案)》(以下简称"修订草案")的起草工作。截至2015年5月10日,修订草案已经提交全国人大常委会审议,并因其大幅度的修改引发市场的广泛关注。本次修订新增135条、修改197条、删除23条。修改后共16章339条,主要修改的内容包括:明确了证券的定义和范围,对交易所之外的多层次资本市场进行了规定,实行发行注册制等。这些内容的修改正是以党的十八届三中全会决定关于"健全多层次资本市场体系,推进股票发行注册制改革,多渠道推动股权融资,发展并规范债券市场,提高直接融资比重"的精神为指导,坚持市场化、法治化、国际化的改革取向,直接有助于释放民间融资的渠道。

第一,本次修法以"定义加列举"的方式明确证券的定义,扩大证券的范围。修订草案规定:"本法所称的证券是指代表特定的财产权益,可均分且可转让或交易的凭证或者投资性合同",包括股票、固定收益证券、存托凭证、集合性投资计划份额、受益凭证、证券衍生品种等类别。这样的立法技术是在不改变现行监管体制的前提下,对相同证券品种适用相同的证券发行、交易规则,从而防止监管套利。同时,兜底性条款为各金融监管机构、人民法院在实践中认定新的创新证券产品预留了空间,从而在打击非法证券活动的同时鼓励证券行业创新。但是,法律执行上需要协调金融业分业监管格局下多个部门的利益,保障民间金融的创新渠道。

第二,本次修订在"证券发行""证券交易场所"和"证券交易"等章对多

层次资本市场进行了系统规范,这比现行证券法只规范交易所市场有巨大进步。具体来说,国务院批准的其他证券交易场所可以组织超过200人的不特定合格投资者之间的公开交易,也可以组织证券的非公开转让;证监会批准的证券交易场所只能组织不超过200人的证券非公开转让;豁免注册的证券和非公开发行的证券,应当在证券交易场所非公开转让或者在投资者之间协议转让;但向合格投资者公开发行豁免注册的证券,可以在国务院批准的证券交易所和其他证券交易场所的不特定合格投资者之间公开交易;同时,为配合多层次的交易场所制度,构建了多层次的信息披露制度。本书认为,这些法条都一改之前对地方交易场所只堵不疏的立法态度,有望在保护投资者权益的前提下为民间融资证券化和非公开发行提供更多的合法渠道。

第三,在长期争论和研究后提出了发行注册制。本次修订草案按照简政放权、保障市场平稳发展的原则作出折中规定,根据证券是否上市,规定了不同的制度安排:对在交易所上市交易的证券,规定发行人应当同时向证券监管机构和交易所提交注册文件,由交易所负责审核,交易所在规定期限内将审核意见上报证券监管机构,证券监管机构在规定期限内没有提出异议的,注册生效。对不在交易所上市交易的证券,维持了现行体制,规定由证券监管机构或者国务院授权的部门注册。同时,修订草案也为公众公司的非公开发行、公开发行豁免注册等制度提供了法律空间。目前证监会和交易所正在根据注册制改革的要求进行监管体制方面的改革,进度较快。

总的来说,本次《证券法》修订集结了我国近十年来资本市场规模增长、创新涌现所带来的新问题、新困境,并试图对如何解决民间融资爆炸性增长的需求提出一些切实可行的方案,是一次适应资本市场改革发展的法律变革,充分发挥了证券行业在解决民间金融难题方面的作用。尤其是改变了我国民间金融证券化后发行和转让市场的层次单一性,首次规定了交易所以外的其他交易场所。我们期待《证券法》修订草案能够顺利通过并有效实施。

3. 民间票据融资规制的立法建议

作为对民间票据融资的法律回应,应当通过修改法律、释放票据融资功能,并建立完备的监管制度以防范风险,最终将民间票据融资重置于法律监管之下。这不仅是理论分析和法律效果分析的统一结论,也符合票据市场发展的一般趋势。具体而言,在借鉴域外先进经验的基础上,本书提出以下法律规制建议:

(1) 加强融资性票据的签发及其监管。修改我国《票据法》第10条,删除有关票据关系必须具有"真实的交易关系和债权债务关系"的内容,允许企业发行融资性的商业本票,并针对其建立相应的监管制度,具体来讲:

第一,市场准入方面,在对企业经营状况、资金流量、偿债能力、诚信状况等进行审查的基础上进行信用评级,达到一定级别的企业才能发行融资性商业本票。

第二,信息披露制度。企业发行融资性票据要发行招募说明书,披露有关公司财务、业务发展的具体情况。在融资性票据发行存续期间,还要定期披露其财务信息、未清偿余额与影响票据投资人实现其债权的重大事项。

第三,余额控制。企业发行融资性票据实行余额控制,待偿还融资性票据余额不得超过该企业净资产的40%或负债率的20%。

第四,保险机制。从我国目前的商业信用发展情况考虑,为了有效减少信用风险,可以成立专门为中小企业发行融资性票据进行担保的担保公司,或者要求发行融资性票据的企业按照发行总额缴纳一定比例的保证金。

第五,监管主体。确立专门的监管机构,对融资性票据的发行人与票据市场中介机构的发行、承兑、贴现、经纪、评级等行为进行监管,并制定相应的惩罚措施。

(2) 培育票据中介机构。专业的票据中介机构是成熟票据市场中不可缺少的组成部分。美国的中介机构采取兼营模式,其票据业务主要由投资银行的全资子公司经营,而英国、日本和我国台湾地区都建立了相应的票据专营机构(英国是以贴现所为中心,日本的票据业务则由银行兼营模式发展成为专业的短资公司,台湾地区则主要是民营企业)。

而根据我国的情况,可先考虑二级市场业务,建立票据专营机构从事贴现、转贴现业务,并制定相关的法律规范对其行为进行规范;再考虑开放票据承销等发行市场业务。待到票据市场发展到一定程度,各金融子市场之间的联系加强,再鼓励票据中介机构兼营其他金融服务,并增加交易工具的种类。

（3）建立票据征信制度。票据市场赖以生存和发展的基础是企业的商业信用。在释放票据的融资功能之后，为了有效避免票据市场的信用风险，除了大力宣传信用文化、提高企业的信用意识之外，还应当以制度的方式建立起具有约束机制的征信体系。一方面建立票据的信用评级制度，由专门的票据评级机构对企业发行的票据进行评级，规定只有达到一定信用等级的企业才能发行融资性票据，为不具备专业知识和无法掌握相关信息的投资者提供参考；另一方面，依托并完善央行的企业信用信息数据库，并向社会公众提供免费查询服务，发挥公众对企业信用日常监督的作用。

（4）发展电子票据制度。票据的电子化和无纸化是票据市场重要的发展趋势之一，建立电子交易平台可以有效地降低票据造假的几率，降低票据的信用风险。我国《票据法》没有规定电子票据，但实践中，在商业汇票领域，票据电子化已经有所发展，中国人民银行于2009年制定了《电子商业汇票业务管理办法》，2010年10月由其牵头组建的电子商业票据汇票系统正式运行。与商业汇票相比，无真实交易背景的融资性票据具有更大的信用风险。应当首先修改《票据法》，添加电子票据的相关内容，然后在总结电子商业汇票业务经验的基础上，制定《电子商业本票业务管理办法》，并建立融资性商业本票的电子交易平台。

（5）完善对银行的监管机制。对于银行承兑汇票的监管一般是通过对承兑银行的监管进行的。对于银行承兑中可能出现的操作风险，应当督促银行加强其内控制度，增强对假票的鉴别能力，同时加强对工作人员的培训。对实践中出现的由于承兑总量过大而造成银行信用扩张的情况，应当借鉴西方经验，建立承兑规模控制制度，规定每家银行承兑汇票的最高金额不得超过其资本金的150%，对任一出票人承担的承兑金额不得超过银行资本和公积金的10%。

4. 互联网金融规制的立法建议

"互联网金融"是近年来伴随互联网和移动互联网的发展而兴起的金融业态，但其发展至今也并未脱离传统金融的本质，未形成在直接融资与间接融资模式之外的全新的金融模式。"互联网金融"也并不存在权威定义，并没有一种通行的"互联网金融"的交易模式；一般意义上的"互联网金融"是对"互联网金融货币基金""互联网借贷""互联网众筹"等几种交易模式各异,但都将互联网与相关传统金融业务结合起来的金融业态的统称。因此,对互联网金融的监管,本书建议应当分类监管,在原有对应业态的监管措施基础上进行适当调整。

(1) 互联网货币市场基金

一般而言,货币市场基金是一个天然的避风港,它投资的都是高安全系数和稳定收益的金融产品,但也并不是没有风险,由于货币市场基金拥有的投资者的高风险厌恶性以及摊余成本的计量方法,使其面临大额赎回的挤兑风险。因此,首先,应加强对金融消费者互联网投资理财教育,提高消费者风险意识和自我保护能力。其次,应加强监管,防范系统性风险。应当强化对信息的检测,要求网络融资平台报送相关数据报表,建立完善的网络融资统计检测指标体系,并尽快出台相关法律法规。在具体监管措施方面,可以借鉴美国对货币市场基金的监管:对于每个账户的留存资金进行限额限制;对货币市场中投资组合的比例进行规制,以确保货币市场基金的小额属性,减小其流动性风险。

(2) 互联网借贷

P2P网络借贷自外国传入我国后存在多种变异种类,应在区分单纯的信息中介、信息中介加信用中介的基础上,进一步区分个人借款和中小企业借款,设计不同的监管措施,引导P2P网贷平台区分自己的专业领域。具体来讲:第一,通过负面清单排除非法集资风险,对借款金额和出借人参与P2P网贷的总金额进行限制,并对每笔借款中的出借人数作出下限限制,避免非法集资风险;第二,对纯粹从事信用中介的P2P网贷公司提出监管要求,这些要求应成为所有P2P网贷公司的基本监管要求;第三,对从事个人借款的P2P网贷公司(信用中介型),注重对个人借款人的消费者权益保护;第四,对从事小微企业借款的P2P网贷公司(信用中介型),则注重对担保机构的监管,同时,由于其面向社会公众出借人提供担保,应当采取比一般性融资担保公司更高的监管要求。

(3) 互联网股权众筹

股权众筹作为中小企业和创业企业的一种新型融资方式,在互联网时代开始兴起。但在传统证券法框架下,只能通过私募的方式开展,其多人小额的特征没有得到完全展现。以美国JOBS法案(乔布斯法案)为代表,证券法也开始回应股权众筹的金融创新需求,设置了股权众筹豁免规则,为真正的股权众筹开创了合法途径。我国目前正在进行的《证券法》修改,也需要考虑股权众筹这种新兴事物,设置符合中国实践需求的股权众筹豁免模式。纵观各国的众筹豁免制度,我们可以发现其均具有规则的共同性,这主要体现在对于风险所在的认识和针对同类风险而采取的类似措施上。

从制度的发展轨迹中我们可以发现,股权众筹发行豁免实际上是小额发行豁免的一种变异形式。传统的小额发行豁免以私募和非公开发行为主,其对于投资者能力和投资者数量具有严格限制,并且对于证券权益的可转让性具有严格的限制,这主要体现在传统发行豁免要求投资者有较高的风险承受能力和投资判断能力,在信息获取的渠道方面比一般公众投资者要更有优势,能够基于非公开渠道获得充分、真实的投资信息而不至于被发行人欺诈。这一是基于"能力"判断,二是基于"关系"判断,只有具有特定能力和特定社会关系的投资者才能够参与高风险的豁免类证券交易。而在其后,金融监管部门逐渐允许在发行总额和发行时间上存在限制的小额发行获得豁免,这主要是因为小额发行者一般无法承受公开发行的合规成本,或者说,合规成本和公开发行所能获得的融资数额无法形成具有效率的比例。在这个基础上,监管部门逐渐允许了小额发行豁免。最终,在"小额"意味着"风险小""损失可承受"的思路下,将小额发行的豁免范围从合规投资者扩大至任意投资者,并规定投资限额的方式,从而进化出狭义上的"众筹"融资模式。基于此,根据各国金融制度发展的历史和现状不同,我们可以发现,对于众筹类证券监管的措施基本上是基于传统的合格投资者限制和新型的小额风险限制两个原则,有时又呈现出两个原则的混合,从而在发行对象的范围上和投资数额的认购上形成了风险限制的界限。

从我国制度借鉴的角度看,或许并不需要在风险控制上完成"一步到位",以我国目前出台的规则草案来看,立法者对于众筹交易的理解限制在传统路径即合格投资者限制上,导致众筹规制实际上成为了一个通过互联网进行交易的私募规则。我国私募交易的广泛应用是近年来金融制度改革推行的方向,相对于严格的核准制的上市发行渠道已经放松了很多,这是多层次资本市场原则导向的一个体现。同时,我国的私募发行对于投资者人数的限制实际上是极为宽松的,相比于美国 35 个投资者的非公开发行限额,我国的私募交易最大允许不超过 200 个投资者的发行,这个数字已经相当可观了,很大程度上私募性已经有所减弱。我国目前并没有小额发行豁免制度,缺乏小额风险限制原则的理解和应用,监管部门直接推行狭义众筹很可能过于激进。从众筹交易的推进路径来看,先在一定发行规模限制和一定投资者范围限制的程度上允许小额发行豁免,可能是相对稳妥的做法。此外,在私募融资制度逐渐普遍、公开发行注册制以及多层次资本市场发展的三重变化下,实际上我国融资模式的历史性变革才刚刚开始,投资者适当性在我国金融法制领域的应用状况还并不完善,对于如何判断投资者适当性和信息中介在推介、代理等行为中需要承担的责任尚缺乏足够的理论支持和实践经验,此时如果过于开放,赋予由投资中介或者发行人判断投资者适当性的权限可能风险性过大,采取强制规定发行人数限额与合格投资者标准,并最终逐步放宽的方式,能够与我国投资者的整体情况与条件相适应。

此外,对于众筹交易平台的监管也是一个重要的问题。众筹平台虽然不是交易所,也不是传统意义上的券商,其也不同于一般意义上代销金融产品的机构或者进行信息推介的中介,但在众筹交易的模式中,其起到的作用极为重要,因而其需要承担的关键责任自然不容忽视。由于众筹平台兼具交易平台和发行代理人的角色,便可能存在利益冲突,在承担信息公开与展示功能的情况下,保证平台的中立性和无利益冲突性很重要。首先需要规制的是,禁止具有信息中介作用的众筹平台直接参与到发行的推介过程中,防止公开劝诱中的不当误导。其次,要严格约束众筹平台承担的角色和功能,严格禁止其直接掌握、持有、管理、处分客户的资金、证券等权益,其只能承担交易通道的作用,而不能充当发行人或者投资人双方任意一方的代理人。我国的互联网产业较为发达,现实中已经存在许多以 P2P 借贷交易业务为主的资金平台,积累了一定的渠道资源。对这些互联网企业加以规制并予以支持,以在中国证监会注册登记为前提,作为获得互联网股权众筹平台的资质的条件,在实践中较为可行。

5. 放贷类间接融资业务法律规制建议

在对我国间接融资的分析中,我们认为为了防范结构性风险,我国对于可能形成资金池与错配的融资模式控制得较为严格,这主要体现在对于放贷业务的严格控制之中。我们认为不存在该结构性风险的主体进行放贷并不需要监管者的特别关注,而在现实中小微银行、小额贷款公司、企业间借贷者三个概念却错误地纠缠在一起,为规制造成了很多制度上、认识上的障碍,这主要体现在:第一,准入门槛与现实脱节,能够跻身商业银行的经济主体的注册资本远高于《商业银行法》的准入门槛,小额贷款公司的注册资本要求却和商业银行基本一致;第二,小额贷款公司被视为"可以放贷的特殊企业类型",其他企业、个人的放贷行为却仍然处于法律法规的模糊地带。对此,我们认为具有间接融资风险的法律规制需要在放贷业务的分级实施上重新进行设计,修改建议为:

(1) 对小额贷款公司与小微银行进行重新定位。小额贷款公司既不是允许从事放贷的特殊类型企业,也不是禁止从事吸储的小微银行,这三类市场主体的风险结构和业务类型必须予以严格的区分。由于资本门槛的要求存在相似性,三者在服务对象上并未存在较为明显的界分,从而导致对三者法律认识上的混同。出于防范结构性错配风险的考虑,一般企业、小贷公司禁止以放贷为目的负债,但我们应该认识到间接融资的风险性集中于主体的负债端,只要不是常业地从事吸储、放贷业务,其进行一对一(即实质意义上的P2P)的简单借贷并无不妥。因此,小贷公司扩大负债比例、嵌套其他融资模式(例如向信托出售债权、债权资产证券化等)实际上均为变相间接融资,有赖于嵌套主体本身规制中存在投资资产种类的限制,此种间接融资的风险才得到控制。所以,小额贷款公司试图以负债扩大可用资金来源的程度一定是有限的,而现实中小额贷款公司的股权资本金数额并不小,进一步扩大自有资金的数额也存在障碍①,总体看来,试图以小贷公司满足日益扩大的融资需求是不实际的。

小额贷款公司定位源于其自有资金的逐利性和结构性风险控制的矛盾。因此,我们建议,应该在政策上鼓励落实《商业银行法》与中国人民银行、中国银监会行政法规关于设立中小型银行的资本限额要求,在"5000万—1亿"以及"1亿—10亿"人民币的实缴资本范围内允许直接设立中小、小微银行,而不需要经过信用社合并改制阶段。在允许吸收存款的情况下,

---

① 更大额的资本如果想要参与放贷业务,在逻辑上可以直接选择建立商业银行,而无须受到小额贷款公司的种种限制。

这种小型银行的可用资本数额要远大于同样注册资本的小额贷款公司。参与吸储业务能够增加此类大额资本的获利空间，从而起到鼓励设立的效果。

(2) 对非常业放贷进行规范及其限制。企业间借贷的风险同样在于其负债放贷的风险，尤其在普通企业将日常经营和放贷业务混合开展时，其法人财产作为资金池将混同资金来源而无法辨别，导致企业负债行为的性质与目的难以确定，难以在资金来源上进行限制。而小额贷款公司之所以特别，在于其仅有放贷业务，负债目的也是为了放贷赚取利差，其资金来源的目的性质明确，因此可以从负债来源上进行直接的限制。因此，现实中只能强行要求企业间借贷的一般禁止，并以目的性质明确的非常业拆借作为例外。

我们建议，在明确资金流动目的性的情况下，应该允许借贷自由，这是经济的效率性的体现。但是结构性风险的限制需要以监控制度予以防范，即我国应该效仿我国香港特区以及日本放贷登记的强制注册规定，借贷合同仅有在登记的情况下才具有法律效力。由于在信息技术的应用下，单纯的登记的成本并不高，而以登记作为借贷生效的要件能够帮助监管机构收集到足够的借贷信息，然后再通过数据筛选的方式对企业在一段时间内的放贷数额的大小实施监控。特定企业一旦长期、大量从事放贷业务，便以其"常业放贷"为理由，认为其设立目的和资金性质以专业放贷为主，从而予以禁止。而规范的标准可以以企业放贷资金数额占实缴资本的比例为准，例如规定 6 个月内不超过实缴资本 30% 的资金放贷[①]可以被认为是"非常业放贷"，超过部分不承认其企业间放贷的合同效力。

---

① 例如，在"温州金改"中规定定向集合资金在暂时没有投资目标时，可以将部分资金在短期内从事放贷，标准为"项目闲置资金用于温州市行政区域内不超过 6 个月短期民间借贷的，数额不超过该期定向集合资金总额的 30%且单户不超过 5%"，参见《温州市定向集合资金操作指引》(征求意见稿)第 14 条。该项规定在制度设计上与本建议具有相同的思路。

参 考 文 献

一、著作

陈蓉:《"三农"可持续发展的融资拓展:民间金融的法制化与监督框架的构建》,法律出版社 2010 年版。

陈兴良:《本体刑法学》,商务印书馆 2001 年版。

储槐植:《美国刑法》(第 2 版),北京大学出版社 1996 年版。

第一财经新金融研究中心:《中国 P2P 借贷服务行业白皮书 2013》,中国经济出版社 2013 年版。

冯兴元、何广文、杜志雄等:《中国乡镇企业融资与内生民间金融组织制度创新研究》,山西经济出版社 2006 年版。

高晋康、唐清利编著:《我国民间金融规范化的法律规制》,法律出版社 2012 年版。

广州民间金融研究院、中央财经大学金融学院课题组编写:《中国民间金融发展研究报告》,知识产权出版社 2013 年版。

国家经贸委青年理论研究会编著:《中国社会信用体系建设:理论、时间、政策、借鉴》,机械工业出版社 2002 年版。

何怀宏:《世袭社会及其解体——中国历史上的春秋时代》,生活·读书·新知三联书店 1996 年版。

黄宝奎:《台湾金融纵横谈》,中国经济出版社 1995 年版。

黄达、项怀诚、郭振乾主编:《中国证券百科全书》,经济管理出版社 1993 年版。

江曙霞:《中国"地下金融"》,福建人民出版社 2001 年版。

姜旭朝:《中国民间金融研究》,山东人民出版社 1996 年版。

李孟刚主编:《中国金融产业安全报告(2011—2012)》,社会科学文献出版社 2012 年版。

李有星:《中国证券非公开发行融资制度研究》,浙江大学出版社 2008 年版。

梁治平:《清代习惯法:社会与国家》,中国政法大学出版社 1996 年版。

林钧跃:《社会信用体系原理》,中国方正出版社 2003 年版。

刘鹏:《资本的涅槃——美国场外市场发展与我国新三板启示》,中国金融出版社 2013 年版。

刘瑞复:《经济法学原理》,北京大学出版社 2000 年版。

刘西川:《贫困地区农户的信贷需求与信贷约束》,浙江大学出版社 2008 年版。

罗涵先:《什么是高利贷》,新知识出版社 1995 年版。

马忠富:《中国农村合作金融发展研究》,中国金融出版社 2001 年版。

施天涛:《商法学》,法律出版社 2003 年版。

史晋川、金祥荣、赵伟、罗卫东等:《制度变迁与经济发展:温州模式研究》(修订版),浙江大学出版社 2004 年版。

史尚宽:《债法总论》,台湾荣泰印书馆 1978 年版。

苏杭:《日本中小企业发展与中小企业政策》,中国社会科学出版社 2008 年版。

苏力:《法治及其本土资源》,中国政法大学出版社 2004 年版。

陶涛:《论日本的金融行政——日本型金融管制的成败》,北京大学出版社 2000 年版。

王利明主编:《民法·侵权行为法》,中国人民大学出版社 1993 年版。

王曙光:《金融发展理论》,中国发展出版社 2010 年版。

王曙光:《金融自由化与经济发展》,北京大学出版社 2003 年版。

王小能主编:《中国票据法律制度研究》,北京大学出版社 1999 年版。

王小奕主编:《世界部分国家征信系统概述》,经济科学出版社 2002 年版。

王晓毅、蔡欣怡、李人庆:《农村工业化与民间金融:温州的经验》,山西经济出版社 2004 年版。

王业键:《中国近代货币与银行的演进(1644—1937)》,台湾"中央研究院经济研究所" 1982 年版。

吴志攀:《金融法概论》(第 5 版),北京大学出版社 2011 年版。

徐久生、庄敬华译:《德国刑法典》(2002 年修订),中国方正出版社 2004 年版。

杨立新:《人身权法论》(修订版),人民法院出版社 2002 年版。

叶世清:《征信的法理与实践研究》,法律出版社 2010 年版。

曾康霖、邓映翎:《利息论》,西南财经大学出版社 1990 年版。

张杰:《制度、渐进转轨与中国金融改革》,中国金融出版社 2001 年版。

张俊浩主编:《民法学原理》,中国政法大学出版社 1991 年版。

张守文:《经济法理论的重构》,人民出版社 2004 年版。

张维迎:《信息、信任与法律》,生活·读书·新知三联书店 2003 年版。

张亦春:《中国社会信用问题研究》,中国金融出版社 2004 年版。

郑也夫:《信任论》,中国广播电视出版社 2006 年版。

中国大百科全书总编辑委员会《财政税收金融》编辑委员会编:《中国大百科全书:财政税收金融价格》,中国大百科全书出版社 1993 年版。

钟楚南主编:《个人信用征信制度》,中国金融出版社 2002 年版。

周德文:《温州金融改革——为中国金融改革探路》,浙江人民出版社 2013 年版。

周枬:《罗马法原论》(上),商务印书馆 1994 年版。

周正庆主编:《证券知识读本》,中国金融出版社 2006 年版。

朱伟一:《美国证券法判例解析》,中国法制出版社 2002 年版。

邹浩:《美国消费信用体系初探》,中国政法大学出版社 2006 年版。

〔法〕阿莱克西·雅克曼、居伊·施朗斯:《经济法》,宇泉译,商务印书馆 1997 年版。

〔法〕埃米尔·涂尔干:《社会分工论》,渠东译,生活·读书·新知三联书店出版社 2000 年版。

〔美〕保罗·萨缪尔森:《经济分析基础》,费方域、金菊平译,商务印书馆 1992 年版。

〔意〕贝卡里亚:《论犯罪与刑罚》,黄风译,中国法制出版社 2005 年版。

〔德〕C. W. 卡纳里斯:《德国商法》,杨继译,法律出版社 2006 年版。

〔美〕蔡欣怡:《后街与金融:中国的私营企业主》,何大明,湾志宏译,浙江人民出版社 2013 年版。

〔美〕道格拉斯·C. 诺斯:《制度、制度变迁与经济绩效》,杭行译,格致出版社 2008 年版。

〔美〕弗朗西斯·福山:《信任:社会道德和繁荣的创造》,李宛蓉译,上海远东出版社 1998 年版。

〔英〕弗里德利希·冯·哈耶克:《个人主义与经济秩序》,邓正来编译,复旦大学出版社 2012 年版。

〔德〕柯武刚、史漫飞:《制度经济学——社会秩序与公共政策》,韩朝华译,商务印书馆 2000 年版。

〔美〕罗伯特·C. 埃里克森:《无须法律的秩序——邻人如何解决纠纷》,苏力译,中国政法大学出版社 2003 年版。

〔英〕马克思·H. 布瓦索:《信息空间:认识组织、制度和文化的一种框架》,王寅通译,上海译文出版社 2000 年版。

〔美〕P. 诺内特,P. 赛尔兹尼克:《转变中的法律和社会——迈向回应型法》,张志铭译,中国政法大学出版社 2004 年版。

〔美〕R. M. 汉密尔顿:《公司法》(第 4 版),刘俊海、徐海燕注,汤树梅校,中国人民大学出版社 2001 年版。

〔美〕托马斯·李·哈森:《证券法》,张学安等译,中国政法大学出版社 2003 年版。

〔日〕須田慎一郎:『下流食い—消費者金融の実態』,ちくま新書,2006 年。

Edward S. Shaw, *Financial Deepening in Economic Development*, Oxford University Press, 1993.

Ezra F. Vogel, *One Step Ahead in China: Guangdong Under Reform*, Harvard University Press, 1989.

F. A. Hayek, *The Fatal Conceit*, University of Chicago Press, 1988.

Ghate Prabhu, Arindam Das-Gupta & Thirukodikaval Nilakanta Srinivasan, *Informal Finance: Some Findings from Asia*, Asian Development Bank, 1992.

Helmut Willke, Systemtheorie I: eine Einführung in die Grundprobleme der Theoriesozialer Systeme, 4. Aufl., Gustav Fischer Verlag, 1993.

Jean C. Oi, *Rural China Takes Off: Institutional Foundations of Economic Reform*, University of California Press, 1999.

L. Magnusson & J. Ottosson(eds), *Evolutionary Economics and Path Dependence*, Edward Elgar, 1999.

Lynn T. White Ⅲ, *Unstately Power*, Vol. 1: *Local Causes of China's Economic Reforms*, M. E. Sharpe, 1998.

Marc J. Blecher & Vivienne Shue, *Tethered Deer: Government and Economy in A Chinese County*, Stanford University Press, 1996.

Peter T. Y. Cheung, Jae Ho Chung & Zhimin Lin(eds), *Provincial Strategies of Economic Reform in Post-Mao China: Leadership, Politics, and Implementation*, M. E. Sharpe, 1998.

Ronald I. McKinnon, *Money and Capital in Economic Development*, The Brookings Institution, 1973.

Ronald I. McKinnon, *The Order of Economic Liberalization: Financial Control in the Transition to A Market Economy*, the Johns Hopkins University Press, 1993.

Sir J. A. H. Murray, *A New English Dictionary on Historical Principles*, Oxford University Press, 1926.

Sir William Ashley, *An Introduction to English Economic History and Theory*, Oxford University Press, 1925.

Torsten Persson & Guido Tabellini, *Political Economics: Explaining Economic Policy*, MIT Press, 2000.

Y. Barzel, *A Theory of the State*, Cambridge University Press, 2002.

二、文章

柏华丽、焦婵:《我国民间票据贴现发展动因及风险分析》,载《现代商贸工业》2012年第18期。

岑青峰:《淘宝"订单贷款"服务专门给小卖家的"快钱包"》,载《数字商业时代》2011年第4期。

陈海秋、孟凡胜:《规范监管我国民间金融发展的政策建议》,载《青海金融》2008年第6期。

陈立志:《试论道德对社会信用制度的支撑》,载《西南民族大学学报(人文社科版)》2004年第6期。

陈蓉:《论我国开放民间金融市场的政府行为选择——基于日本、台湾地区民间金融的演化》,载《理论导刊》2009年第7期。

陈兴良:《论发放高利贷罪及其刑事责任》,载《政法学刊》1990年第2期。

陈玉梅、贺梅花:《开放式基金代理销售中的法律问题分析》,载《重庆理工大学学报(社会科学版)》2010年第7期。

陈智峰:《民间放贷老板期待冲出"灰色",四大途径走进阳光》,载《亚太经济时报》2004年6月18日。

储槐植:《罪刑矛盾与刑法改革》,载《中国法学》1994年第5期。

董安生:《中国资本市场改革法律问题研究》,载《甘肃社会科学》2008年第5期。

董碧水:《非法集资:刀尖上的资本之舞》,载《中国青年报》2008年4月18日。

董春华:《从"Howey 检验"看"投资合同"——美国证券法"证券"定义的法律辨析》,载《金融法苑》2003年第2期。

杜静、仲伟俊:《私人主动融资(PFI)模式在我国的应用研究》,载《项目管理技术》2005年第9期。

杜伟、陈安存:《我国民间金融的历史回溯》,载《金融理论与实践》2011年第2期。

杜恂诚:《二十世纪二三十年代中国信用制度的演进》,载《中国社会科学》2002年第4期。

范从来、路瑶、陶欣、盛志雄、袁静:《乡镇企业产权制度改革模式与股权结构的研究》,载《经济研究》2001年第1期。

冯果、袁康:《反垄断视域下的金融资源配置和社会公平》,载《法学杂志》2011年第8期。

冯兴元:《中国的乡镇企业融资与内生民间金融组织制度创新——研究结论与改革

思路》,载《中国集体经济》2008年第22期。

高石钢:《高利贷在中国古代的起源与发展问题探析》,载《宁夏大学学报(人文社会科学版)》2010年第3期。

高艳红、尹万娇:《中小企业贷款困难的博弈分析》,载《郑州航空工业管理学院学报(社会科学版)》2005年第1期。

郭为:《民间金融、金融市场分割与经济增长》,载《现代经济探讨》2004年第5期。

何广文、冯兴元:《加快改革和创新农村金融体制的路径思考》,载《合作金融》2004年第4期。

何婧:《民间金融的规范与发展:基于二元化经济结构的视角》,载《海南金融》2006年第9期。

贺力平:《合作金融发展的国际经验及对中国的借鉴意义》,载《管理世界》2002年第1期。

胡必亮:《村庄信任与标会》,载《经济研究》2004年第10期。

胡吉祥、吴颖萌:《众筹融资的发展及监管》,载《证券市场导报》2013年第12期。

胡岳岷、徐充:《论民营经济的市场准入问题》,载《江汉论坛》2003年第11期。

简夏:《论中国证券化的选择——是资产证券化还是融资证券化》,载《广东财经职业学院学报》2003年第5期。

江平:《平等·自由·公平·信用:加入"WTO"后我国的民法原则》,载《西安政治学院学报》2000年第6期。

江平:《四面八方说诚信(中)——江平教授"律师与诚信"专题讲座摘要》,载《中国律师》2003年第9期。

姜旭朝、丁昌峰:《民间金融理论分析:范畴、比较与制度变迁》,载《金融研究》2004年第8期。

李超、李锐:《农户借贷行为和偏好的计量分析》,载《中国农村经济》2007年第8期。

李丹红:《农村民间金融发展现状与重点改革政策》,载《金融研究》2000年第5期。

李恩平:《利率参照与储蓄的动员、分配——一个两经济部门、二元金融市场的分析框架》,载《金融研究》2002年第3期。

李富有:《民间金融的比较优势、发展动因与前景探析》,载《经济体制改革》2008年第4期。

李庚寅、曾林阳:《民间金融组织——合会的变迁及其思考》,载《经济问题探索》2005年第2期。

李国莉:《融资性票据市场亟待解决的问题及对策》,载《中国乡镇企业会计》2008年第8期。

李建平:《关于建设"信用福建"若干基本问题研究》,载《东南学术》2003年第2期。
李绍环:《关于地方政府民间金融改革热的反思》,载《农业经济》2013年第7期。
李文成:《举案说法:乘人之危的合同无效》,载《四川农业科技》2011年第7期。
李文学:《扶持发展资金互助组织》,载《农村经营管理》2011年第12期。
李新月:《典当行正向您走来》,载《市场报》2001年11月5日。
李学兰:《信任与秩序——对当代民间合会的法理剖析》,载《山东大学学报(哲学社会科学版)》2008年第4期。
李有星:《论非法集资的证券化趋势与新调整方案》,载《政法论丛》2011年第2期。
李宇嘉:《让资金回流实体经济是系统工程》,载《证券时报》2013年6月27日。
梁明高:《中国的银行信贷登记咨询系统》,载王小奕主编:《世界部分国家征信系统概述》,经济科学出版社2002年版。
林毅:《对〈票据法〉第十条的一点意见》,载《中国法学》1996年第3期。
林毅夫、李永军:《中小金融机构发展与中小企业融资》,载《经济研究》2001年第1期。
蔺翠牌:《市场经济主体信用的缺失与补救》,载《法学杂志》2005年第6期。
刘静、郑震龙:《制度变迁中的民间金融》,载《金融与经济》1999年第7期。
刘凯湘:《论民法解释之依据与解释方法之运用》,载《山东警察学院学报》2006年3月第2期。
刘萍、孙天琦、张韶华:《有关美国非吸收存款类放贷人(NDTL)的考察报告》,载《西部金融》2008年第9期。
刘士余:《秉承包容与创新的理念,正确处理互联网金融发展与监管的关系》,载《清华金融评论》2014年2月。
刘伟、王汝芳:《中国资本市场效率实证分析——直接融资与间接融资效率比较》,载《金融研究》2006年第1期。
刘西顺:《产能过剩、企业共生与信贷配给》,载《金融研究》2006年第3期。
刘锡良、李镇华:《信用配给理论与中国货币政策传导机制》,载《第三届中国金融论坛论文集》,2004年。
刘英、罗明雄:《互联网金融模式及风险监管思考》,载《中国市场》2013年第43期。
马长林:《旧中国征信机构发展始末》,载《中国档案》2002年第4期。
马长林:《联合征信所史料一组》,载《档案与史学》1994年第3期。
马亚军、冯根福:《上市公司担保行为分析》,载《证券市场导报》2005年第5期。
毛金明:《对山西省民间票据融资状况的研究与思考》,载《中国金融》2006年第6期。

欧永生:《孟加拉国小额信贷对我国的启示》,载《北方经济》2007年第3期。

平潭县联合调查组:《关于平潭县民间"标会"的调查报告》,载《福建金融》1987年第4期。

曲彦斌:《略论中国典当业的起源和流变》,载《社会科学战线》2001年第1期。

人总行赴日、美合作金融工作考察团:《日本、美国合作金融情况考察报告》,载《中国农村信用合作》2000年第8期。

桑彤、陈航:《上市公司为何"不务正业"》,载《人民日报》2011年9月6日。

邵伏军:《利率市场化改革的风险分析》,载《金融研究》2004年第6期。

宋丹梅:《美国消费信贷的发展现状及制度分析》,载《对外经贸》2015年第12期。

汤欣:《修法可以从证券开始》,载《法人杂志》2004年第1期。

万友根:《民间金融制度构建的战略路径探析》,载《湖南社会科学》2002年第6期。

王迪彬、朱韻、王沂平、程治:《场外业务场内化趋势、特点分析及相关建议》,中国证券登记结算有限责任公司内部刊物,2011年11月。

王枫斌:《通州"标会"风暴刮跑5亿元》,载《经济论坛》2002年第11期。

王国松:《中国的利率管制与利率市场化》,载《经济研究》2001年第6期。

王建明:《我国基础信用信息共享机制的问题及对策》,载《情报杂志》2004年第5期。

王劲松:《非正规金融市场研究——微观结构、利率与资金配置效率》,复旦大学2004年博士学位论文。

王立杰:《中国农村小额信贷发展的现实选择》,载《中华合作时报》2007年1月12日。

王利明:《加强民事立法,保障社会信用》,载《政法论坛》2002年第5期。

王露娜:《浅析民间金融与地方政府融资平台之关系》,载《法制博览》2012年第11期。

王萌:《非法集资2500万——肇东市宋站镇"教工基金"的调查》,载《生活报》2003年3月2日。

王勇:《巨额票据融资存在三大隐患》,载《上海证券报》2009年2月17日。

王玉兴、滕越、张雨豪、刘雨馨:《我国发展融资性票据的探讨》,载《上海金融学院学报》2013年第2期。

王志辉:《信用的制度基础研究》,湖南大学2003年硕士学位论文。

王治国:《内黄地下钱庄调查》,载《大河报》2004年9月16日。

魏倩:《中国金融管制的历史与变革》,复旦大学2007年博士学位论文。

魏悦:《先秦时期借贷活动的发展及其演变》,载《上海财经大学学报》2004年第

2 期。

吴亮、李江、赵肖峰:《惩治失信:亟待建立信用记录体系惩治失信》,载《大地》2002 年第 10 期。

项开来:《民间互助资金流入赌场十亿元的资金链条断裂》,载《北京青年报》2004 年 7 月 5 日。

谢平、邹传伟、刘海二:《互联网金融模式研究》,中国金融 40 人论坛课题报告,2012 年 8 月。

辛宪:《P2P 运营模式探微》,载《商场现代化》2009 年第 21 期。

熊必军:《试论非正式制度》,载《湖南省社会主义学院学报》2005 年第 1 期。

熊继洲、罗得志:《民营银行:台湾的经验与教训》,载《金融研究》2003 年第 2 期。

徐国栋:《客观诚信与主观诚信的对立统一问题——以罗马法为中心》,载《中国社会科学》2001 年第 6 期。

徐伟、郭为:《民间金融与省际经济增长》,载《上海经济研究》2004 年第 5 期。

许崇正、柳荫成:《马克思再生产理论与社会主义市场经济》,载《经济学家》2006 年第 4 期。

许德风:《论利息的法律管制——兼议私法中的社会化考量》,载《北大法律评论》第 11 卷第 1 辑,北京大学出版社 2010 年版。

严婷:《IMF 警示中国影子银行风险》,载《第一财经日报》2012 年 10 月 11 日。

严文兵、阚方平、夏洪涛:《开放融资性票据业务已成必然之势》,载《武汉金融高等专科学校学报》2002 年第 4 期。

杨东:《股权众筹的法律风险》,载《上海证券报》2014 年 7 月 31 日。

杨东、苏伦嘎:《股权众筹平台的运营模式及风险防范》,载《国家检察官学院学报》2014 年第 4 期。

杨卉青、崔勇:《宋代借贷契约及其法律调控》,载《河北大学学报(哲学社会科学版)》2007 年第 4 期。

杨瑞龙:《论制度供给》,载《经济研究》1993 年第 8 期。

杨燕青、严婷:《IMF:中国需警惕"影子银行"构成中期风险》,载《第一财经日报》2013 年 4 月 18 日。

叶敬忠、朱炎洁、杨洪萍:《社会学视角的农户金融需求与农村金融供给》,载《中国农村经济》2004 年第 8 期。

仪喜峰、赵睿:《浅析我国融资性票据的发展路径》,载《时代金融》2014 年第 5 期。

尤成勇:《外媒:中国在温州尝试新金融模式》,载《温州日报》2012 年 5 月 3 日。

余峰:《民间金融市场的监管逻辑及规范路径》,载《金融法苑》2012 年第 2 期。

袁康:《互联网时代公众小额集资的构造与监管——以美国JOBS法案为借鉴》,载《证券市场导报》2013年第6期。

岳彩申:《民间借贷规制的重点及立法建议》,载《中国法学》2011年5月。

曾毅、王晓丽:《"余额宝"引发的相关法律问题研究》,载《金融与经济》2013年第12期。

张杰:《民营经济的金融困境与融资次序》,载《经济研究》2000年第4期。

张莉霞:《控制200多家高利贷店,日逮捕"地下金融王"》,载《环球时报》2003年8月25日。

张兴胜:《史海回眸(一)——唐代封建经济的繁荣与私人高利贷的兴盛》,载《银行家》2007年第10期。

张玉纯:《经济转轨时期民间金融发展问题研究》,载《税务与经济》2006年第5期。

张志强:《当前商业承兑汇票业务发展缓慢的原因与对策》,载《华商》2007年第Z2期。

赵慈拉、赵广斌:《融资性票据是流动性过剩"元凶"之一》,载《金融时报》2006年7月29日。

赵东东、杨烨:《山西忻州现数亿票据大案,银行员工充当资金掮客》,载《经济参考报》2012年5月11日。

赵永平:《一方乘人之危订立的借款合同无效》,载《农家之友》1994年第5期。

郑联盛:《美国互联网金融为什么没有产生"颠覆性"》,载《证券日报》2014年1月27日。

中国人民银行温州市中心支行课题组、周松山:《温州民间借贷利率变动影响因素及其监测体系重构研究》,载《浙江金融》2011年第1期。

钟笑寒、汤荔:《信息模型:农村金融机构收缩影响的有效解释》,载《中国金融家》2004年第5期。

周脉伏、嵇景涛:《农村信用社合作制规范的博弈分析》,载《中国农村经济》2004年第5期。

周小川:《关于农村金融改革的几点思路》,载《经济学动态》2004年第8期。

周小光、刘杰:《关于利率市场化改革的法律思考》,载《特区经济》2005年第7期。

朱宝琛:《三季度PE市场频创新高,房地产基金突围而出》,载《证券日报》2011年10月11日。

朱大旗、沈小旭:《论利率市场化的法律意蕴》,载《法学家》2004年第2期。

朱国栋:《民间投资联盟兴起》,载《瞭望东方周刊》2005年第3期。

朱琳:《对人人贷公司法律性质的分类研究——以"拍拍贷"和"宜信"为例》,载《金融法苑》2012年第2期。

朱玲:《股权众筹在中国的合法化研究》,载《吉林金融研究》2014年第6期。

〔美〕尼尔·格雷戈里、斯托伊安·塔涅夫:《中国民营企业的融资问题》,赵红军、黄烨青译,载《经济社会体制比较》2001年第6期。

〔美〕诺斯:《制度变迁理论纲要》,载北京大学中国经济研究中心编:《经济学与中国经济改革》,上海人民出版社1995年版。

Alec R. Levenson & Timothy Besley, "The Anatomy of An Informal Financial Market: Rosca Participation in Taiwan", 51(1) *Journal of Development Economics* 45 (1996).

Anders Isaksson, "The Importance of Informal Finance in Kenyan Manufacturing", The United Nations Industrial Development Organization Workingpaper, No. 5, 2002.

Andrei Shleifer, "Understanding Regulation", 11 *European Financial Management* 439(2005).

Edward L. Glaeser & Bruce I. Sacerdote & Jose A. Scheinkman, "The Social Multiplier", 1(2—3) *Journal of the European Economic Association* 345(2003).

Enrico C. Perotti & Ernst-Ludwig von Thadden, "The Political Economy of Bank and Market Dominance", *ECGI-Finance Working Paper* 21(2003).

Ernest Aryeetey, Hamamala Hettige, Machiko Nissanke & William Steel, "Informal Financial Markets and Financial Intermediation in Four African Countries", Africa Region Findings, No. 79, World Bank, 1997.

Galbis Vicente, "Financial Intermediation and Economic Growth in Less-developed Countries: A Theoretical Approach", 14 *The Journal of Development Studies* 58 (1977).

Jackson R. Collins, "Evasion and Avoidance of Usury Laws", 8 *Law and Contemporary Problems* 54(1941).

Jean C. Oi, "Fiscal Reform and the Economic Foundations of Local State Corporatism in China", 45 *World Politics* 99(1992).

Joan MacLeod Heminway & Shelden Ryan Hoffman, "Proceed at Your Peril: Crowdfunding and the Securities Act of 1933", 78 *Tennessee Law Review* 879, 881 (2011).

Kristen Parris, "Local Initiative and National Reform: The Wenzhou Mode of Development", 134 *China Quarterly* 242(1993).

Mark Granovetter, "Economic Action and Social Structure: The Problem of Embeddedness",91(3) *American Journal of Sociology* 481 (1985).

M. Dewatripoint & E. Maskin, "Credit Efficiency in Centralized and Decentralized Economies", Mimeo, Harvard University, 1990.

MU Yibin, "E-Banking: Status, Trends, Challenges and Policy Issues", paper presented at CBRC Seminar, The Development and Supervision of E-banking Shanghai, No. 24—26, 2003.

Peter H. Aranson, "Theories of Economic Regulation From Clarity to Confusion", 6 *Journal of Law and Politics* 247(1990).

Reginald Heber Smith, "Rethinking Usury Law, Annals of the American Academy of Political and Social Science", 196 *Consumer Credit* 189 (1938).

Joseph E. Stiglitz & Andrew Weiss, "Credit Rationing in Markets with Imperfect Information",17*The American Economic Review* 393(1981).

William K. Sjostrom, Jr., "Going Public Through an Internet Direct Public Offering: A Sensible Alternative for Small Companies?", 53 *Florida Law Review* 529, 531 (2001).

三、网页

《2004年以来中央一号文件》,http://business.sohu.com/20120202/n333462372.shtml,最后访问日期2015年10月24日。

《900亿大案解开票据经济黑幕》,http://paper.people.com.cn/rmrbhwb/html/2012-07/14/content_1081759.htm,最后访问日期2015年11月12日。

陈志龙:《银行"过桥贷"乱象,员工个人账户一年资金进出上亿》,http://stock.jrj.com.cn/2013/09/03081015778830.shtml,最后访问日期2016年3月3日。

《贷款做担保,收奶签合同——"中芬"带富百家农户》,http://news.enorth.com.cn/system/2002/07/04/000365485.shtml,最后访问日期2015年7月4日。

方萍、张宏、陈鑫:《非法吸收并挥霍公众存款 福安民间标会四名"会头"受严惩》,http://old.chinacourt.org/public/detail.php?id=143554,最后访问日期2016年2月12日。

《〈放贷人条例〉草案提交国务院 "地下钱庄"有望合法化》,http://news.xinhuanet.com/politics/2008-11/17/content_10368552.htm,最后访问日期2015年2月15日。

凤凰网财经频道:《争议吴英案:金融制度之殇》,http://finance.ifeng.com/news/special/zhengyiwuying/,最后访问日期2015年10月8日。

郭建龙:《支付宝是金融垄断的照妖镜》,http://tech.163.com/11/0517/08/

7489BUH700094IR6.html,最后访问日期2014年2月21日。

《"黑名单"能否解决执行难》,http://news.163.com/11/0712/22/78Q1O0SC00014AED.html,最后访问日期2016年2月8日。

《湖北省荆州小额贷款公司:八成贷款投向农村和微小企业》,http://www.jingzhou.gov.cn/article/slzl026002/45077.html,最后访问日期2015年9月6日。

《集资的漩涡——1986、1988年乐清"抬会""平会"风波》,http://www.yqcn.com/system/2013/08/21/011363604.shtml,最后访问日期2015年10月12日。

简于形:《民间票据融资合法化的趋向性》,http://www.bxjr100.com/news/pages/14116.html,最后访问日期2015年2月2日。

《金融市场的"吃螃蟹者":首家私人钱庄的峥嵘岁月》,http://www.xinhuanet.com/chinanews/2008-08/22/content_14197563.htm,最后访问日期2016年4月22日。

茅于轼:《高利贷不是剥削,是利国利民的大好事》,http://finance.ifeng.com/news/20110525/4066054.shtml,最后访问日期2015年12月2日。

孟庆君、吴珉:《房地产PE基金过桥投资合规操作》,http://news.chinaventure.com.cn/2/20120110/73939.shtml,最后访问日期2016年3月7日。

《南京市小额贷款公司九成资金投向'三农'》,http://finance.jrj.com.cn/biz/2011/01/0514558919719.shtml,最后访问日期2015年1月5日。

秋风:《吴英被判死刑市场制度似乎也被判处死刑》,http://finance.ifeng.com/opinion/zjgc/20100106/1672524.shtml,最后访问日期2015年10月8日。

《山东小额贷款公司贷款超1500亿元 1.28万户企业受益》,http://finance.people.com.cn/n/2012/1013/c70846-19252654.html,最后访问日期2015年10月13日。

上海小企业发展研究课题组:《服务与发展——2001年上海市小企业发展报告》,http://www.1128.org/node2/node219/useobjectlai25620.html,最后访问日期2013年12月1日。

《私募债权投资输血房企》,http://panjin.house.sina.com.cn/news/2013-09-16/11022418704.shtml,最后访问日期2015年3月7日。

《四川小额贷款公司缓解中小微型企业融资难》,http://bank.hexun.com/2011-09-08/133214644.html,最后访问日期2015年9月8日。

《小额贷款公司出路何在》,http://finance.sina.com.cn/roll/20090611/12186335501.shtml,最后访问日期2015年6月11日。

徐凯、鄢建彪、张有义:《吴英案背后民间极火爆却又致命的集资》,http://news.qq.com/a/20120302/001308.htm,最后访问日期2016年2月12日。

杨桐:《温州民间融资规模上千亿 谨防债务违约"多米诺"》,http://www.chinanews. com/fortune/2011/10-08/3370413. shtml,最后访问日期2011年12月10日。

叶檀:《吴英被判极刑民间金融何时停止血祭》,http://finance. ifeng. com/opinion/zjgc/20091223/2029414. shtml,最后访问日期2015年10月8日。

《云南小额贷款公司72%贷款投向"三农"》,http://money. 163. com/09/1212/11/5QB3NMHR00253B0H. html,最后访问日期2015年12月12日。

张维迎:《从吴英案重审市场经济》,http://opinion. hexun. com/2012-04-20/140631272. html,最后访问日期2015年10月8日。

张维迎:《理与法——从吴英案到曾成杰案》,http://finance. qq. com/a/20130824/004756. htm,最后访问日期2015年10月8日。

张震宇、钱敏、孙福国、程林光、陈明衡、王超:《温州民间信用情况调查》,http://ces. nankai. edu. cn/ziliao/jrnj2002/2002C/729. htm,最后访问日期2013年11月1日。

赵莉:《以余额宝为视角浅谈互联网金融的法律规制》,http://itfinance. jrj. com. cn/2013/09/05082615792541. shtml,最后访问日期2015年8月20日。

《中国人民银行谢平说标会　民间信贷不可能消灭》,http://finance. sina. com. cn/g/20040709/0405859546. shtml,最后访问日期2015年10月21日。

中国人民银行《中国征信业发展报告》编写组:《中国征信业发展报告(2003—2013)》,http://www. gov. cn/gzdt/att/att/site1/20131212/1c6f6506c5d514139c2f01. pdf,最后访问日期2016年2月28日。

中国市场学会信用工作委员会:《关于我国征信行业发展的若干问题及政策建议》,http://www. xacredit. com/zonghe/2/2. html,最后访问日期2006年12月12日。

《"资产证券化"模式增色休闲理财》,http://paper. dzwww. com/shrb/data/20101110/html/18/content_5. html,最后访问日期2015年2月2日。